거인의 어깨 위에서
올바르게 투자하라

거인의 어깨 위에서 올바르게 투자하라

어디서나 통하는 초수익 투자법부터 작전주 함정 분석까지

올투(올바른 투자) 지음

동양북스

| 시작하며 |

어디서나 통하는 초수익 투자법부터 작전주 함정 분석까지 '올바르게 투자하라'

1

주식투자는 겉보기에 매우 단순해 보입니다.

주식을 사려면 매수 버튼을 누르고, 주식을 팔려면 매도 버튼을 누르면 됩니다. 부동산 계약처럼 복잡한 서류나 절차가 없으니 쉽게 접근할 수 있는 재테크 수단이라고 할 수 있습니다. 그런데 실제로는 많은 초보들이 주식투자에서 큰 손실을 경험하고 있습니다.

누구나 부자가 되기를 꿈꾸며 쉽게 주식 시장에 뛰어들지만, 그만큼 쉽게 돈을 잃을 위험이 큰 곳도 바로 주식 시장입니다. 많은 초보 투자자들은 유튜브 강의 몇 편과 보조 지표만 알면 큰돈을 벌 수 있다는 환상에 빠집니다. 자신이 손실을 볼 수 있다는 가능성을 염두에 두지 않습니다. 유튜브나 책에서 소개하는 매매법과 보조 지표가 완벽해 보이기 때문입니다.

한편으론, 주식에서 손실을 보았을 때 그것이 자신의 공부 부족 때문이라고 생각합니다. 주식 공부를 마음먹고 제대로만 하면, 그동안의 손해를 모두 되돌릴 수 있다고 믿습니다. 그래서 많은 투자자들이 유료 차트 강의나 리딩방의 유혹에 쉽게 빠집니다.

  마음이 급한 투자자는 단기 트레이딩의 유혹에 시달리기도 합니다. 하지만 매매가 계속될수록 투자자들은 혼란스러운 시장 속에서 길을 잃고 맙니다.

2

투자 실패로 큰 어려움을 겪는 친구들이나 누리꾼들이 많습니다.
저도 한때 주식투자로 파산 직전까지 갔던 아픔을 겪었고, 크고 작은 좌절을 경험했기 때문에 실패한 투자자의 심정에 매우 공감합니다.

  투자자가 만 명이면 투자방법도 만 가지라는 이야기가 있습니다. 투자자는 자신이 처한 상황이나, 성격, 목표 등에 따라 각각 다르게 매매합니다. 그런데 문제는 처음부터 잘못된 방법으로 시작해 손해가 누적되어도, 자신의 투자방법이 잘못되었다는 걸 모른다는 것입니다.

  손실이 늘어나면 투자방법에 문제가 있는 것은 아닌지, 문제가 있다면 무엇인지 검증해봐야 합니다. 그런데 대부분의 투자자가 이런 기본적인 노력조차 하지 않고 있습니다. 또한, 주식투자로 성공한 많은 투자자들이 자신의 노하우를 공개하고 있는데도 이를 제대로 활용하지 못하거나, 투자 대가들의 매매원칙을 배우려 하지 않습니다. 오히려, 주식으로 단번에 부자가 된 이야기에 귀기울이고, 조급한 마음에 빠져 대박을 불러올 마법의 수정구슬을 찾으려고 합니다.

3

이 책에서 제시하는 매매원칙은 전혀 새로운 것이 아닙니다.
외국에서 성공한 수많은 투자 거인들의 원칙을 오랜 시간 동안 검증하고 연구하여 국내 시장에서도 통용되는 것을 확인하였고, 이 원칙을 새롭게 정립한 것입니다.

저는 오히려, 새로운 매매법을 공개하는 투자서가 더 위험하다고 생각합니다. 왜냐하면, 이 매매법들은 다년간 검증된 것이 아니며 저자에게만 통용되는 원칙일 수 있기 때문입니다.

특히, 데이 트레이딩이 그렇습니다. 데이 트레이딩으로 성공하는 사람은 극히 일부분입니다. 그런데도 수많은 투자자가 유명 데이 트레이더의 영상과 서적을 보고 한순간에 부자가 될 꿈을 꿉니다. 하지만, 현실을 돌아보면 수많은 데이 트레이더가 실패하는 것을 보게 됩니다.

주변의 어느 투자자가 제게 이런 말을 한 적이 있습니다.

"전 마음 편하게 주식을 보유하고 싶지 굳이 스트레스 받으면서 사고, 팔고 싶지 않아요."

만약, 크게 성장하는 기업을 장기적으로 보유하면서 투자 수익이 지속적으로 증가한다면 얼마나 좋을까요? 물론, 실제로 주식을 장기 보유하며 수익을 올리는 투자자도 있습니다. 그러나 미래는 언제나 불확실성으로 가득합니다. 앞으로 계속 성장할 거라고 믿고 있던 대기업조차 어느새 다른 기업에 밀려 한순간에 사라질 수 있습니다.

장기 투자자의 대명사 워런 버핏조차 '울타 뷰티' 주식을 3개월 만에 매도하였고, 핸드폰 세계 1위 업체였던 '노키아'는 스마트폰 등장으로 주가가 90% 폭락하였습니다. 미국에 9천 개의 오프라인 매장을 보유하며 비디오 대여 산업의 선두주자였던 '블록버스터' 역시 신생기업 '넷플릭스'의 등장으로 2010년 파산했습니다.

이 밖에도 2000년 당시 미국 증시에서 시총 1위를 차지하던 GE의 주가가 90% 하락했다가, 다우지수에서 퇴출되는 일도 있었습니다. 야후는 어떤가요? 한때, 구글, 페이스북을 인수하려고 했던 거대한 인터넷 강자였는데 지금은 역사 속으로 사라졌습니다.

4

사라진 기업에 대해 시대의 흐름을 따라가지 못해서 그렇다고 말씀하는 분도 있을 겁니다.

'내 그럴 줄 알았어'라고 하는 사후 확증 편향은 인간에게 어쩌면 자연스러운 현상이니까요. 하지만 만약 여러분이 그 당시에 살았다면 값비싼 스마트폰 또는 지금처럼 빠른 인터넷 기술이 보급되지 않은 상황에서 비디오 스트리밍이 정말 살아남을 수 있을까? 하는 회의감 속에 빠질 수 있습니다.

또한, 흔히 투자자들이 하는 실수인 '대마불사 大馬不死, Too big to fail'를 외치며 한때 세계를 주름잡던 노키아, 또는 블록버스터를 저점매수하는 데 열중하고 있을지도 모릅니다.

오마하의 현인 워런 버핏이 말하는 'BLSH Buy Low, Sell High' 즉, 저가에 주식을 사서 고가에 판다는 버핏의 철학을 대충 이해하거나 잘못 해석하여 주가가 떨어지는 주식에 자꾸 손을 대며 투자 손해를 누적시키는 것입니다. 버핏의 말은 기업의 본질적인 가치가 변함이 없는 상태에서, 대외적인 악재 등의 이유로 지수가 하락하며 기업의 주가가 떨어질 때 저점매수의 기회로 삼으라는 것입니다. 단순히 주가가 많이 떨어졌다고 해서 매수하라는 뜻이 아니었습니다.

즉, 투자자는 지수의 하락으로 인한 주가 하락인지, 다른 변수가 있는지 등 기업의 가치를 계속 살펴봐야 합니다. 이것은 대형 우량주라고 해서 예외가 아닙니다.

5

90% 이상 수많은 사람들이 주식투자로 손실을 봅니다.

그 이유는 주식투자에 대한 잘못된 접근, 매매에 따른 심리의 영향, 초심자의 행운, 주식 시장에 대한 잘못된 이해, 나쁜 매매 습관 등 이루 헤아릴 수 없을 만큼 매우 다양합니다.

저는 잘못된 투자방법으로 투자손실을 보며, 역시 국내 증시는 안된다며 괜히 시장을 탓하는 수많은 투자자를 만났습니다. 또한 주식은 운이거나, 도박이라며 애꿎은 시장 탓만 합니다.

그런데 이게 정말 운으로만 치부할 일일까요?

지금도 국내 증시와 미국 증시를 가리지 않고 꾸준히 수익을 내는 투자자는 많습니다. 성공하는 투자자와 실패하는 투자자의 결정적인 차이는 대개 주식의 기본적인 속성과 주가가 오르는 주식에 대한 이해에서 비롯됩니다.

저는 여러분들에게 도움이 될 수 있도록 해외 증시나 국내 증시를 가리지 않고 어디에서도 통할 수 있는 보편적인 투자 원칙들과 실제 사례들, 그리고 조언들을 전해드리고자 합니다. 또한, 이것들은 직장인이라고 해서 할 수 없는 것이 아닙니다. 예약 주문으로도 주식 매매를 체결할 수 있으며 충분히 수익을 낼 수 있습니다.

다만 중요한 것은 '매수할 종목'을 미리 선정하여 '매수해야 하는 타이밍'에 걸어 놓는 것입니다. '매수할 종목'을 선정하는 방법이나 '매수해야 하는 타이밍'이라는 말이 주식 초보자라면 이해가 잘 가지 않을 수 있습니다. 하지만 이 책을 끝까지 읽다 보면 차차 이해될 것입니다.

> "자기 나름의 전략과 시장 접근법을 개발하라.
> 나는 트레이더의 길을 먼저 걸었던 사람으로서
> 현재 혹은 장래의 트레이더에게 감히 조언하는 것이다.
> 내가 빠졌던 함정에 빠지지 않도록 안내자 역할은 해줄 수 있다.
> 그러나 내가 할 수 있는 일은 여기까지다.
> 결국 어떤 결정이든 그것은 전적으로 당신의 몫이다."
> _제시 리버모어

투자 세계가 매력적인 점은 수능 점수나, 출신 대학, 전공 등에 상관없이 누구에게나 공평한 기회를 제공한다는 것입니다. 다만 단순히 지식, 노력, 연습만으로 투자에 성공할 수 없습니다. 성장하는 기업에 대한 안목, 매수하는 타이밍, 매도하는 타이밍 등 수익을 낼 수 있는 올바른 투자방법을 익혀야 수익을 낼 수 있습니다.

이 책에서는 성공적인 투자를 위해 반드시 알아야 할 주식의 기본적인 특성, 주가가 상승하는 기업의 재무제표 분석법, 주식 시장 흐름을 읽는 방법, 그리고 최적의 매수, 매도 타이밍을 잡는 법 등 다양한 매매원칙을 다룹니다.

이 매매원칙은 미국 증시뿐만 아니라 국내 증시에서도 통하며, 국내 증시의 다양한 예시를 제공합니다. 만약, 재무 분석을 제외한다면 암호화폐 시장조차 이런 매매원칙은 똑같이 통용됩니다.

진심으로 당신의 성공적인 투자를 기원합니다.

"잘못된 방법으로 열심히만 하는 사람들은
나쁜 습관과 잘못된 매매기법을 깊게 새기게 될 뿐이다."

_ 마크 미너비니

| 차례 |

시작하며 어디서나 통하는 초수익 투자법부터
작전주 함정 분석까지 '올바르게 투자하라' 4

1장
왜 경제 공부를 꼭 해야 할까?

01 현명한 투자자 vs 무지한 투자자 19
02 모든 것에 선행하는 주가지수 26

2장
작전주, 그 달콤한 유혹의 민낯

01 전환사채를 이용한 작전주의 흐름 37
02 국내 대표적인 작전주 사례 43
03 작전주가 무서운 진짜 이유 71
04 작전주도 손해 보고 팔 때가 있다 78

3장
주식투자자 90%가 손해 보는 이유

01 인간의 본성은 투자에 역행한다   89
　① 고소공포증　　　　　　　　　④ 선택 지지 편향에 대한 오류
　② 불확실성에 대한 불안감　　　⑤ 비정기적 반응 강화의 유혹
　③ 손실에 대한 두려움(손실 회피 편향)

02 분산투자는 정말 안전할까?   111
03 대형주는 무조건 오른다는 잘못된 사고   117
04 매수하면 떨어지고, 매도하면 오르는 이유   125

4장
거인의 어깨 위에서 수익 내는 법

기본적 분석 편

01 어려운 재무제표를 3분 만에 읽는 법   133
02 애널리스트의 자료는 참고만 하자   149

기술적 분석 편

01 업종 선도주를 매매하라   156
02 시장의 추세를 따르라   162
　① 마크 미너비니의 점진적 베팅　　　③ 하향 추세선 돌파
　② 스탠 와인스타인의 30주 이동평균선
03 좋은 진입 자리에서만 매매하라   171
　① 기나긴 조정 후 돌파 자리에서 매수하라

올투의 매수 구간 1	174
올투의 매수 구간 2	183
② 횡보 및 조정 자리에서 매수하지 마라	
③ 돌파 실패가 나오더라도 꾸준히 관심을 가져라	
올투의 매수 구간 3	195
04 스쿼트(Squart)	199
05 돌파 실패(규칙 위반)	202
06 신고가를 돌파하는 종목을 유심히 봐라	205
07 시장지수를 이기는 강한 종목만 매매하라	213
08 호가창 보는 법을 익혀라	227

심리적 방법 편

01 손익비를 지켜라	232
02 본성을 역행하라	242
① 물타기는 절대 하지 마라　　③ 감정에 치우치지 마라	
② 손절은 짧게 끊어내라	

5장
VMS 투자 원칙 14가지를 지켜라!
(올투의 투자법)

VMS 원칙 1단계	시장지수의 추세가 우상향일 것	266
VMS 원칙 2단계	향후 미래의 예상 주당순이익 성장률이 높을 것	271
VMS 원칙 3단계	조정을 거치며 일정한 패턴을 만들고, 돌파 시 강한 거래량	276
VMS 원칙 4단계	돌파 순간 주가는 역사적 신고가 구간일 것	280

VMS 원칙 5단계	돌파하는 것을 확인 후 매수할 것	284
VMS 원칙 6단계	시장지수 대비 지수상대강도(RS)가 높을 것	286
VMS 원칙 7단계	익절은 길게, 손절은 짧게	288
VMS 원칙 8단계	제일 중요한 것은 파산 리스크 관리	292
VMS 원칙 9단계	PEG 〈 1배일 것 (PEG=PER/향후 3~5년간 평균 성장률)	298
VMS 원칙 10단계	매도는 원칙에 따라 칼같이 할 것	301
VMS 원칙 11단계	조정 후 돌파가 4번째 이뤄지는 돌파일 때는 신중히 접근할 것	305
VMS 원칙 12단계	최소한 50일, 150일, 200일 이동평균선이 정배열	308
VMS 원칙 13단계	손절 가격을 터치하지 않는 이상 인내심을 갖고 기다릴 것	310
VMS 원칙 14단계	마지막으로, 매일 점검해야 할 것들	313

6장
투자 슬럼프에 빠졌을 때 잘 빠져나오는 법

01	기회는 다시 온다. 우선 쉬어라	321
02	가장 자신 있는 매매기법 1가지를 사용하라	324
03	자신 있는 매매기법으로 성공의 기쁨을 맛보라	326
04	절대 조급해 하지 말고 원칙을 지켜라	328
05	긍정적인 마음이 성공을 부른다	330

마치며 332

1장

왜 경제 공부를
꼭 해야 할까?

01
현명한 투자자 vs 무지한 투자자

2020년은 누군가에게 위기이자 기회였다.

갑자기 발발한 '코로나19'가 유행하며 전 세계 경제를 꽁꽁 얼어붙게 했다. 사람들의 이동과 모임은 제한되었고, 개인의 자유를 중시하던 서양 일부 국가는 마스크 쓰지 않기 캠페인을 벌이기도 하는 등 혼란의 연속이었다. 하지만, 반대로 투자자에겐 기회였다.

주식 격언에 이런 말이 있다.

"연준에 반하지 말라!"

당시 연준에서 양적완화 시행 소식이 들려왔다.

양적완화란 2008년 닥친 금융위기 이후 미국이 사실상 제로금리 시대에 들어서면서 시행된 변칙적인 경기부양책을 말하며, 연준이 달러를 찍어 시중은행이 보유한 미국 국채 같은 우량 채권을 사주는 정

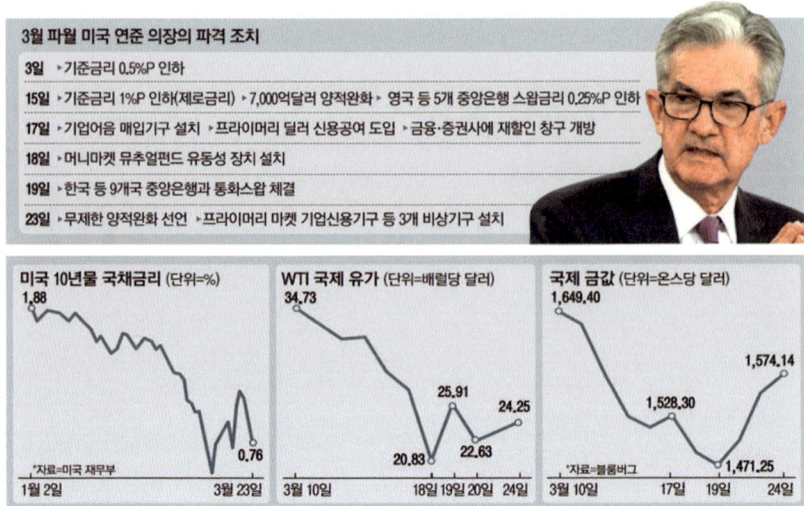

출처 : 매일경제, 2020. 3. 24

책이다. 더이상 금리를 낮출 수 없는 상태에서 시중은행이 이자수익의 감소, 중앙은행 금리 정책의 예측 불확실성, 신용위험의 증가 등 다양한 이유로 대출을 꺼렸기 때문에 은행에 직접 돈을 공급하는 정책이다. 다시 말해 양적완화는 시장에 엄청난 유동성을 준다.

반대로 유동성이 충분히 공급되어 경기가 회복되어 가거나 시중에 유동성이 넘쳐 화폐의 가치가 급격히 하락할 때는 다른 정책을 시행한다. 이때 중앙은행은 양적완화 규모를 서서히 축소하는데, 이 정책을 '양적 축소' 또는 '테이퍼링'이라고 부른다.

주식투자 전반을 통해 제일 크게 얻은 교훈은 '코로나19 유동성 장세 당시 가장 크게 돈을 번 사람이 누구일까?'에 대한 답에 있다.

만약 예전부터 주식투자를 하여 2008년 금융위기 때 양적완화를 경험했거나, 독서 등으로 간접 경험한 사람들은 코로나19 위기 당시 (모두가 경제 침체를 염려하며 걱정할 때) 파월 연준의장의 양적완화 발표를 듣자마자 용감하게 매수 행렬에 뛰어들었을 것이다.

유동성이 시중에 흘러넘치자, 주식이나 암호화폐, 부동산 등 오르지 않은 게 없었다. 평소 경제에 관심이 없어 양적완화에 대해 잘 몰랐던 많은 사람들은 '아파트값은 인구 감소로 결국 떨어진다'라는 생각으로 버텼고, 무섭게 오르는 각종 자산을 지켜만 보면서 상대적 박탈감을 느꼈다. 만약 이들도 양적완화에 대해 알았더라면 빚을 내서라도 집이든 주식이든 매수했을 것이다.

하지만 그러지 못한 수많은 사람들은 끝없이 치솟는 주식과 아파트값에 '벼락거지*'라는 신조 용어를 만들어내며 자괴감에 빠졌다. 투자 행렬에 동참하지 못한 사람들은 주변 사람들이 다들 투자로 성공하고 자신만 뒤처진 것 같다는 상대적인 박탈감이 들었을 것이다.

피터 린치는 시장의 저점과 고점을 알아내기 위해 '칵테일 이론'을 사용했다. 이 이론에 따르면, 시장의 저점에서는 칵테일파티에서 아무도 주식에 관심이 없다. 하지만 조금씩 시장이 반등하기 시작하면 일부는 주식에 관심을 가지지만 여전히 조심스럽고, 전문가에게 종목을 조심스레 물어보곤 한다. 이윽고 시장이 과열기가 되면 칵테일파

---

* 자신의 소득에 별다른 변화가 없었음에도 부동산과 주식 등의 자산 가격이 급격히 올라 상대적으로 빈곤해진 사람을 가리키는 신조어다.

티에 참석한 대부분의 사람이 주식 이야기를 꺼내고 오히려 초보자가 전문가에게 종목을 추천해주기도 한다.

2020년부터 2021년까지 이어졌던 증시 강세장은 대부분의 개인 투자자가 스스로 주식, 부동산, 코인 전문가라며 으스댔던 시절이다. 서로 주식 종목이나 부동산을 추천해주며 차트나 기업을 분석하는 능력, 부동산 입지를 보는 안목 등에 대한 자부심이 대단했다. 다양한 투자 수익을 맛본 투자자들은 유료로 부동산과 주식 강의를 듣거나 공인중개사 자격증을 공부하며 곧 현재의 직업을 그만두고 경제적 자유를 얻을 것처럼 보였다.

시중에 워낙 유동성이 넘치며 오르지 않는 자산이 없었기에 사람들은 모두 미래에 대한 뜨거운 희망과 기대로 축배를 들었다. 많은 사람들이 앞으로 다가올 무시무시한 인플레이션이란 존재도 모른 채 행복한 미래가 계속될 것이라 낙관했다.

'혼자만 벼락거지가 되는 것이 아닌가!'

급기야 마음이 조급해진 일부는 늦게라도 부동산이나 주식, 코인 등을 매입하게 된다. 하지만 이미 영민한 투자자들(넘치는 유동성 뒤에는 반드시 인플레이션이 찾아온다는 것을 알고 있던 사람)은 모두 팔고 나간 뒤라, 결국 제일 꼭지에 물린다. 또한, 자신의 능력으로 감당되지 않을 만큼 대출을 크게 받아 부동산을 산 사람들은 계속되는 금리 인상으로 늘어나는 이자 때문에 억지로 버티다, 결국 부동산을 경매로 넘기는 경우가 많아졌다. 한참 돈을 불려야 할 시기에 참으로 안타까운 일이다.

'더닝 크루거 효과'라는 것이 있다.

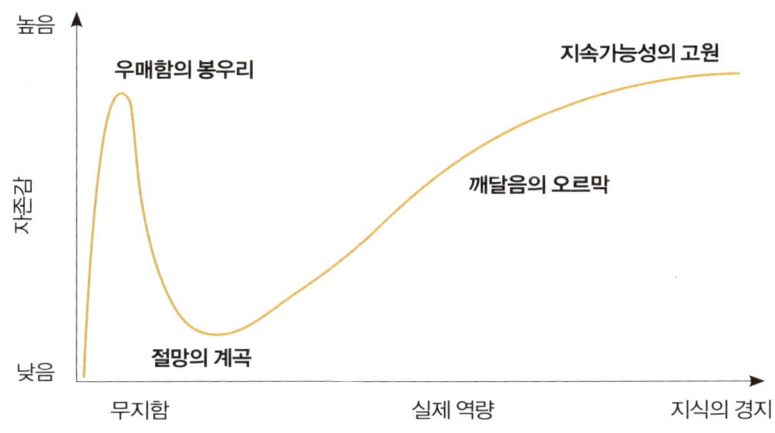

* **더닝 크루거 효과**: 특정 분야에서 실제 역량보다 자신의 지식이나 능력을 과대평가하는 경향

출처: orale.co.kr

　비논리적인 추론으로 잘못된 판단을 하는 인지편향 중 하나다. 자신의 지식이나 능력을 실제보다 과대평가하는 경향을 의미한다. '너 자신을 알라'는 말이 있다. 처음에 자신이 무엇인가에 대해 잘 모른다는 것을 인식하지 못할 때는 자신감이 하늘을 찌른다. 주식이나 부동산 등으로 금세 부자가 될 것 같다. 그러다 '절망의 계곡'을 경험하면 그제야 자신의 무지함을 깨닫고 겸손해지며 발전하게 된다.

　주식을 처음 시작하는 투자자들은 대개 몇 권의 투자서를 읽고 자신 있게 시장에 뛰어드는 경우가 많은데, 크게 손실을 입고 나서야 시장의 무서움을 깨닫는다. 세계적으로 유명한 투자 거인들 역시 파산의 위험을 몇 번씩 겪고 나서야 시장에 대한 겸손함을 깨닫게 되었다는 사실을 잊지 말자.

미래는 계속 발전하며 변하지만 과거부터 현재까지, 앞으로도 계속 변하지 않는 것이 있다. 바로 주식 시장의 특성이다. 주식 시장을 움직이는 것은 사람이고 사람의 본성은 변하지 않기 때문이다. 갑자기 모든 사람들의 본성이 변하지 않는 한 시장은 다음과 같은 특성이 있다.

1. **시장에 유동성이 많아지면 사람들은 낙관적으로 변한다. 그러면 빚을 내서 여기저기 투자한다.**
2. **빚을 내어 투자하면 경제는 어느새 불안정한 상태를 유지하다가 어느 한순간 버블이 터진다.**

그렇다면 생각해보자. 2020년 코로나19 위기 때 돈을 가장 많이 번 사람은 누구일까?

A : '양적완화 발표? 얼른 투자하자.'
B : '지금은 코로나19로 전 세계가 위기야. 지금 오르는 주식? 부동산? 분명 다 일시적인 거품이고 곧 꺼질 거야.'

당연히 A가 돈을 가장 많이 벌었다. 자본주의에서 자산시장은 수요와 공급에 의해 가격이 형성된다. 공급(주식, 부동산, 암호화폐, 금 등)이 한정적인데 수요(화폐)가 많아지면 가격이 오르는 것이다.

예를 들어보자. 사과 1개가 5,000원인데 사람 1명이 5,000원에 사려고 한다. 그러면 수요와 공급이 아주 적절하게 형성되어 있다. 그런데 이번엔 10명이 와서 서로 사겠다고 한다. 그럼 이 사과의 가격은 어떻게 될까? 부르는 게 값이다. 아마 제일 높은 가격을 부르는 사람에게 사과가 팔릴 것이다.

코로나19 당시 가장 돈을 많이 번 사람은 양적완화 발표 직후 투자에 뛰어든 사람이고, 그나마 각종 자산이 오르기 시작한 초반에 뛰어든 사람이 그다음으로 많이 벌었을 것이다. 하지만, 이 원리에 대해 잘 몰랐던 사람들은 신중에 신중을 기하다 가장 꼭대기에 샀을 것이다. (흔히, 상투 잡았다는 표현을 쓴다.)

투자는 공부를 해야 한다. 일반적으로 주식 시장은 약 10년 주기로 강세장이 찾아온다. 이 책을 읽는 여러분은 앞으로 살면서 좋은 투자 기회를 만났을 때 꼭 기회를 잡길 바란다.

워런 버핏은 다음과 같이 말했다.

"썰물이 되면 누가 수영복을 입고 수영하는지, 누가 벌거벗고 수영하는지 알 수 있다."

2022년 양적축소와 함께 찾아온 약세장의 시작은 유동성 장세가 끝난 후 누가 수영복을 입고 수영하는지, 벌거벗고 수영하는지 낱낱이 밝혀지는 순간이었다. 또한, 이런 사례는 과거부터 지금까지 무수히 반복되고 있으며, 인간의 투자 심리가 변하지 않는 한 앞으로도 계속 반복될 것이라 확신한다.

02
모든 것에 선행하는 주가지수

2023년, 이차전지 대장주 에코프로가 포모(FOMO, 본인만 소외된 것 같은 고립감) 현상이라는 말까지 만들며 주가가 엄청나게 상승했다. 그런데 150만원 부근까지 오르던 주가는 2023년 7월 갑자기 한순간에 급락했다. 직장인 대부분 점심을 먹는 와중에 주가가 급격하게 하락하였기 때문에 대처할 수 없었다.

당시 주가가 300만원 이상 갈 거라며 에코프로를 사랑하던 투자자들은 주가가 급격히 떨어진 상황을 반기며 추가 매수로 대응했다. 하지만 이후 주가는 반등하지 못하고 끊임없이 하락했고, 투자자는 손실이 계속 누적되었다.

에코프로 주가를 살펴보자. 2023년 7월 26일 고점을 찍은 이후, 주가는 1/3로 떨어졌다. 투자자들은 대부분 공매도 탓이라며 정부나 금융기관에 원성을 높였다. 그러나 이후 10월에 실적 발표 시즌에 투자자들은 큰 충격에 빠진다. 다음 기사를 살펴보자.

❙ 2023년 7월 최고점을 찍은 이후 에코프로 주가 추이 ❙

에코프로 3분기 영업익 69% 급감… '어닝쇼크'

에코프로가 3분기 '어닝쇼크'를 기록했다. 원재료 및 양극재 가격 하락으로 인한 마진 축소로 주력 계열사인 에코프로비엠의 영업이익이 큰 폭으로 감소한 영향이… (이하 생략)

출처 : 이코노미스트, 2023. 10. 13

앞의 기사는 실적 발표 직후인 10월 기사다. 실적 발표는 10월에 났는데 주가는 7월부터 미리 하락하고 있었다. 혹시 주가는 이미 그 결과를 알고 있었을까? 이차전지 주가가 급등하던 당시엔 하얀 석유라 불리던 이차전지 양극재의 원료인 리튬 가격이 당분간 계속 우상향할 거라고 많은 전문가가 이야기하던 시기였다.

그러나 언제나 미래는 불확실하다. 리튬 가격이 하락하면서 이차전지 양극재 관련 기업들의 영업이익이 감소할 줄 누가 알았겠는가? 이후 반등할 것 같았던 에코프로의 주가는 트럼프 대통령이 당선되면서 IRA 법안의 폐지 가능성에 주가의 낙폭이 심화됐다.

일부 투자자는 차트가 지나온 과거를 나타내는 것일 뿐이니 기업의 펀더멘털에 집중해야 한다고 말한다. 현재의 주가를 나타내는 차트와 펀더멘털 중 뭐가 선행이고 후행인지 투자자들이 많이 엇갈리는 부분이다. 하지만 주가지수에 대해 객관적 사실을 말하고자 한다.

"주가지수는 경기선행지수*에 포함된다."

즉, 우리나라 경제를 예측할 때 주가지수는 용이하게 사용된다. 순서를 따지자면 경기선행지수인 주가지수가 먼저 올라야 경제가 따라가는 흐름이다. 반대도 마찬가지다. 그래서 각종 경제전망 이론과 무관하게 지수가 움직이기도 한다. 경제전망은 비관적인데 시장지수는 오르거나, 반대로 경제전망은 낙관적인데 시장지수는 내리기도 한다. 왜냐하면 시장지수는 선행하므로 예측 불가이기 때문이다.

언론을 보면 전문가들도 자꾸 틀리는 게 주가 예측이다. 오죽하면

 POINT

경기선행지수
경기의 동향을 나타내는 각종 경제지표 중 경기의 움직임보다 앞서 움직이는 지표. 한국에서는 주가, 기계 수주액, 어음 교환액, 생산지수, 도매물가지수 등이 선행지표다.

언론과 반대로 하면 돈을 번다는 이야기도 나온다. 여기서 특히, 잘못된 것은 무엇보다 선행하는 주가지수를 예측하려는 시도다.

　1929년 미국은 전례 없는 풍요로움을 겪고 있었다. 스포츠카를 몰며 매일 화려한 파티를 열던 레오나르도 디카프리오 주연의 영화 '위대한 개츠비'는 이 시대를 배경으로 한다. 당시 현대 경제학에 큰 영향을 끼친 피셔 어빙을 비롯한 수많은 경제학자 역시 미국 증시는 절대 무너지지 않을 것이라고 장담했다. 그러나 증시에 끼인 거품이 커질 대로 커지자 거품은 터지기 시작했으며, 증시가 하루 만에 20% 이상이나 급락한 검은 목요일을 기점으로 약세장이 시작됐다.
　대부분의 자산이 주식으로 구성되어 있던 미국인들은 증시의 하락으로 자산의 대부분이 감소했고, 이후 경제 대공황이 발생한다. 이런 경제 대공황은 1930년대 내내 지속되었다.

　이런 사례는 국내에서도 찾아볼 수 있다. 1997년 IMF 외환위기가 발생하기 직전까지 언론에서는 한국이 안전하다는 기사를 내보냈다. 하지만, 증시는 이를 먼저 반영하여 계속 하락했다. 결국, 정부는 버티

1929년 검은 목요일 당시의 다우지수

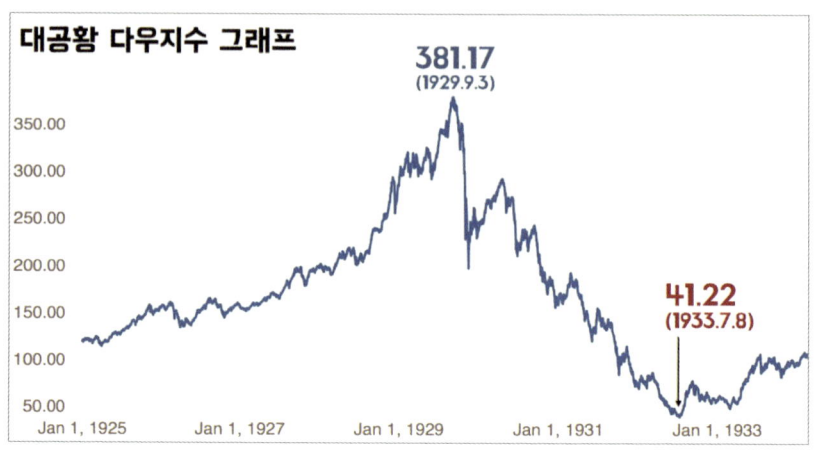

출처 : 위키피디아

지 못하고 IMF 구제금융을 신청했다. 이후 수많은 실직자가 생기고, 기업이 파산했다.

그러나 당시 증시를 보면 IMF와의 최종 협상 발표 이후 어려운 한국 경제에 아랑곳하지 않고, 다시 힘차게 오르기 시작한다.

보통 투자자는 주식을 반대로 하는 경향이 있다. 즉, 강세장 꼭지에 사서 물리거나 약세장 바닥에서 파는 경우가 많다. 그 이유는 실물경제를 판단으로 주가지수를 예측하려 하기 때문이다.

또한, 경제가 나쁘면 나쁠수록 소위 전문가라는 사람들은 암울한 미래 전망을 내놓는데, 투자자들은 이를 쉽게 받아들인다.

"시장은 비관 속에서 자라고, 회의 속에서 성장하며,
낙관 속에서 성숙하고, 행복감 속에서 사라진다." _ 존 템플턴

1997년 IMF 외환위기 당시의 코스피 차트

IMF 최종 협상 발표

주가는 그 누구도 움직임을 예측할 수 없기 때문에 경기선행지수에 포함되어 있다. 따라서 만약 시장흐름을 예측할 수 있다는 전문가가 있다면 무조건 걸러야 한다.

'고용지표가 안 좋으니 지수가 안 좋을 것이다?'

한 가지 더 언급하고 싶은 건 '고용지표'다.

많은 언론에서 고용지표를 들먹이며 경제위기설을 제기하는 경우가 많다. 많은 투자자는 고용지표가 나쁘니 경제상황이 위기라는 언론의 말을 곧이곧대로 듣는다. 그러나 고용지표는 대표적인 경기후행지표다.

일반적으로 기업은 쌓인 재고가 줄고 신규 주문이 느는 등 경제적 불확실성이 제거되고 경기회복에 대한 기대가 살아나야만 신규 채용

1장 왜 경제 공부를 꼭 해야 할까? **31**

을 한다. 즉, 경제가 먼저 살아나야 일자리가 살아나므로 고용지표는 경제보다 한발 늦게 움직이는 경기후행지표에 속한다.

그렇다면, 이런 불확실성 속에서 우리는 어떻게 대처해야 할까?

우선 시장은 항상 옳다고 생각하자. 개인의 의견이 옳다고 아무리 외쳐봤자 시장에서 기업의 가치를 인정하지 않는다면 주가는 계속 하락할 것이다. 만약 주가가 이유 없이 떨어진다면 기업에 무슨 일이 생긴 것은 아닌지 의심해본다. 어쩌면 정보력이 좋은 기관들이 당신에게 장밋빛 전망을 들려주며 자신들의 보유 물량을 매도하고 있을지도 모른다.

공부하기 귀찮다고, 또는 '전문가의 의견이니 믿어야지'라는 단순한 생각을 버리고 철저한 검증과 연습을 스스로 해야 한다. 내 돈은 누구도 책임져주지 않는다. 투자에 대한 실패는 오직 나의 책임이다.

 POINT

요즘도 사람들이 주가에 대해 가끔 물어본다. 그럴 때면 이렇게 대답한다.

Q 앞으로 주가가 어떻게 될 것 같나요?
A 그건 저도 모릅니다. 다만 우리가 할 수 있는 것은 시장의 움직임에 맞게 대응할 뿐입니다.

주식 시장은 그 무엇보다 선행한다

각종 경제지표를 따지며 주가지수를 예측하는 건 어렵다. 그런데도 여전히 많은 투자자가 시장을 예측하려 든다.

1920년대 초 캘빈 쿨리지 대통령의 당선과 함께 시작된 '쿨리지 장세' 초기를 살펴보자. 당시 증권회사의 신용이 사상 최고치를 기록하자 많은 투자자들이 위험하다고 느끼며 서둘러 주식을 매도했다. 하지만 주식 시장은 이를 비웃기라도 하듯이 1929년까지 강세가 지속됐다. 비록 나중에 시간이 지나서야 거품이 꺼지며 지독한 약세장이 시작됐지만, 지레 겁을 먹고 미리 시장에서 빠져나온 투자자는 이후에 이어진 시장의 강세를 누리지 못했다.

단순히 주가가 경제지표의 논리에 따라 움직인다면 많은 경제학 전문가가 주식투자로 많은 돈을 벌었어야 한다. 그러나 만유인력의 법칙으로 잘 알려진 천재 과학자 '아이작 뉴턴' 역시 투자로 인해 큰 손실을 보았다.

주가는 매수세와 매도세의 싸움이다. 미래 성장성이 훌륭한 기업일지라도 시장의 분위기가 나쁘거나 투자심리가 위축되어 있다면 주가는 내리막길을 걸을 수밖에 없다.

> '나는 천체의 움직임은 계산할 수 있지만,
> 사람들의 광기는 계산할 수 없다.'
> _아이작 뉴턴

2장

작전주, 그 달콤한 유혹의 민낯

01

전환사채를 이용한
작전주의 흐름

작전주라는 말은 듣기만 해도 설레고 두렵다. 작전주는 2007년 루보 사태나 2023년 SG증권발 주가하락 사태처럼 주가조작 세력이 조용히 매집하며 별다른 호재공시나 실적 없이 주가가 오르기도 한다. 또한 일부는 언론을 통해 호재성 공시를 터뜨리며 주가를 폭발적으로 상승시킨 후, 개인투자자에게 자신들의 보유 물량을 떠넘기는 방법을 주로 사용한다.

보통 작전주를 잡았다는 투자자들의 반응은 다음과 같다.

"이동평균선이 밀집되었다가 거래량 실린 양봉이 터졌네? 이건 작전주의 신호탄이야."

"일전에 거래량이 실린 매집 봉이 여러 번 터지며 매물흡수를 했네? 이건 100% 작전주야!"

"차트는 속여도 거래량은 못 속이지. 주가는 내려가고 있어도 거래량

보조 지표OBV*는 계속 오르잖아? 이거야말로 세력의 매집 지표지."

그러나 이런 차트는 진짜 작전주가 아닌 일반 주식에서도 빈번하게 등장한다. 차트만으로 진짜 작전주인지 아닌지를 구분하기 어렵다. 어떻게 구분할 수 있을까? 작전주의 흐름에 대해 살펴보자.

우선, 작전 은어로 사용되는 쉘Shell과 펄Pearl이 있다. '쉘'은 조개 껍데기를 의미하며 매물로 나온 인수하고자 하는 회사를 의미한다. '펄'은 진주를 의미하며, 주가부양재료를 뜻한다.

즉, 작전세력은 껍데기에 불과한 쉘(회사)를 인수한 후, 펄(주가부양재료)을 이용해 주가를 인위적으로 띄운다.

▌ 작전세력들의 일반적인 주가 부양 방식 ▌

최대주주 변경 → 전환사채권 발행 결정 → 주가 부양 → 전환사채를 주식으로 전환하며 자금 회수

먼저 작전세력들은 인수할 회사를 물색한다. 왜냐하면 국내 증시에 상장된 회사는 전환사채권이라는 것을 발행할 수 있기 때문이다.

---

* OBV On-Balance Volume는 주가의 움직임과 거래량을 함께 분석해 매수와 매도의 힘을 측정하는 보조 지표. 주가가 오를 때 거래량을 더하고, 주가가 내릴 때 거래량을 빼는 방식으로 계산하며, 이를 통해 주가의 추세와 거래량 간의 관계를 파악한다. OBV가 상승하면 매수세가 강하다는 신호로, 하락하면 매도세가 강하다는 신호로 해석된다.

POINT

전환사채권(CB)
사채를 빌려주며 이자를 받거나 특정 기일 이후로 정해진 가격에 따라 주식으로 전환할 수 있는 권리.

보통 메자닌 채권이라고 불리는 전환사채권CB, 신주인수권부사채권BW, 교환사채권EB 등이 있다. 메자닌은 이탈리아어로 건물 1층과 2층 중간의 라운지를 의미한다. 이렇게 '중간'을 지칭하는 단어는 금융권에서 채권과 주식의 중간에 있는 상품을 뜻한다. 채권도 아니고 주식도 아닌 중간이라는 의미는 뭘까? 이 메자닌 채권이 바로 작전주의 비밀이다.

세력은 같은 세력끼리 전환사채권을 발행 및 매입한 후 주가를 인위적으로 부양할 필요 없이 가만히 놔둔다. 주가는 누군가가 시장가로 매수해야 오른다. 즉, 매수하는 주체가 없다면 주가는 보합 내지 흐를 수밖에 없다. 그런데 주가가 한없이 흐르게 되면 전환가액 조정(리픽싱)이라고 해서 특정 세력이 자신의 주식 수량을 몇 배 이상 늘리는 마법 같은 일이 벌어진다. 가만히 있어도 합법적으로 주식 수량이 엄청나게 늘어나는 것이다.

예를 들면, 10억원을 빌려주면서 전환사채권을 인수한 특정 세력이 전환사채를 주당 5천원에 20만주의 주식으로 전환할 수 있는 권리*가 생겼다. (주식으로 전환을 안 하면 사채이기 때문에 이자가 발생한다. 하지만 보통 이자를 보고 전환사채 투자를 하지는 않는다.)

그런데 전환사채를 발행할 때는 매 1개월, 혹은 3개월이나 6개월마다 전환가액 밑으로 주가가 하락할 시 리픽싱(전환가액 하향 조정)을 할 수 있는 조항이 들어가는 경우가 대다수다. 처음 정해진 전환가액의 70%까지 하향 조정이 되지만 어떤 종목은 액면가액까지 조정할 수 있도록 발행하는 경우가 많다.

이렇게 리픽싱이 일어나면 어떤 일이 발생하게 되는지 10억원의 전환사채를 가지고 다시 계산해보자.

처음 전환사채를 발행할 당시 5천원×20만주=10억원이다. 일정한 기일이 지나면 빌려준 10억원의 사채에 이자를 더해 현금으로 받아도 되고, 주당 5천원의 20만주에 달하는 물량을 주식으로 전환할 수도 있다.

작전주의 흐름을 살펴보면, 전환사채를 발행할 때 5천원 정도였던 주가가 서서히 떨어지기 시작한다. 처음에 5천원이던 주식이 4천원, 3천원, 2천원으로 하락한다. 이 주식의 액면가액이 만약 5백원이라면 극단적으로 전환가액이 5백원까지 떨어진다고 가정해보자.

처음에 5천원이던 주가가 계속 내려가다 보니 어느새 5백원이 되었다. 그러면 기업에서 빌린 전환사채 금액은 여전히 10억원이므로

---

* 주당 5천원씩 20만주를 주식으로 전환하면 처음 빌려준 금액인 10억원에 해당한다.
  (5천원×20만주=10억원)

그 금액에 맞게 전환가액과 주식 수량을 조정해야 한다.

그런데 여기서 놀라운 일이 벌어진다.

$$500원 \times 200만주 = 10억원$$

회사가 빌린 10억원이라는 사채는 액수가 처음 그대로지만, 만약 주식으로 청구하면 처음 전환사채권 발행 당시 20만주에 불과했던 주식 수가 200만주가 된다.

이를 표로 나타내면 다음과 같다.

전환사채금액	주가	수량	비고
10억원	5,000원	20만주	전환가액 하향 조정 (5,000원 → 500원)
	500원	200만주	

합법적으로 단기간에 평단가를 5,000원에서 500원으로 낮추고, 주식보유 수량을 20만주에서 200만주로 늘렸다. 이쯤 되면 갑자기 말도 안 되는 놀라운 공시나 소문이 돌면서 상한가를 가버린다. 개인들은 탑승할 기회조차 주지 않는다. 때로는 연속으로 점상한가를 가버리기도 한다. 양봉에서 순식간에 음봉으로 일중 전환시키며 중간에 탑승한 개인투자자들이 못 버티게 주가를 흔들고, 다시 또 자신들의 목표가를 향해 급등하는 경우도 허다하다.

이렇게 작전을 진행하는 중간중간 작전세력들은 아무도 모르게 보유 물량을 매도하며 빠져나간다. 모든 작전세력들이 빠져나간 종목은 더이상의 매수자가 존재하지 않고, 주가가 떨어질 운명에 처한다. 또한, 이런 기업들은 대개 경영 악화로 인해 거래정지 및 상장폐지 되는 경우가 많다.

02
국내 대표적인
작전주 사례

퀀타피아

퀀타피아(구 코드네이쳐)는 2023년 6월 최대주주변경 양수도 계약 공시를 냈다. 코드네이쳐를 인수하는 기업은, 한국계 미국기업 씨디바이스 창업자이자 양자이미지센서로 유명한 김○ 박사가 세계 최초로 상용화한 양자이미지센서 사업을 위해 설립한 회사라 알려져 있었다. (대한민국 대표 기업 공시 채널(KIND) 자료 참고)

이후 언론을 통해 김○ 박사는 자신의 존재를 알리기 시작한다.

김○ 박사가 설립한 회사가 코드네이쳐 인수를 한다는 소식이 알려지자, 5월부터 이유 없이 주가가 오르던 코드네이쳐는 퀀타피아로 회사명을 바꾸며 주가가 불을 뿜었다. 800원 수준이던 주가는 2달 만에 4,800원 수준까지 폭등했다. 또한, 1,000억원의 전환사채 투자가 이뤄진다는 소식은 기업의 체질 개선에 더욱 기대감을 갖게 만들었다.

최대주주 변경 공시

최대주주 변경

1. 변경내용	변경전	최대주주등	
		소유주식수(주)	7,189,435
		소유비율(%)	13.54
	변경후	최대주주등	
		소유주식수(주)	7,369,266
		소유비율(%)	13.88
2. 변경사유			전환사채 보통주 전환에 따른 최대주주 변경
-실권주 인수로 인한 변경 여부			아니오
-양수도 주식의 의무보유 여부			예
3. 지분인수목적			경영 정상화를 위한 경영 참여 목적
-인수자금 조달방법		자기자금(원)	-
		차입금(원)	12,850,000,000
		차입처	10,500,000,000원 1,175,000,000원(2023.06.30~2024.06.29) 1,175,000,000원(2023.06.30~2024.06.29)
		차입기간	2023-09-04 ~ 2024-09-03
		담보내역	
-인수후 임원 선·해임 계획			2023년 9월 22일 임시주주총회를 통해 신규 이사를 선임할 예정입니다.
4. 변경일자			2023-09-21
5. 변경확인일자			2023-09-21
6. 기타 투자판단에 참고할 사항			

기업설명회(IR) 개최

1. 일시	행사일		시간(현지시간)	
	시작일	종료일	시작시간	종료시간
	-	-	-	-
2. 장소	당사 사무실			
3. 대상자	기관투자자 등			
4. 실시목적	양자이미지센서 신규사업 설명을 통한 투자자들의 이해 증진 및 기업가치 제고			
5. 실시방법	소그룹 미팅			
6. 주요내용	-양자이미지센서 신규사업 설명 및 무침혈당기술 시연 -질의응답			

▌김○ 박사 소유 회사(샌드크래프트)의 재무 상태 ▐

2. 주요 재무사항 등 (단위 : 백만원)			
해당 사업연도	2022	결산기	12월
자산총계	324	자본금	300
부채총계	1	매출액	0
자본총계	323	당기순손익	11
외부감사인	-	휴업 여부	아니오
감사의견	-	폐업 여부	아니오

그러나, 김○ 박사가 소유한 샌드크래프트의 재무를 보면 퀀타피아를 인수할 수 있는 여력이 되질 않는다. 자산 총계는 겨우 3억 2천만원에 불과하다. 이런 기업이 어떻게 시가총액 1,500억원에 해당하는 퀀타피아를 인수할 수 있었을까? 최대주주 변경 공시를 보면 차입금이 무려 128억 5천만원에 해당한다. 차입처를 살펴보니, 퀀타피아의 실소유주로 알려져 있던 이모씨다. 이모씨는 5월부터 연말까지 80여개 계좌를 동원해 3,300여 차례에 걸친 통정매매와 허위공시(1,000억원의 전환사채 투자금 유치 호재)로 주가를 올려 61억원에 가까운 부당이득을 챙긴 혐의와 또 다른 회사의 시세를 조종해 200억여원의 부당이득을 챙긴 혐의로 구속기소되었다.

2023년 12월부터 퀀타피아는 거래처와 공모해 가짜 매출을 기록하고 외부 감사 요청 자료를 위조하는 등 회계처리 위반 사유로 거래정지 중이며, 주가부양재료 중 하나로 사용되었던 1,000억원에 해당하는 신규사업 투자금은 납부를 차일피일 미루더니 결국, 다음 공시와 같이 철회한다. 이후 이 주가 조작에는 보타바이오의 주가 조작범도 함께했다는 사실이 밝혀진다.

퀀타피아 차트

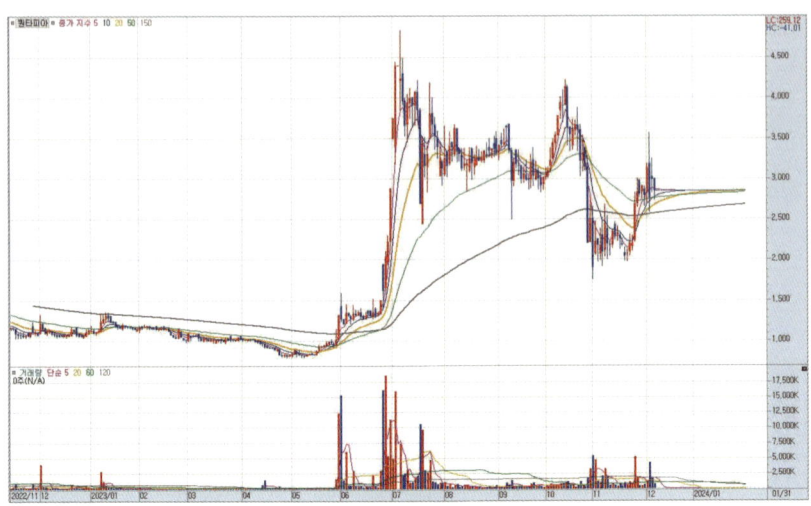

20회차 전환사채 발행 철회 공시

기타 주요경영사항	
1. 제출사유	제20회차 전환사채 발행결정 철회
2. 주요내용	1. 개요 당사는 2023년 6월 30일 이사회 결의에서 제20회차 무기명식 이권부 무보증 사모 전환사채 발행 결정을 결의하였습니다. 2. 철회내용 1) 공시서류 최초 제출일: 2023. 6. 30 2) 사채의 종류: 무기명식 이권부 무보증 사모 전환사채 3) 발행회차: 제20회차 4) 사채의 권면총액: 금천억원(₩100,000,000,000) 5) 배정대상자: 6) 납입일: 2024년 03월 26일 7) 철회일자: 2024년 03월 12일 3. 철회사유 전환사채 발행대상자의 납입 철회로 이사회에서 전환사채 발행결정 철회가 불가피하다고 판단하여 전환사채 발행을 철회하기로 결정하였습니다.

디아크

작전세력은 2018년 9월 7일 디아크라는 기업을 쉘로 삼을 생각으로 제3자배정 유상증자와 동시에 4회차, 5회차 전환사채권을 인수한다.

│ 최대주주 변경 공시 │

최대주주 변경			
1. 변경내용	변경전	최대주주등	
		소유주식수(주)	4,849,330
		소유비율(%)	37.26
	변경후	최대주주등	
		소유주식수(주)	5,494,505
		소유비율(%)	28.37
2. 변경사유			제3자배정 유상증자 납입으로 인한 소유주식수 증가
-실권주 인수로 인한 변경 여부			아니오
-양수도 주식의 보호예수 여부			예
3. 지분인수목적			경영권 취득
-인수자금 조달방법			조합원 출자금
-인수후 임원 선·해임 계획			계획 있음
4. 변경일자			2018-10-17
5. 변경확인일자			2018-10-17
6. 기타 투자판단에 참고할 사항			
상기 변경일자는 유상증자 납입일 기준입니다.			
※ 관련공시			2018-09-07 유상증자결정(제3자배정)
			2018-09-07 최대주주 변경을 수반하는 주식양수도 계약 체결
			2018-09-10 최대주주 변경을 수반하는 주식양수도 계약 체결

이후, 주가를 띄울 수 있는 실질적인 펄(주가부양재료)을 물색한다.

- 제3자배정 유상증자는 회사가 자금을 모으기 위해 새로 주식을 발행해서 특정한 사람이나 기관(제3자)에게 파는 것을 말함. 제3자배정 유상증자는 보통 1년간의 의무보유기간이 적용됨.

| 전환사채권 발행 공시 |

번호	시간	회사명	공시제목	제출인	차트/주가
6	2019-04-08 14:54		[정정]전환사채권발행결정(제6회차)		
5	2019-03-13 17:42		전환사채권발행결정(제6회차)		
4	2018-09-13 17:46		[정정]전환사채권발행결정(제5회차)		
3	2018-09-13 17:46		[정정]전환사채권발행결정(제4회차)		
2	2018-09-07 17:51		전환사채권발행결정(제5회차)		
1	2018-09-07 17:51		전환사채권발행결정(제4회차)		

작전세력이 노리던 디아크의 주가부양재료는 바로 난소암 치료제였다. 제3자배정 유상증자 물량이나 전환사채권 발행 물량은 1년의 의무보유기간이 있기 때문에, 작전세력은 서두르지 않고 천천히 작전을 진행했다. 시간이 흘러 전환청구권 행사 및 제3자 유상증자 배정을 통해 확보한 물량을 매도할 수 있는 시기가 돌아오자 전환청구권을 행사하며 보유한 전환사채를 주식으로 전환하기 시작한다.

움직임이 조용하던 디아크의 주가는 갑자기 호재를 띄우며, 주가가

번호	시간	회사명	공시제목	제출인	차트/주가
8	2021-05-13 16:20		전환청구권행사(제8회차 및 제9회차)		
7	2020-10-26 17:39		전환청구권행사(제4회차 및 제5회차)		
6	2020-04-08 16:17		전환청구권행사(제6회)		
5	2020-03-10 15:42		전환청구권행사(제4회차)		
4	2020-02-26 15:43		전환청구권행사(제5회차)		
3	2020-02-14 15:50		전환청구권행사(제4회차 및 제5회차)		
2	2020-01-07 16:42		전환청구권행사(제4회차, 제5회차)		
1	2019-11-11 15:27		전환청구권행사(제4회차)		

2020년 디아크 일봉 차트

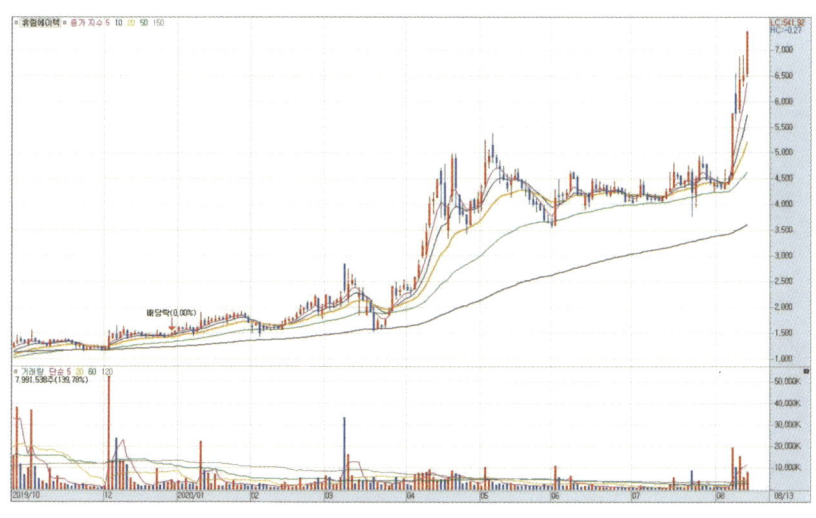

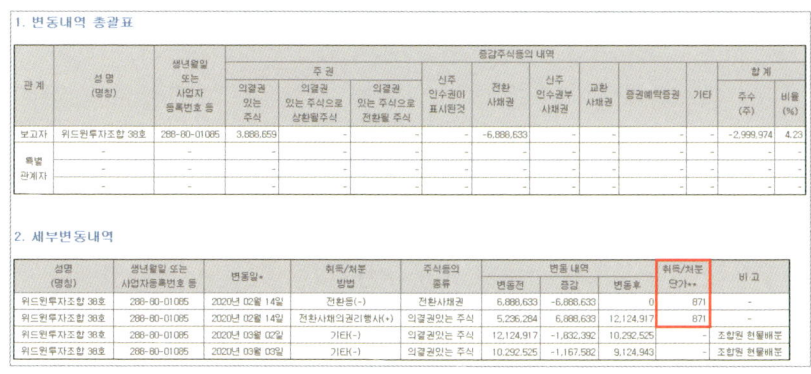

급등하기 시작한다. 3,651억원 상당의 가치가 있는 바이오 자산을 양수해 향후 임상3상을 진행하는 등 바이오 사업을 실제로 영위할 것이라는 취지로 허위 공시, 과장된 언론 보도를 통해 주가가 폭등하기 시작한 것이다.

디아크 월봉 차트

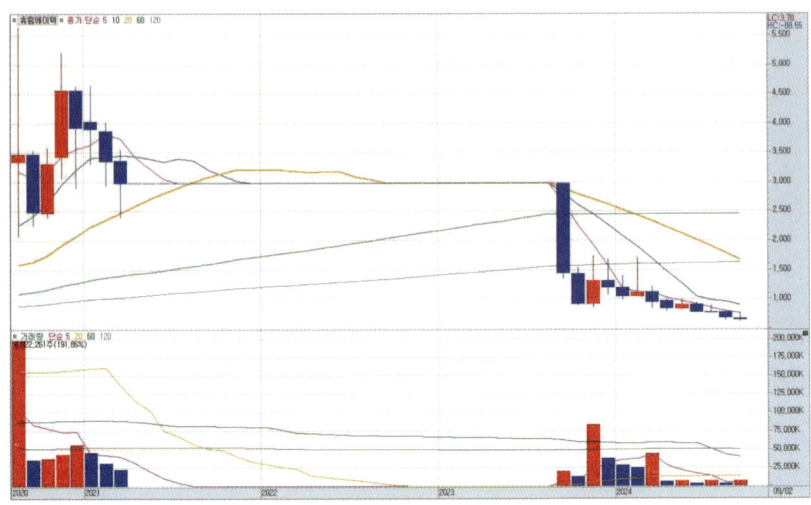

    2020년 초반, 전환청구권을 행사해 주식으로 조금씩 전환을 시키던, 세력의 평단가는 앞의 표의 빨간 박스에서 확인할 수 있듯이 871원이었다. 주가는 이후 약 7,300원 부근까지 올랐으니, 작전세력은 최고점에서 팔았다는 가정하에 약 9배의 이득을 취했다.

    주가는 지속적으로 하락한 이후, 거래정지에 들어간다. 현재는 타 회사의 인수로 인해 사명 변경 후 거래재개에 들어가 있는 상태지만, 디아크의 주가는 여전히 약세인 모습이다.

필로시스헬스케어(푸른소나무)

2019년 5월, 작전세력은 셋톱박스 회사였던 토필드라는 3년 연속

최대주주 변경 공시

최대주주 변경

1. 변경내용	변경전	최대주주등	
		소유주식수(주)	2,890,164
		소유비율(%)	7.41
	변경후	최대주주등	
		소유주식수(주)	2,810,000
		소유비율(%)	7.21
2. 변경사유			최대주주 변경을 수반하는 주식양수도계약(2019-04-03)" 이행완료 및 장외매수에 따른 최대주주변경
-실권주 인수로 인한 변경 여부			아니오
-양수도 주식의 보호예수 여부			아니오
3. 지분인수목적			경영참가의 목적
-인수자금 조달방법			법인유보자금 및 차입금
-인수후 임원 선·해임 계획			2019년 5월 23일에 개최된 임시주주총회에서 사내이사 3명, 사외이사 2명, 감사 1명을 선임하였습니다.
4. 변경일자			2019-05-28
5. 변경확인일자			2019-05-28
6. 기타 투자판단에 참고할 사항			
최대주주변경을 수반하는 주식양수도계약 이행('19.05.23)에 따라 (주)필로시스생명과학은 (주)글로밴스 외 3인으로부터 250만주를 취득하였으며, 추가로 박경수로부터('19.05.23) 11만주를 양수하고 금일('19.05.28) (주)글로밴스 및 (주)글로불스로부터 총 20만주(각 32,000주, 168,000주)를 양수하였습니다.			
※ 관련공시			2019-01-17 최대주주 변경을 수반하는 주식양수도 계약 체결 2019-01-31 최대주주 변경을 수반하는 주식양수도 계약 체결 2019-03-27 최대주주 변경을 수반하는 주식양수도 계약 체결 2019-04-03 최대주주 변경을 수반하는 주식양수도 계약 체결

적자기업을 인수하여 '필로시스헬스케어'로 사명을 변경한다.

또한, 비슷한 시기에 전환사채권을 연달아 발행하며, 추후에 주식으로 전환시켜 차익을 누릴 수 있도록 계획을 세운다.

여기에 더해, 임시주주총회를 열어 주가부양재료로 쓸 신사업을 추가하는 것은 당연한 수순이었다.

이후 기업의 주가는 계속 하락하며 전환사채의 전환가액은 지속적으로 하향 조정되었다. 제9회차 전환사채권의 경우, 처음 발행 당시

전환사채권 발행 공시

번호	시간	회사명	공시제목	제출인	차트/주가
6	2019-09-06 17:10		전환사채권발행결정(제12회차)		
5	2019-09-06 17:10		전환사채권발행결정(제11회차)		
4	2019-07-03 17:58		[정정]전환사채권발행결정(제10회차)		
3	2019-06-20 17:17		[정정]전환사채권발행결정(제10회차)		
2	2019-06-07 17:04		[정정]전환사채권발행결정(제10회차)		
1	2019-06-05 17:34		[정정]전환사채권발행결정(제10회차)		

임시주주총회 결과 공시

임시주주총회 결과

1. 결의사항	제1호 의안 : 정관 일부 변경의 건 →원안대로 가결
2. 주주총회 일자	2019-08-05
3. 기타 투자판단에 참고할 사항	
	-
※관련공시	2019-06-20 주주총회소집결의 2019-07-19 주주총회소집결의 2019-07-19 주주총회소집공고

사업목적 변경 세부내역

구분	내용		이유
사업목적 추가	1. 노인주거복지시설 설치 및 운영사업 1. 노인의료복지시설 설치 및 운영사업 1. 노인여가복지시설 설치 및 운영사업 1. 재가노인복지시설 설치 및 운영사업 1. 의료사업		사업다각화
사업목적 변경	변경전	변경후	이유
	-	-	-
사업목적 삭제	-		-

에는 1주당 1,766원이었으나, 2020년 7월에는 1주당 983원까지 하향 조정되며 그만큼 전환할 수 있는 주식 물량이 늘어난다.

이후, 주가는 2020년 8월 전환사채 전환을 앞두고 코로나19 진단키트 검체수송배지 제품이 국내 최초로 미국 FDA 허가를 받아 생산하고 수출하는 것처럼 허위 홍보하는 등 주가부양재료를 쏟아내며, 6거래일 연속 상한가를 간다.

이후 투자경고종목으로 지정됐지만, 이후에도 2거래일 연속 상한가를 기록한다. 2020년 3월 19일 775원에 불과했던 주가는 2020년 9월 9일 9,140원까지 상승했다. 주가가 급격하게 오르는 중간중간 기다렸다는 듯이 다음과 같이 전환청구권 행사 공시가 나온다.

전환청구된 내용을 살펴보면, 8월 27일, 9월 2일, 9월 4일에만 1주

전환청구권 행사 공시

번호	시간	회사명	공시제목	제출인	차트/주가
14	2020-09-14 16:26		전환청구권행사(제11회차)		
13	2020-09-11 16:45		전환청구권행사(제10, 11, 12회차)		
12	2020-08-31 17:31		전환청구권행사(제9회차)		
11	2020-08-28 17:53		전환청구권행사(제10회차)		
10	2020-08-20 17:11		전환청구권행사(제10회차)		
9	2020-07-30 16:58		전환청구권행사(제10회차)		
8	2020-07-27 17:04		전환청구권행사(제8,10회차)		
7	2020-07-21 17:19		전환청구권행사(제10회차)		
6	2020-07-17 17:05		전환청구권행사(제8,10회차)		
5	2020-07-14 17:18		전환청구권행사(제7,10회차)		
4	2020-07-09 17:16		전환청구권행사(제10회차)		

▌필로시스헬스케어 차트 ▌

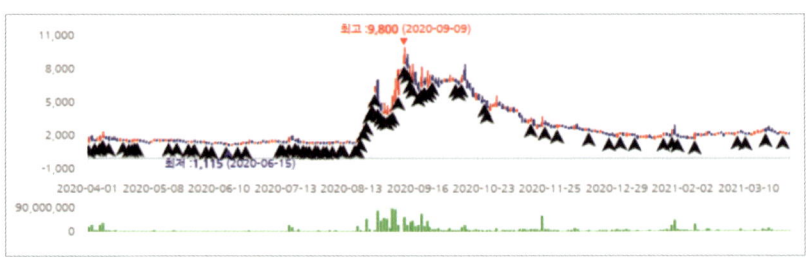

당 1,265원의 전환가액으로 무려 63만 2,410주가 주식으로 전환된다. 이후, 회계 불성실과 자본 시장법 위반 등 혐의로 경영진 일부는 구속되었다.

필로시스헬스케어는 2022년 감사 의견 거절이 나오면서 상장폐지 사유가 발생해 주식 거래가 정지되었다. 당시 가격은 고점 대비 80.9% 하락한 1,740원이었다. 이후 회사는 단일판매·공급계약 해지 공시 번복을 하며 불성실 공시 법인으로 지정된다. 현재는 상장 폐지되었다.

보타바이오

2014년부터 2016년까지 주가가 단기간에 10배나 오르며 주식 시장을 놀라게 한 사건이 있었다. 그 주인공은 바로 '보타바이오'다. 보타바이오 역시 쉘인 적자기업 인수를 시작으로 작전은 시작된다.

최대주주 변경 공시

최대주주 변경

1. 변경내용	변경전	최대주주등	주식회사
		소유주식수(주)	1,594,203
		소유비율(%)	13.86
	변경후	최대주주등	
		소유주식수(주)	938,328
		소유비율(%)	7.59
2. 변경사유			- 제3자배정 유상증자 참여로 인한 지분변동
-실권주 인수로 인한 변경 여부			아니오
-양수도 주식의 보호예수 여부			예
3. 지분인수목적			경영권안정
-인수자금 조달방법			자기자금
-인수후 임원 선·해임 계획			임시주주총회에서 이사 선임예정
4. 변경일자			2014-08-06
5. 변경확인일자			2014-08-06
6. 기타 투자판단에 참고할 사항			- ___ 은 아이디엔 보통주를 보유하고 있었으며, 이번 유상증자로 인하여 총보유 주식수는 938,328주임. - 금번 제3자배정 유상증자로 인한 발행주식(223,048)은 한국예탁결제원에 1년간 보호예수 될 예정임. - 당사의 사내이사 조관현의 사임으로, 변경후 최대주주인 ___ 와 특수관계가 해소됨으로 (주)아이팝미디어외 6인에서 ___ 으로 변경됨. - 변경 및 변경확인일자는 유상증자 납입일 기준임.

'아이디엔'이라는 시총 200억원의 작은 회사가 있었다. 매년 적자를 내는 회사였다. 세력은 이런 회사를 제3자배정 유상증자의 형태로 인수한다. (제3자배정 유상증자는 1년 보호의무 규정이 있어, 향후 1년간은 주식을 매도할 수 없다.)

이후, 세력은 회사명 변경과 함께 주가 부양 재료를 위해 바이오 쪽으로 신사업을 추진한다고 공시한다.

▮ 임시주주총회 결과 ▮

임시주주총회 결과		
1. 결의사항		제1호 의안 : 정관변경의 건(상호변경포함) ☞ 원안대로 승인 가결 제2호 의안 : 이사선임 의 건 제2-1호 의안 : 사내이사　　　선임의 건 ☞ 원안대로 승인 가결 제2-2호 의안 : 사내이사　　　선임의 건 ☞ 원안대로 승인 가결 제2-3호 의안 : 사내이사　　　선임의 건 ☞ 원안대로 승인 가결 제2-4호 의안 : 사내이사　　　선임의 건 ☞ 원안대로 승인 가결 제2-5호 의안 : 사내이사　　　선임의 건 ☞ 원안대로 승인 가결 제2-6호 의안 : 사외이사　　　선임의 건 ☞ 원안대로 승인 가결 제2-7호 의안 : 사외이사　　　선임의 건 ☞ 원안대로 승인 가결 제3호 의안 : 감사 김백산 선임의 건 ☞ 원안대로 승인 가결 제4호 의안 : 주식매수선택권부여승인의 건 ☞ 원안대로 승인 가결
2. 주주총회 일자		2014-11-26
		[상호 변경 세부내역] - 변경전 제1조 (상호) 이 회사는 주식회사 아이디엔이라고 한다. 영문으로는 IDN. Co., Ltd라 한다. - 변경후 제1조 (상호) 이 회사는 주식회사 보타 바이오라고 한다. 영문으로는 Bota Bio Co., Ltd라 표기한다.

▮ 사업목적 변경 ▮

사업목적 변경	55. 축산폐수활용 바이오 가스 열병합발전사업 56. 휴대용 통신단말기에 적용되는 액정모듈 부품의 개발,생산 및 판매업 57. 휴대용 통신단말기 관련 카메라의 IT모듈부품의 개발,생산 및 판매업	39. 한약제제 제조 및 판매업 40. 생약제제 제조 및 판매업 41. 유전자칩의 개발, 제조 및 판매업 42. 생물공학을 이용한 의학소재, 식품소재 제조 및 판매업 43. 생리활성물질 제조 및 판매업	바이오 제약 산업안전솔류션 식물공장관련 유증기관련 사업진출을 위한 목적사업 변경

주가 부양을 위한 작전 세팅이 끝나자, 2014년 11월 중견 여배우인 A씨를 대상으로 1주당 1,750원에 유상증자를 결정한다. A씨의 투자소식이 들리자 주가는 요동을 치기 시작했다. 이후 A씨는 자신이 소유하고 있던 부동산을 현물 출자하여 주식을 추가로 가져갔으며 당시 부동산의 가격은 약 14억 3,000만원으로 평가되었다.

당시 3년 연속 당기 순손실을 기록하던 부실기업 보타바이오에 A씨는 딸의 자금을 합쳐 18억원에 가까운 돈을 투자했다. 중견배우 A씨와 그의 딸이 주식을 취득한 이후, 주가는 하늘 높은 줄 모르고 상승한다. 이후에도 A씨는 지속적으로 유상증자에 참여하며 주식을 싸게 가져갔다.

A씨가 2014년 11월에 1,750원에 가져갔던 주식은 2015년 4월 7일 주당 1만 4,850원까지 상승한다. 이때 주가 상승의 재료는 '한국인스팜'이라는 한의약품제조회사의 주식을 취득해 신사업에 진출한다는 것이었다. 또한, 이후에도 보타바이오는 드림스킨코리아, 씨엠엑스 등 화장품 회사를 잇달아 인수하는 등 공격적인 인수합병을 시도하며 주가는 좋은 흐름을 보여준다.

| 보타바이오 차트 |

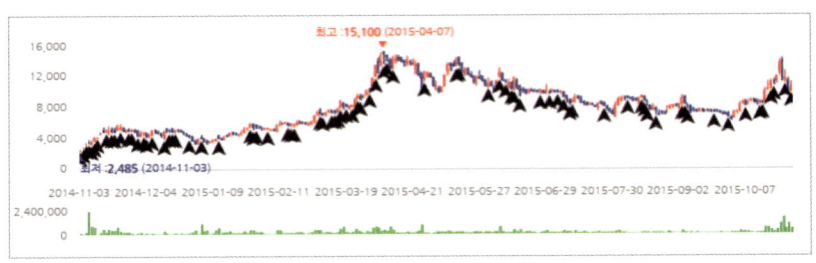

2015년 5월 이후 주가가 조정을 받던 중, 그해 12월 보타바이오는 아주 큰 주가부양재료를 내놓는다. 236억원 규모의 제3자배정 유상증자를 실시할 예정인데, 그 대상은 홍콩 투자전문회사 청대집단유한공사이며, 이번 증자로 인해 최대주주 역시 변경될 것이라 밝혔다.

이 기사는 당시 각종 언론에 도배가 되었고, 이로 인해 5,000원 이하까지 조정을 받던 주가는 다시 단숨에 1만원을 넘었다. (2014년 11월에 1주당 1,750원에 받은 제3자배정 유상증자는 의무보유기간이 1년이다. 즉, 1년이 지나야 유상증자로 받은 주식의 매도가 가능했으니, 이 시기에 맞춰 다시 한 번 주가부양재료가 나온 것으로 보인다.)

하지만, 투자 사실은 당연히 거짓이었고, 유상증자 납입은 계속 차일피일 미뤄지다가, 결국 2016년 4월 29일 제3자배정 유상증자를 철회하는 공시가 나온다.

이후 보타바이오는 불성실공시법인 지정에 따라 매매거래가 하루

▍유상증자 불참 의사 통보 ▍

	증권 발행결과(자율공시)		
	1. 증권의 종류		기명식 보통주
	2. 발행방법		제3자배정 유상증자
	3. 발행내역	발행예정주식수(주)	2,731,949
		발행예정금액(원)	23,686,000,000
		발행결정 최초 이사회결의일	2015-12-22
		실제발행주식수(주)	-
		실제발행금액(원)	-
		납입일	-
	4. 기타 투자판단에 참고할 사항		- 주식가격의 현저한 하락과 회사의 여러가지 현안들로 인하여, 유상증자 불참여의사를 통보함.
			※관련공시 2015-12-23 유상증자결정(제3자배정) 2016-01-19 유상증자결정(제3자배정) 2016-02-26 유상증자결정(제3자배정)

정지된다. 유상증자 철회 이후, 주가는 지속적으로 하락했고, 당시 회사 임원들은 주가 조작 혐의로 검찰의 수사를 받는다. 대부분의 금융범죄가 그렇지만 물증이 없기 때문에 법원은 허위사실 공시를 통한 주가 조작이라고 보기 어렵고, 기업의 회생을 위해 노력했다는 이유로 2심에서 무죄를 받았다.

하지만, 대법원은 중국 자본 유입과 같은 정보를 과장하거나 부정확하게 공시한 점, A씨가 주식을 취득하는 과정에서 취득자금 조성 경위를 자기 자금이 아닌 차입금을 통해 주식을 취득했음에도 자기 자금으로 취득한 것처럼 허위공시한 사실을 지적하며, 유죄 취지로 사건을 파기 환송했다.

| 이후 보타바이오 차트 |

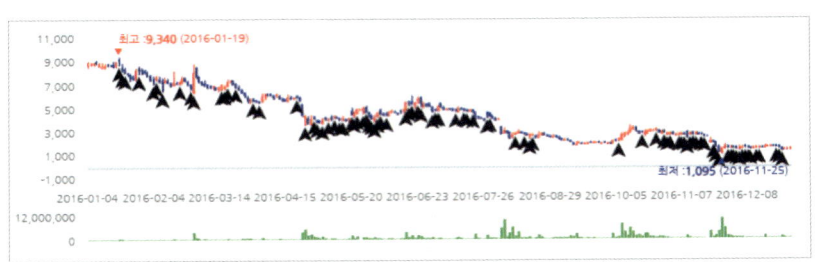

보타바이오 역시 사건 이후에 계속 최대주주가 교체되며 사명을 변경했지만, 결국 감사의견 거절을 받으며 2018년 10월 11일 상장폐지가 되었다. 한때 1만 4,850원까지 올랐던 보타바이오의 마지막 주가는 104원이었다.

이화전기 계열사 (이화전기, 이트론, 이아이디)

일반적으로 작전을 진행할 때, 회사를 인수한 후에 전환사채권을 발행하기도 하지만, 같은 계열사끼리 서로 전환사채를 발행한 후에 호재 뉴스로 주가를 띄워 차익을 실현하는 경우도 많다.

| 전환청구권 발행 결정 |

전환사채권 발행결정

1. 사채의 종류		회차	5	종류	무기명식 이권부 사모 전환사채
2. 사채의 권면(전자등록)총액 (원)					30,000,000,000
2-1. 정관상 잔여 발행한도 (원)					60,000,000,000
2-2. (해외발행)	권면(전자등록)총액(통화단위)			-	-
	기준환율등				-
	발행지역				-
	해외상장시 시장의 명칭				-
3. 자금조달의 목적	시설자금 (원)				-
	영업양수자금 (원)				-
	운영자금 (원)				-
	채무상환자금 (원)				-
	타법인 증권 취득자금 (원)				30,000,000,000
	기타자금 (원)				-
4. 사채의 이율	표면이자율 (%)				1.5
	만기이자율 (%)				3.0
5. 사채만기일				2024년 05월 21일	
6. 이자지급방법				이자의 지급방법 및 기일 : 사채이자는 본 사채 발행일로부터 매 3개월 단위로 아래 이자지급기일 마다 이자지급기일 직전 영업일 현재 본 사채의 미상환원금잔액에 표면금리 연 1.5% 이율을 일할 계산하여 산출한 금액을 후급한다. 다만, 이자지급기일이 은행 영업일이 아닌 경우에는 그 다음 영업일에 지급하기로 한다.	

▌전환청구권 발행 결정 ▌

8. 사채발행방법			사모	
	전환비율 (%)			100
	전환가액 (원/주)			797
	전환가액 결정방법		"본사채"의 전환가격은 "본사채" 발행을 위한 발행회사의 이사회결의일(2021년 04월 22일) 전일을 기산일로 하여 그 기산일로부터 소급하여 산정한 다음 각호의 가액 중 가장 높은 가액을 기준주가로 하여, 기준주가의 100%에 해당하는 가액을 전환가격으로 하되, 원단위 미만은 절상한다. 단, 전환가격이 발행회사의 보통주의 액면가 미만일 경우에는 발행회사의 보통주의 액면을 전환가격으로 한다. 가. 발행회사의 보통주의 1개월 가중산술평균주가(그 기간동안 한국거래소에서 거래된 해당 종목의 총 거래금액을 총 거래량으로 나눈 가격을 말한다. 이하 같다), 1주일 가중산술평균주가 및 최근일 가중산술평균주가를 산술평균한 가격 나. 발행회사의 보통주의 최근일 가중산술평균주가 다. 발행회사의 보통주의 본 사채 청약일(청약일이 없는 경우는 납입일) 전 제3거래일 가중산술평균주가	
	전환에 따라 발행할 주식	종류	보통주	
		주식수	37,641,154	
		주식총수 대비 비율(%)	7.18	

먼저 해당 기업의 전환사채권 발행 공시를 살펴보자.

전환사채를 300억원 발행했다. 이자는 표면이자율 1.5%, 만기이자율 3%다.

전환가액을 살펴보니 현재 797원이다.

전환가액 조정을 얼마까지 할 수 있는지 살펴보자.

2장 작전주, 그 달콤한 유혹의 민낯 **61**

▎액면가액까지 하향 조정 가능한 리픽싱 조항 ▎

		도 하여 "증권의 발행 및 공시등에 관한 규정" 제 5-22조 제1항 본문의 규정에 의하여 산정 (제3호는 제외한다)한 가액(이하 "산정가액"이라 한다)이 액면가액 미만이면서 기산일 전에 전환가격을 액면가액으로 이미 조정한 경우 (전환가격을 액면가액 미만으로 조정할 수 있는 경우는 제외한다)에는 조정 후 전환가격은 산정가액을 기준으로 감자 및 주식병합 등으로 인한 조정비율만큼 상향 조정한 가액 이상으로 조정한다. 라. 위 가.목 내지 다.목과는 별도로 "본 사채" 발행일로부터 매 1개월이 되는 날을 전환가격 조정일로 하고, 각 전환가격 조정일 전일을 기산일로 하여 그 기산일로부터 소급한 1개월 가중산술평균주가, 1주일 가중산술평균주가 및 기산일 가중산술평균주가를 산술평균한 가액과 기산일 가중산술평균주가 중 높은 가격이 해당 조정일 직전일 현재의 전환가격보다 낮은 경우 동 낮은 가격을 새로운 전환가격으로 한다. 단, 전환가격의 최저 조정한도는 발행회사 정관에 정한 바에 따라 액면가액으로 한다(단, 조정일 전에 신주의 할인발행 등 또는 감자 등의 사유로 전환가격을 이미 조정한 경우에는 이를 감안하여 산정한다). 마. 위 가.목 내지 라.목에 의하여 조정된 전환가격이 주식의 액면가 이하일 경우에는 액면가를 전환가격으로 하며, 각 전환사채에 부여된 전환청구권의 행사로 인하여 발행할 주식의 발행가액의 합계액은 각 전환사채의 발행가액을 초과할 수 없다. 다. 본호에 의한 조정 후 전환가격 중 원단위 미만은 절상한다.

1개월마다 주기적으로 조정이 가능하고 금액은 액면가액(200원)까지 하향 조정할 수 있게 되어 있다. 이 300억원이나 되는 전환사채를 가져간 주체는 어디일까?

정체는 회사의 최대주주였다. 이렇게 회사의 계열사끼리 서로 전환사채를 발행하여 주가가 오르면 매도하는 현상이 자주 일어난다. 구

최대주주 대상 전환사채 발행 결정

【특정인에 대한 대상자별 사채발행내역】

발행 대상자명	회사 또는 최대주주와의 관계	발행권면(전자등록) 총액(원)
주식회사 이아이디	최대주주	30,000,000,000

【조달자금의 구체적 사용 목적】

-타법인증권취득자금(30,000,000,000)

【미상환 주권 관련 사채권에 관한 사항】

전환(행사) 가능 주식	기발행 미상환 사채권	종류	잔액(원)	전환(행사) 가액(원)	전환(행사) 가능주식수(주)	전환(행사) 가능기간	비고
		-	-	-	-	-	-
		-	-	-	-	-	-
		소계	-	-	(A)	-	-
	신규 발행 사채권		30,000,000,000	797	(B) 37,641,154	2022년 05월 21일 ~ 2024년 04월 21일	
	합계		30,000,000,000	797	37,641,154	-	-
기발행주식 총수(주) (C)					524,598,748		
기발행주식총수 대비 비율(%) (D=(A+B)/C)					7.18		

체적인 자금 조달은 '타법인 증권취득자금'이라고 쓰여 있는데, 일반적으로 작전세력은 타기업 인수를 주가부양재료로 하여 주가를 급등시키는 경우도 많다.

지금부터 2023년 리튬 광산 테마로 주가 급등을 했다가 결국 상장폐지가 된 이화전기 그룹의 주가 흐름을 살펴보자.

2023년 이화전기 차트

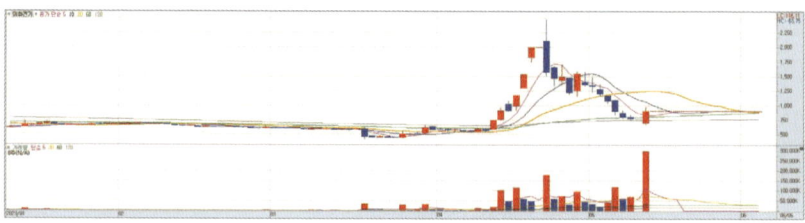

전환청구권 행사

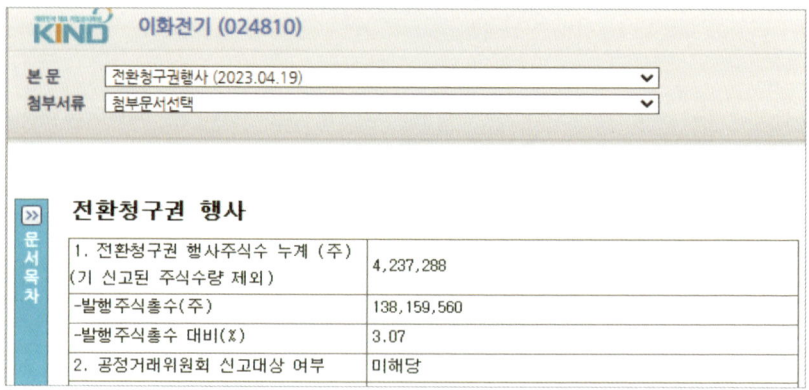

갑자기 호재공시를 내며 400원 부근이던 주가는 단숨에 2,400원 부근까지 무섭게 오른다. 누군가 주가를 올려서 급하게 팔려고 했던 걸까? 그러던 중 423만 7,200주에 해당하는 상당히 많은 물량의 전환청구권 공시(2023.4.19)가 나왔다.

이 전환사채는 과거에 누구를 대상으로 발생했는지 확인해보자.

최대주주인 이트론을 대상으로 전환사채를 발행했다. 이후 2023년 이화전기 그룹은 리튬 광산 개발이라는 호재를 터뜨리며 주가가 오르기 시작한다. 주가가 오르니, 때맞춰 차익을 실현하기 위해

최대주주 대상 전환사채 발행 결정

[특정인에 대한 대상자별 사채발행내역]

발행 대상자명	회사 또는 최대주주와의 관계	발행권면(전자등록) 총액(원)
이트론주식회사	최대주주	20,000,000,000

[조달자금의 구체적 사용 목적]

-

(단위:백만원)

사용목적	금액	내용
운영 자금	10,000,000,000	원재료 매입 등 운영자금
타법인증권취득자금	10,000,000,000	현재취득회사미정

[미상환 주권 관련 사채권에 관한 사항]

전환(행사) 가능주식	기발행 미상환 사채권	종류	잔액(원)	전환(행사) 가액(원)	전환(행사) 가능주식수(주)	전환(행사) 가능기간	비고
		-	-	200	-	-	-
		소계	-	200 (A)	-	-	-
	신규 발행 사채권		20,000,000,000	2,490 (B)	8,032,128	2022년 05월 24일 ~ 2024년 04월 24일	
	합계		20,000,000,000		8,032,128	-	-
기발행주식 총수(주) (C)					74,331,203		
기발행주식총수 대비 비율(%) (D=(A+B)/C)					10.81		

전환청구권 행사가 시작된 것이다.

이후 이들 그룹의 주가는 어떻게 되었을까? 2024년 10월 기준 이화전기 계열사에 포함되어 있는 이화전기, 이트론, 이아이디 모두 2023년 5월 15일 이후 거래정지 중이다. 또한, 이화전기의 김○○ 회장은 이와 관련해 자본시장법위반죄, 특정경제범위반(배임)죄로 인한 2,400억원의 부당이득을 챙긴 혐의로 구속기소되었다.

이화전기 계열사인 이트론과 이아이디의 주가는 어떻게 움직였는지 살펴보자.

┃ 이아이디 차트 ┃

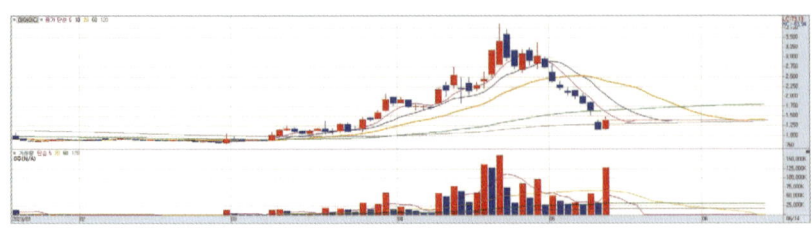

┃ 이트론 차트 ┃

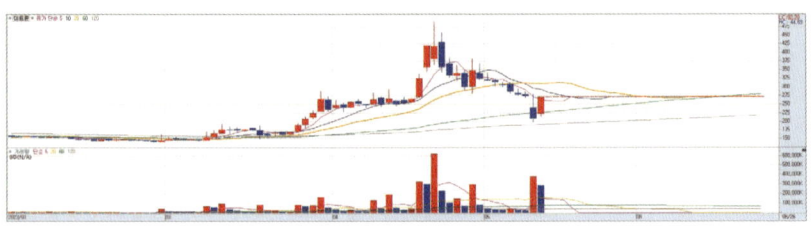

　이처럼 작전세력들은 최대주주 변경 없이 회사 계열사끼리 서로 전환사채를 발행하면서 주가 부양에 대한 수익을 나눠 먹기도 한다. 이들 그룹은 그룹 내 상장사끼리 서로 전환사채를 발행하다가 호재공시를 내며 주가를 부양시키고 그 수익을 챙기는 방식을 많이 사용한다.
　이후, 이들 그룹 역시 상장폐지 절차에 들어간다.

A 기업 (공식적인 주가조작 언론 보도가 없는 기업)

2023년 중국의 유명한 이차전지 기업이 국내 기업을 인수한다는 호재를 띄우며 엄청난 주가 상승을 했던 A 기업의 흐름을 살펴보자.

2023년 A 기업 차트

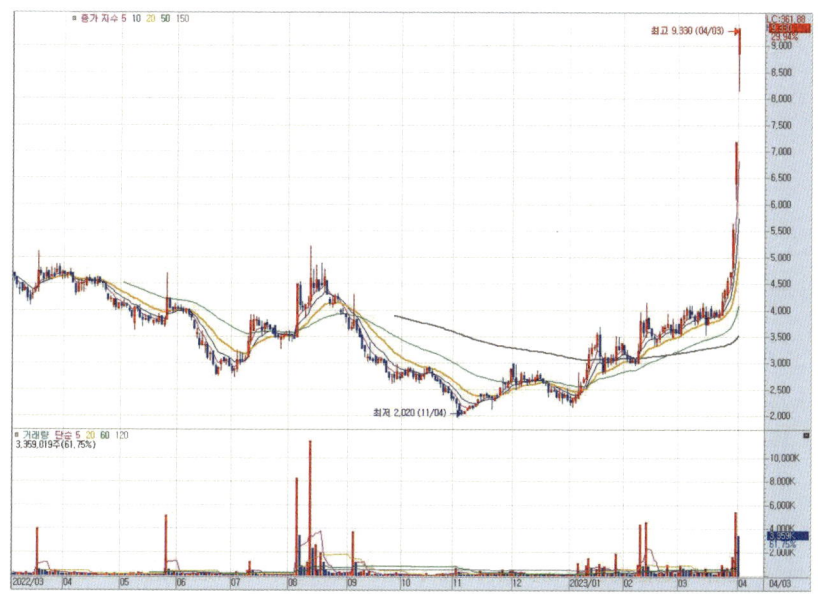

 별다른 호재 없이 슬그머니 오르던 주가는 2023년 4월 1일 최대주주 변경 공시를 통해, 중국의 유명 이차전지 회사인 B 기업이 A 기업을 1주당 4,800원에 인수하는 계약을 체결하였고, 전환사채권 발행 공시를 통해 B 기업과 C 홀딩스라는 조합으로 총 610억원을 투자받아 이차전지 신사업을 펼친다고 밝혔다.

4년 연속 영업손실을 기록하던 A 기업의 주가는 이런 호재를 업고 급등하기 시작했다. 당시 언론은 B 기업을 아주 유명한 중국의 LFP 이차전지 생산 기업으로 소개했으며, 수많은 투자자 역시 언론에 소개된 A 기업과 B 기업을 믿고 투자를 이어나갔다.

 이후의 주가는 어떻게 되었을까?

▎A 기업 주가 급등 당시 차트 ▎

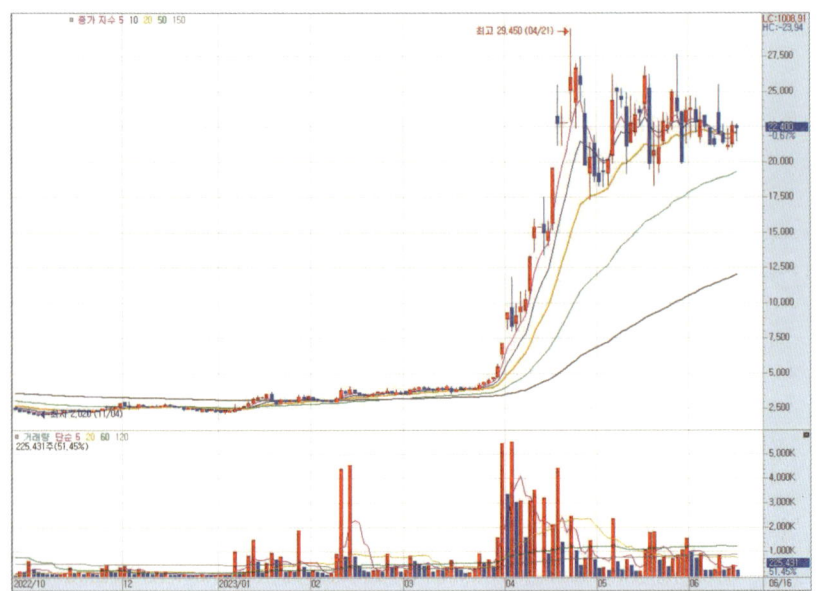

  1월 2일 기준 2,270이던 주가는 최대 29,450원까지 치솟았다.

  수많은 개인투자자들은 610억원이라는 전환사채(5회차, 6회차)를 통해 들어오는 막대한 투자금으로 회사가 신사업을 추진한다는 소식에 회사의 무궁한 발전을 기대했다. 그러나 주가는 이후, 하염없이 떨어지기 시작했다. 610억원이라는 거액에 해당하는 5회차, 6회차 전환사채 납입을 차일피일 미루던 B 기업과 C 홀딩스는 목표를 이뤘는지, 이후 아예 전환사채 발행을 철회해 버린다. 이 회사는 어떻게 되었는지 살펴보자.

전환사채 발행 철회

번호	시간	회사명	공시제목	제출인	차트/주가
21	2023-11-30 17:59		기타 주요경영사항(제6회차 전환사채 발행결정 철회)		
20	2023-11-30 17:59		[정정]전환사채권발행결정(제6회차-철회)		
19	2023-11-16 18:12		기타 주요경영사항(제5회차 전환사채 발행결정 철회)		
18	2023-11-16 18:12		[정정]전환사채권발행결정(제5회차-철회)		
17	2023-11-09 19:02		[정정]전환사채권발행결정(제5회차)		
16	2023-10-31 17:53		[정정]전환사채권발행결정(제6회차)		
15	2023-10-31 17:46		[정정]전환사채권발행결정(제5회차)		
14	2023-07-31 17:15		[정정]전환사채권발행결정(제6회차)		
13	2023-07-31 17:15		[정정]전환사채권발행결정(제5회차)		
12	2023-06-20 17:37		[정정]전환사채권발행결정(제6회차)		
11	2023-06-20 17:36		[정정]전환사채권발행결정(제5회차)		
10	2023-06-02 18:57		[정정]전환사채권발행결정(제6회차)		
9	2023-06-02 18:55		[정정]전환사채권발행결정(제5회차)		
8	2023-05-19 18:08		[정정]전환사채권발행결정(제5회차)		
7	2023-05-08 18:24		[정정]전환사채권발행결정(제6회차)		

다음 차트와 같이 현재 A 기업은 불성실공시법인 지정 및 감사거절 의견으로 거래정지 중에 있다.

물론, 이 기업은 공식적으로 주가 조작에 대한 검찰수사가 진행된 것은 아니다. 하지만, 최대주주 변경, 각종 허위공시 등 작전주의 흐름과 매우 유사하다.

┃ 이후 A 기업 차트 ┃

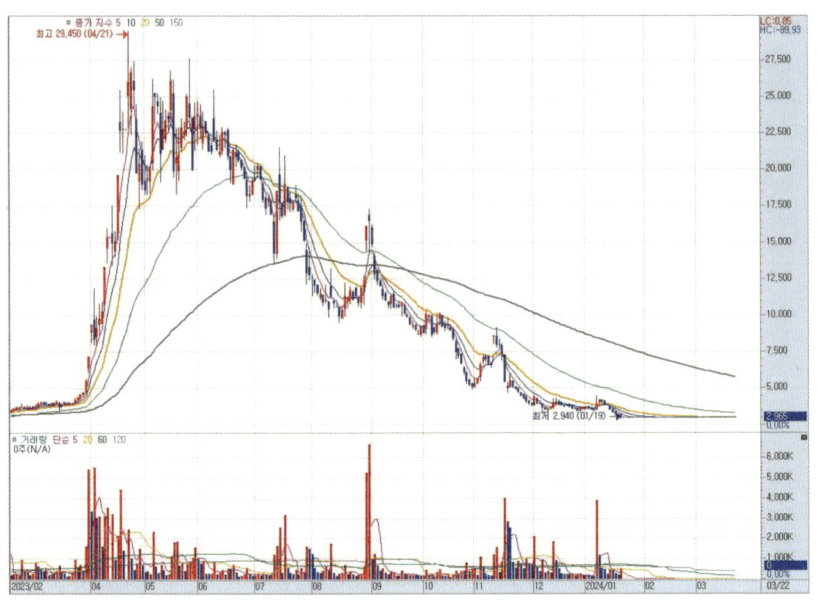

    작전주는 이렇게 무섭다. (지금껏 작전주의 흐름에 대해 설명한 이유는 작전주를 분석해서 수익을 크게 내자는 게 아니다. 제발 그 위험성을 알고 투자자 그 누구도 세력의 먹이가 되어 눈물 흘리는 걸 보지 않았으면 하는 바람에서였다.)

    그렇다면 개인투자자들이 세력들의 평단가라고 할 수 있는 전환가액 밑에서 매수를 한다면 어떨까? 세력의 평단가보다 밑이니까 이것이야말로 필승전략이라고 할 수 있지 않을까? 다음 장을 살펴보자.

03 작전주가 무서운 진짜 이유

앞에서 전환사채를 이용한 작전세력들의 주가 매매방식을 보았다.

그런데 작전주는 '하이 리스크', '하이 리턴'이라고 한다. 어떤 위험이 있는지 살펴보자.

예를 들어, A 기업이 최대주주 변경을 한 이후 특정 인수인을 대상으로 전환사채를 발행했다. 이후 주가가 하락하며, 최대로 낮출 수 있는 금액인 최저조정 전환가액까지 조정을 마쳤다. 그러면 전환사채에 어느 정도 일가견이 있는 투자자는 '기업의 주가가 전환사채의 최저조정가액보다 더 아래로 떨어지는 일은 없겠지?'라고 생각하며 매수하게 된다. 이게 바로 위험 요소다.

첫 번째 위험 요소 최저 전환가액 밑으로 조정했음에도 불구하고 주가 조정은 계속된다

▌전환가액 조정 ▌

전환가액의 조정

1. 조정에 관한 사항	회차	상장여부	조정전 전환가액 (원)	조정후 전환가액 (원)	
	4	비상장	1,233	864	
2. 전환가능주식수 변동	회차	미전환사채의 권면(전자등록)총액 (통화단위)		조정전 전환가능 주식수 (주)	조정후 전환가능 주식수 (주)
	4	10,000,000,000	KRW : South-Korean Won	8,110,300	11,574,071
3. 조정사유	시가하락에 따른 전환가액 조정				

▌전환가액 최저한도 ▌

4. 조정근거 및 방법	2. 조정 방법 : ① 1개월 가중산술평균주가 : 571원 ② 1주일 가중산술평균주가 : 538원 ③ 최근일 가중산술평균주가 : 536원 ④ 산술평균가액(①+②+③)/3 : 548원 ⑤ 조정후 전환가액(Max ③,④) : 548원 ⑥ 전환가액 최저한도 : 1,233원 X 70% = 864원 ⑦ 최종 조정후 전환가액(Max ⑤,⑥) : 864원(원단위 미만 절상)	
5. 조정가액 적용일	2023-05-12	
6. 이사회결의일(결정일)	-	
- 사외이사 참석여부	참석(명)	-
	불참(명)	-
- 감사(사외이사가 아닌 감사위원) 참석여부	-	
7. 기타 투자판단에 참고할 사항	※ 관련공시	2022-08-10 전환사채권발행결정(제4회차) 2022-08-12 증권 발행결과(자율공시)(제4회차 CB)

앞의 공시를 보면 1,233원이던 전환가액을 864원으로 조정한다는 공시가 나왔다. 추가로 다음의 공시를 보면 864원은 회사가 발행한 전환사채의 최저 전환가액으로, 더는 전환가액 하향 조정이 불가능한 상태다.

그런데 무슨 일일까? 전환사채를 인수해 간 세력도 손해를 감수하는 걸까? 아니면 급등을 할 때 개인들에게 이득을 주기 싫은 걸까? 최저조정 전환가액, 즉 세력의 평단가라고 할 수 있는 864원에서 지지가 나올 줄 알았던 주가는 이후 지속적으로 하락한다.

❙ A기업의 주가 차트 ❙

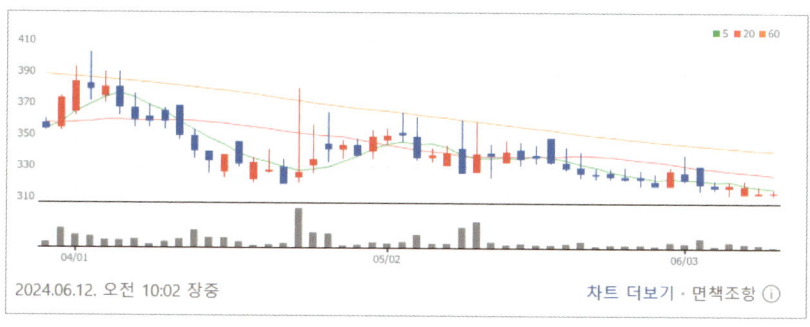

2024년 6월 12일 기준 앞의 전환가액 조정 공시에 해당하는 A 기업의 차트다. 주가가 314원이니 최저 전환가액 864원 대비 반토막 이상 빠졌다. 만약 진짜 작전주라면 믿고 버티면 된다. 그러나 문제는 감당하기 어려운 위험 요소가 또 있다.

두 번째 위험 요소
대부분 재무제표가 엉망이다

앞에서 예로 든 A 기업의 재무제표를 살펴보자.

재무연월	매출액(억원)	YoY(%)	영업이익(억원)	당기순이익(억원)	EPS(원)	BPS(원)	PER(배)	PBR(배)	ROE(%)	EV/EBITDA(배)	주재무제표
2020.12(A)	70.1	92.06	-119.8	-77.1	-60	176	N/A	7.66	-31.25	-14.79	IFRS연결
2021.12(A)	362.4	417.22	-21.2	150.0	110	350	20.69	6.52	41.95	-235.73	IFRS연결
2022.12(A)	125.2	-65.45	-164.8	-214.5	-155	247	N/A	2.47	-52.16	-4.07	IFRS연결
2023.12(A)	115.6	-7.66	-128.2	-123.5	-89	187	N/A	2.27	-40.90	-3.73	IFRS연결

영업적자가 지속되고 있다. 이대로 가면 투자관리 종목에 지정되거나 환기 종목 지정 또는 감사 시즌에 거절이 나올 수도 있다.

만약 내가 투자한 종목이 거래정지를 당한다면? 생각만 해도 아찔하다. 확신을 두고 전환가액 밑에서 열심히 모았는데 한방에 돈이 날아가는 상황이 발생할 수도 있는 거다.

또한, 실제 돈이 필요해서 전환사채를 발행하여 운영하는 회사인데 나의 오해로 인해 작전주인 줄 착각했을 수도 있고, 작전세력들의 작전이 어그러질 수도 있다. 모든 게 위험 요소다.

만약 작전이 망가진다면?

세력은 손해 볼 게 없다. 열심히 전환가액을 낮춰서 주식 수량을 모았는데 뭔가 작전이 어긋났을 수 있다. 이럴 때는 그냥 풋옵션을 행사해서 원금을 회수하면 그만이다. 전혀 손해 볼 게 없는 장사다.

홈캐스트와 빗썸 주가조작에 연루 의혹이 있던 A 미디어의 원○○ 회장이 있다. 원○○ 회장은 다른 기업의 전환사채를 끌어모으다시피 가져간 사람이다. 희한하게도 그 기업들은 대개 주가가 급등한다. 그래서 한때 원○○ 회장 따라 하기 매매법이라는 것도 생겼다. A 미디어 계열사가 모기업의 전환사채를 인수하는 공시가 뜨면 그 종목을 매수해서 기다리는 매매법이다.

2022년 5월 30일 경기도와 투자 협약식을 맺으며, 평택 오성 외국인 투자지역 부지에 실리콘 음극재 공장을 짓기로 한 B 회사가 있었고, B 회사에 투자한 C 회사가 있었다. C 회사는 원○○ 회장이 이끄는 A 미디어 계열 투자 조합에게 전환사채를 대거 발행했다. B 회사는 국내 최대의 배터리 축제인 '인터 배터리'에도 거의 매년 모습을 드러냈다. 그래서 나는 이게 바로 작전주의 재료가 될 것으로 생각했다.

그런데 어찌 된 일인지 B 회사 홈페이지에는 건설사 계약까지 다 맺었고 2023년부터 공장을 지어 2024년부터 제품 출하를 시작하기로 했다고 하는데, 예정된 기일이 한참 지나도록 전혀 착공 소식이 없었다. 여러 번 공장 터에 가봤지만, 그곳에서 나를 맞이하는 건 우거진 수풀뿐이었다. 이후에 공시를 살펴보니 A 미디어 계열 투자 조합은 장외매도를 행사해 이미 자신들의 전환사채를 매도했다. 아마 뭔가 중간에 일이 틀어진 모양이었다.

주식 등의 대량보유상황보고서

주식등의 대량보유상황보고서

(약식서식 : 자본시장과 금융투자업에 관한 법률 제147조에 의한 보고 중 '경영권에 영향을 주기 위한 목적'이 아닌 경우 및 보고자가 동조 제1항 후단에 따른 전문투자자인 경우)

금융위원회 귀중
한국거래소 귀중

보고의무발생일 : 2023년 02월 22일
보고서작성기준일 : 2023년 02월 24일
보고자 :

요약정보			
보고특례 적용 전문투자자 구분	-		
발행회사명		발행회사와의 관계	-
보고구분	변동		
보유주식등의 수 및 보유비율		보유주식등의 수	보유비율
	직전 보고서	4,255,319	16.00
	이번 보고서	0	0
보고사유	보유 CB 전부 매도		
보유목적	단순투자		

2024년 11월에 다시 한 번 방문했지만, 여전히 공장 터의 수풀은 우거져 있고 공장을 지을 생각이 전혀 없어 보였다. 작전이 어긋난 것일까? 아니면 작전주가 아니었던 것일까?

❚ B 기업의 주가 추이 ❚

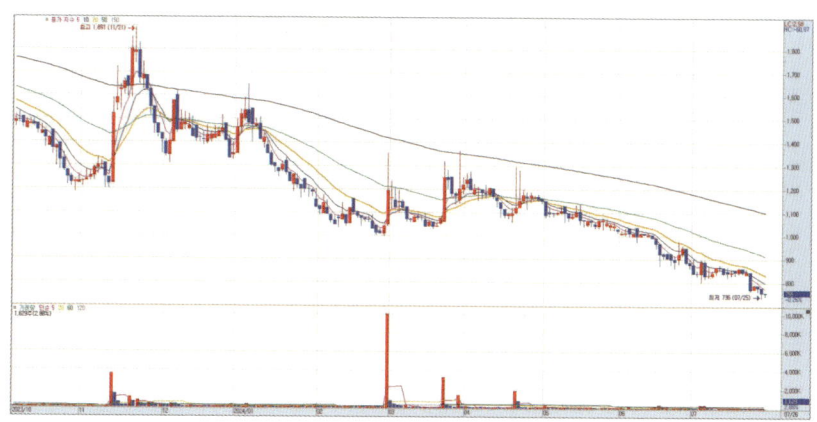

만약 단 한 번이라도 잘못된 선택을 한다면 작전주 매매는 커다란 손해를 감수해야 한다. 이런 주식 말고도 우리 주변에는 주가와 이익이 성장하는 기업들이 많이 있다. 그런 기업에 투자하는 것이 마음도 편하고 투자 수익도 챙기는 방법임을 기억하자.

04

작전주도 손해 보고
팔 때가 있다

전환청구권을 행사하면, 보통 악재로 인식되어 주가가 급락한다.

왜냐하면, 전환청구권 행사로 인해 수많은 매도 물량이 출회되기 때문이다. 또한, 이런 주식 물량의 증가는 주당순이익의 감소로 이어져, 주주가치가 훼손된다. 그런데 이상하게도 전환청구권 전환 이후에 급등 또는 상한가를 가는 경우가 많다.

거래정지된 A 기업의 예를 살펴보자.

주당 200원짜리 물량 1,500만주가 2021년 1월 20일에 나온다는 걸 확인할 수 있다. 당시 기업의 평균 거래량은 800만주였으니 1,500만주라는 거대한 물량을 한 번에 처리하기 어려워 보였다.

A 기업은 대규모의 전환청구권 행사를 실시한 이후 얼마 지나지 않아 당시 증시를 뜨겁게 달구던 코로나19 백신을 호재로 주가가 급등하기 시작했다. 약 1달 만에 500% 정도 상승을 보여준 A 기업의 주가는 2021년 4월 23일을 고점으로 마무리되었다. 지금은 물론 거래가

전환청구권 행사로 인한 추가 상장

전환청구권 행사

1. 전환청구권 행사주식수 누계 (주) (기 신고된 주식수량 제외)	15,000,000
-발행주식총수(주)	474,598,748
-발행주식총수 대비(%)	3.16
2. 공정거래위원회 신고대상 여부	미해당
3. 기타 투자판단에 참고할 사항	- 상기 발행주식총수는 금번 행사 주식수가 미포함된 발행주식 총수입니다. - 상기 발행주식총수는 제4회차 전환사채 전환청구로 인한 상장예정주식 125,000,000주(상장예정일:2021-01-15)가 포함된 발행주식 총수입니다. - 아래 "일별 전환청구내역"의 "상장일 또는 예정일"은 관계기관 일정에 따라 변경될 수 있습니다 ※관련공시: 2019-08-08 전환사채권발행결정(제2회차) 2019-08-09 전환사채권발행결정(제2회차) 2019-11-14 전환가액의조정(제2회차) 2020-02-14 전환가액의조정(제2회차) 2020-05-14 전환가액의조정(제2회차) 2020-09-25 전환사채(해외전환사채포함)발행후만기전사채취득

일별 전환청구내역

청구일자	사채의 명칭		청구금액	전환가액	발행한 주식수	상장일 또는 예정일
	회차	종류				
2021-01-04	2	무기명식 무보증 사모 전환사채	3,000,000,000원	200	15,000,000	2021-01-20

전환사채 잔액

회차	발행당시 사채의 권면(전자등록)총액(통화단위)	신고일 현재 미전환사채 잔액 (통화단위)	전환가액(원)	전환가능 주식수
2	10,000,000,000 KRW : South-Korean Won	7,000,000,000 KRW : South-Korean Won	200	35,000,000

단기간에 6배나 오른 A 기업 차트

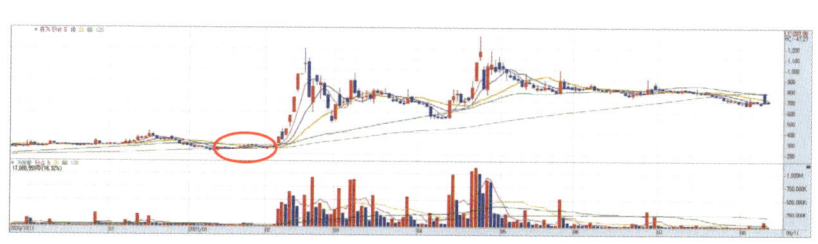

정지된 종목이다.

그렇다면 유통물량 대비 많은 전환청구권이 행사된다면, 전환된 주식을 처분하기 위해 호재뉴스를 띄워야 할 것으로 생각된다. 그러나 여기서 또 위험 요소가 있다.

앞의 사례와 비슷한 다른 기업의 공시를 살펴보자.

| 전환청구권 행사로 인한 추가상장 |

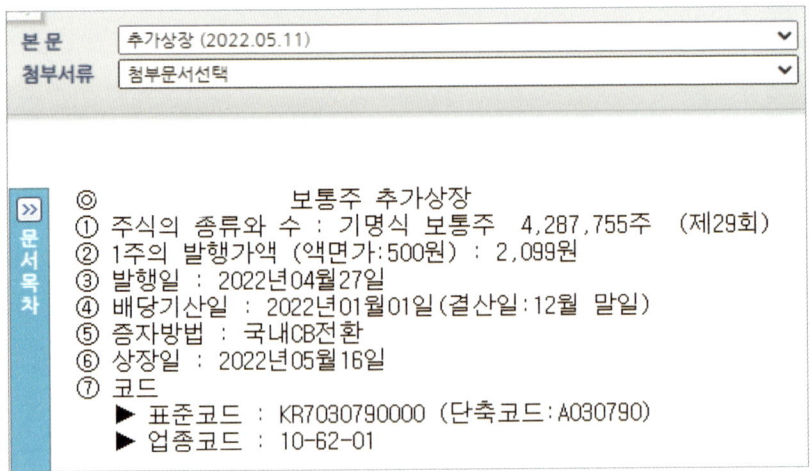

위 공시를 보면 B 기업의 전환사채 물량이 2,099원에 4,287,755주가 5월 16일에 출하된다는 것을 알 수 있다. (주식으로 전환된 전환사채물량은 영업일 기준 2거래일 전에 매도가 가능하다. 즉, 5월 16일에 주식이 상장되지만 영업일 기준 2거래일 이전인 5월 12일부터 매도를 할 수가 있다.) B 기업은 5월 10일부터 갑자기 뜬금없이 막 주가가 오르기 시작했지만, 전환가액인 2,099원보다 아직 아래였고 당시 거래량으로는

새로 상장되는 4,287,755주를 한 번에 처리하기에는 무리가 있는 상황이었다.

▮ B 기업의 주가 차트 ▮

2,099원보다 밑이었던 B 기업의 주가는 이후 5월 12일 오전에 약 20% 상승한다. 곧, 세력들의 본전이라고 할 수 있는 전환가액인 2,099원을 넘을 것처럼 보였다. 그러나 전환가액보다 약간 못 미치는 가격에서 갑자기 엄청난 매도세가 나오며, 주가가 급락하기 시작한다. 당일 힘차게 오르던 주가는 어느새 음봉으로 전환되어 전일 대비 -20%까지 주가가 하락한다. 오전에 주가가 약 20% 상승했으니, 하루 등락이 거의 40%에 달했다.

만약, 여기서 세력들이 전환가액 밑에서 손해를 보고 매도한 것은 사실상 있을 수 없으니 주식 보유 기간을 더 가져갈 수도 있을 것이다. 그러나 당일 장이 마감한 후, 다음과 같은 공시가 뜬다.

▎투자주의 공시 ▎

[투자주의] 단일계좌 거래량 상위종목

다음 종목은 2022.05.13(1일간) 투자주의종목으로 지정되니 투자에 주의하시기 바랍니다.

(단위: 주, %)

번호	종목명	상장주식수	투자자 구분	매수수량	매도수량	순매수 수량	순매수 비율	직전 5일간 순매수수량 (당일제외)	지정횟수 (당일제외) 5일간 15일간	
1		16,960,390	기타법인	0	1,905,669	-1,905,669	11.24	0	0	0
2		16,960,390	기관	0	1,429,252	-1,429,252	8.43	0	0	0
3		16,960,390	기타법인	0	952,834	-952,834	5.62	0	0	0

※ 지정요건: 당일 정규시장 중 특정 계좌에서 순매수(순매도)한 수량이 상장주식수 대비 2% 이상이고,
   당일의 종가가 전날 종가보다 5% 이상 상승(하락)
   • 순매수로 주가가 상승하거나 순매도로 주가가 하락한 경우에만 지정되며, 상장지수펀드(ETF)는 지정되지 않음
※ "순매수 수량"은 매수수량에서 매도수량을 뺀 수량이며, "직전 5일간 순매수 수량"은 해당 계좌의
   직전 5일간 (당일 제외) 순매수 수량을 의미
   • 5일간(15일간) 지정횟수(당일제외): 당일을 제외한 최근 5매매일간(15매매일간)
   같은 사유의 투자주의종목으로 지정된 횟수

※ 시장경보제도 개요

   주가가 일정기간 급등하는 등 투자유의가 필요한 종목은
   "투자주의종목 → 투자경고종목 → 투자위험종목" 단계로 시장경보종목으로 지정되며,
   투자경고·위험종목 단계에서 매매거래가 정지될 수 있습니다.
   시장경보종목에 대한 자세한 내용은 한국거래소 홈페이지
   ("krx.co.kr → 시장감시 → 시장경보/투자유의안내" 또는 "surveillance.krx.co.kr →

위 공시를 보니 기타법인과 기관에서 대규모의 매도세가 있었다는 것을 알 수 있다. 매도수량을 모두 합쳐 보니 새로 상장된 전환사채 물량인 4,287,555주와 완벽하게 일치한다.

이렇게 기타법인과 기관의 대규모 매도가 있던 다음 날, 역시 주가는 여지없이 급락한다. 그런데 우연의 일치였는지, 대량의 매도 물량 출회 직후인 2022년 5월 16일 갑자기 B 기업은 감사의견거절 공시가 뜨며 다음 날부터 거래정지에 이른다.

전환사채에 투자한 세력들은 아마 거래정지를 미리 알고 일부 손해를 보고서라도 급히 팔아야 했을 것이라는 합리적인 의심이 드는 대목이다. 그렇지 않고서야 자신들의 평균단가라고 할 수 있는 전환가액(2,099원)보다 낮은 가격에 주식을 대규모 매도하며 손실을 내면서까지 급하게 빠져나올 이유는 없을 것이다.

▌B 기업 거래정지 공시 ▐

매매거래정지 및 정지해제(풍문 등 조회공시)	
1. 종목명	비케이탑스(주) 주권
2. 매매거래정지 유형	풍문 등 조회공시관련 매매거래정지
3. 매매거래정지 일시	2022년 05월 16일 07:59
4. 매매거래정지 해제일시	-
5. 매매거래정지 및 해제 사유	조회공시요구(감사의견 비적정설)
6. 근거	유가증권시장 공시규정 제40조
7. 기타 투자판단과 관련한 중요사항	-
	※ 관련공시 -

    2022년 9월 7일 금융위원회 또한 이 위험성에 대해 알고 전환사채 시장 개선에 대한 제도를 시행하기로 했다. 원래는 전환가액 조정은 주가가 내려갈 때마다 하향하기로 되어 있던 조항이고, 반대로 상승하는 경우에는 조정에 대한 별다른 내용이 없었다. 그런데 이번에 개선된 조항은 하향 조정되었던 전환가액이 주가가 다시 오르게 되면 다시 그에 맞춰 상향되도록 조치한 것이다. 다만 이 조항은 이전에 이미 발급된 전환사채에 대해서는 해당이 안 된다. 그래서 그런지 이 당시에 전환사채 발행이 유독 많았다.

> **리픽싱 규제 앞두고 전환사채 발행 '급증'**
>
> 올해 국내 상장사들이 전환사채(CB) 발행을 늘리고 있다. 금융당국이 추진하는 리픽싱(전환가액 조정) 관련 개정안 시행을 앞두고, 소급 적용 이전에 최대한 자금을 조달하려는 의도로 해석된다.
>
> 21일 한국예탁결제원에 따르면 올해 국내 상장사가 발행한 전환사채 금액은 5조2,491억원으로 집계됐다. 지난해 같은 기간 3조3,089억원 규모의 전환사채가 발행된 것과 비교하면 58.63% 늘어난 수치다. 다만 해당 집계에는 실물로 발행되거나 만기가 도래한 전환사채는 제외됐다.
>
> – 이하 생략 –

출처: 이투데이 2021. 7. 22

    또한 개정 내용을 살펴보면, 처음에 5,000원에 전환가액으로 발급된 전환사채가 주가가 하락하여 전환가액이 2,500원으로 떨어진 이후, 만약 주가가 10,000원으로 상승한다 해도 전환가액의 최대 상승치는 처음 발행했던 전환가액 5,000원이 최대 상승 한계치다.

    보통 전환가액 조정은 전환사채 발행에 관한 계약마다 다른데 보통 1개월마다, 3개월마다, 6개월마다 전환가액 조정이 이뤄진다.

▌ 전환사채 개정안 시행 예시 ▌

전환사채 발행 당시 전환가액	주가 하락에 따른 전환가액 조정	주가 상승에 따른 전환가액 조정	비고
5,000원	500원	해당 없음	개정 전
5,000원	500원	처음 발행 당시 전환가액인 최대 5,000원까지 상향 조정 가능	개정 후

그렇다면 6개월 전환가액 조정 조항을 넣은 후 주가를 떨어뜨려 전환가액을 최대치로 낮춰 주식 수량을 모았다가, 다음 전환가액 조정 기일인 6개월 후가 되기 전까지 충분히 주가 상승을 한 후 팔고 나갈 수도 있을 것 같다.

그렇지 않다면 전환가액을 충분히 하향조정시킨 후, 각종 호재뉴스를 뿌리며 1달 안에 단기적으로 승부를 볼 수도 있을 것 같다.

세력은 항상 진화한다.
크게 한 방을 노리다 크게 한 방을 얻어맞을 수 있다.

3장

주식투자자 90%가 손해 보는 이유

01
인간의 본성은
투자에 역행한다

고소공포증

인간은 오랜 사냥 생활을 통해 생존 본능을 익혀 왔다. 그중 하나가 높은 곳에 오를 때 느끼는 고소공포증이다. 하지만 이 본능은 주식투자에 부정적인 영향을 미칠 수 있다. 예를 들어, 주가가 바닥을 기고 있을 때는 사람들에게 안정감을 주지만, 주가가 급등할 때는 불안과 두려움을 준다.

특히, 초보 투자자라면 공감할 것이다. 적은 수량을 매수했을 때 주가가 크게 오르고, 많은 수량을 매수했을 때 오히려 하락하는 경험을 많이 한다. 혹시 적게 매수할 때는 주가가 이미 고점 부근이라 급락이 올까 두려워서 조심스럽게 소량만 매수했던 것은 아닌지 돌이켜보자. 반대로, 많은 수량을 매수할 때는 주가가 바닥에 가까워 심리적 안정감을 느끼고 과감하게 매수했을 가능성이 매우 높다.

"주가가 올라서 못 사고, 내려서 못 산다."

많은 투자자가 직면하는 심리적 딜레마를 잘 나타낸 말이다. 하지만 주식 시장에서 90% 이상의 투자자가 손실을 본다는 사실을 고려할 때, 성공하려면 본성을 이겨내고 남들과 반대로 행동해야 한다. 만약 본능에 따라 남들과 똑같이 매매한다면, 결국 평범한 수익률을 내거나 실패하는 투자자가 될 가능성이 높다.

성공적인 투자자가 되려면, 불안감과 편안함이라는 심리적 함정에서 벗어나야 한다. 주식투자에서는 본능을 거스르고, 냉철한 판단으로 남들과 다르게 행동해야 상위 10% 투자자가 될 수 있다.

❙ 카카오 차트 ❙

이 차트를 보면 현재 주가가 지지선 부근에 위치해 있다. 대부분의 투자자는 앞서 두 번이나 지지된 이중 바닥(주가가 하락할 때마다 매수

세가 몰려 해당 가격에서 지지를 받으며 추가 하락을 막아낸 지점) 부근이니 매수할 만하다고 생각할 것이다. 그러나 나는 선뜻 매수하기가 두렵다. 그 이유는 간단하다. 상승하는 주식을 매수하지, 하락하는 주식을 매수하지 않기 때문이다. 주가가 하락하는 데는 항상 그럴 만한 이유가 있다. 명품이 중고 시장에서도 가격 방어를 잘하듯이, 주식도 그만큼의 가치를 지닌 명품 주식을 매수하는 것이 중요하다.

차트의 결과가 어떤지 살펴보자.

▎이후 카카오 차트 ▎

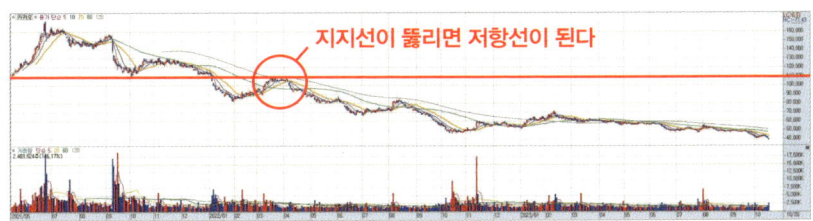

2022년, 약세장을 맞아 많은 기업의 주가가 떨어졌다. 이후 수많은 종목들이 주가를 회복하거나, 2021년 강세장 당시의 고점을 넘었다. 그러나 카카오는 여전히 주가가 흐르고 있다.

이처럼 단순히 지지선 부근에 있다고 해서 주식을 매수하는 것은 조심해야 한다. 지지선이 유지되지 않으면 주가는 추가 하락할 수 있다. 이런 함정에 빠지지 않기 위해서는 시장의 흐름과 주식의 본질적인 가치를 함께 고려해야 한다.

이번엔 이 상황과 반대로 주가가 오르기 시작하는 종목의 차트를 살펴보자.

▎삼양식품 차트 ▎

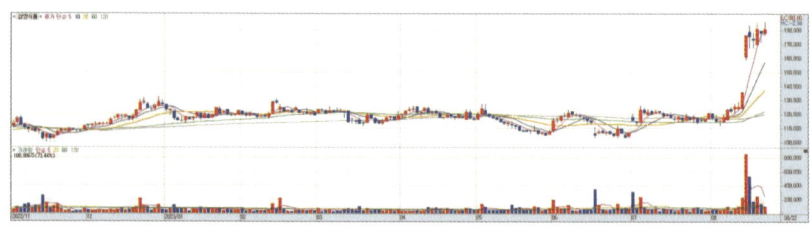

이 차트는 불닭볶음면으로 유명한 '삼양식품'이다. 너무 올라서 매수하기 꺼려진다. 고소공포증은 원래 인간이라면 누구나 느끼는 증상이다. 이후의 차트를 살펴보자.

▎이후 삼양식품 주가 추이 ▎

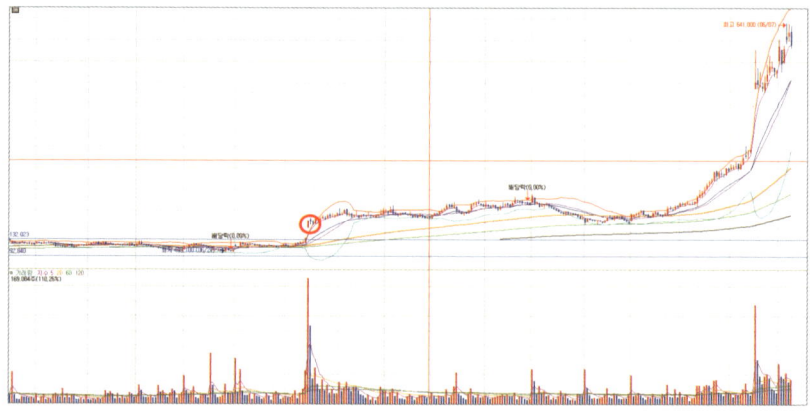

위 차트 속에 작은 빨간 동그라미가 보인다. 저 자리가 앞선 차트에서 급등이 나왔던 자리다. 당시 17만~18만원 하던 주가가 이후 단기간에 60만원을 넘다가 2025년에는 100만원을 넘기며 황제주에 등

극한다.

이번엔 미국 증시에 상장된 기업으로 예를 들어 보자.

다음 차트는 미 증시에 상장된 유명한 반도체 기업인 AMD이다.

아래는 역시 같은 날짜의 ALPHABET(구글) 차트다.

▎2024년 4월 11일 AMD 차트 ▎

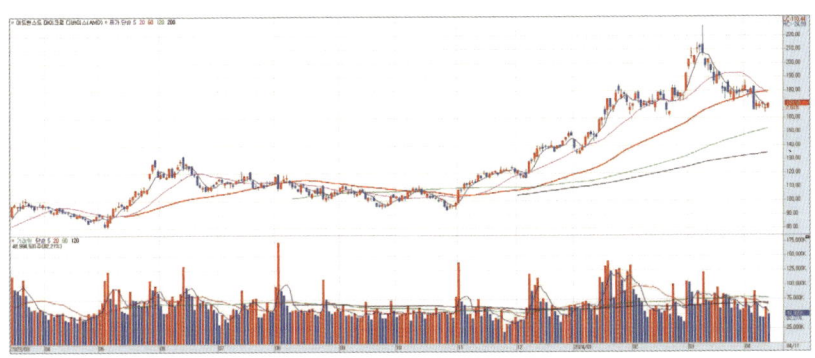

▎2024년 4월 11일 ALPHABET(구글) 차트 ▎

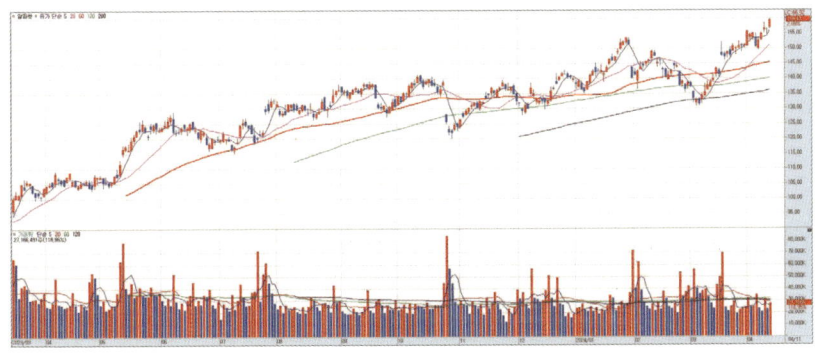

두 차트를 동시에 본 투자자들의 반응은 대개 이렇다.

"어라? AMD 주가가 내려갔네? 저점매수할 기회로군!"

"구글 주가는 너무 많이 올랐네. 지금 샀다가 혹시 급락하면 어떡하지?"

이런 반응은 국내 주식을 매매할 때도 마찬가지다. 대부분의 투자자는 AMD와 같은 하락 종목을 기회로 보고 적극 매수하려 한다. 반대로, 구글과 같이 상승한 종목은 불안감을 느껴 소량만 매수하거나 아예 매수를 망설인다.

이는 인간의 생존 본능이 투자 상황에서 역효과를 내는 대표적인 사례다. 우리의 본능은 무의식적으로 위험을 피하고 안전을 추구하지만, 이런 심리가 오히려 투자에 부정적인 영향을 미칠 수 있다.

이후 두 기업의 주가가 어떻게 됐는지 살펴보자.

┃ 2024년 7월 10일 AMD 차트 ┃

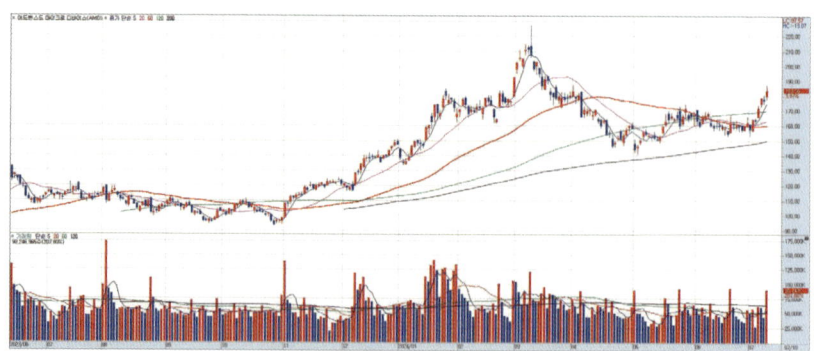

▎2024년 7월 10일 ALPHABET(구글) 차트 ▎

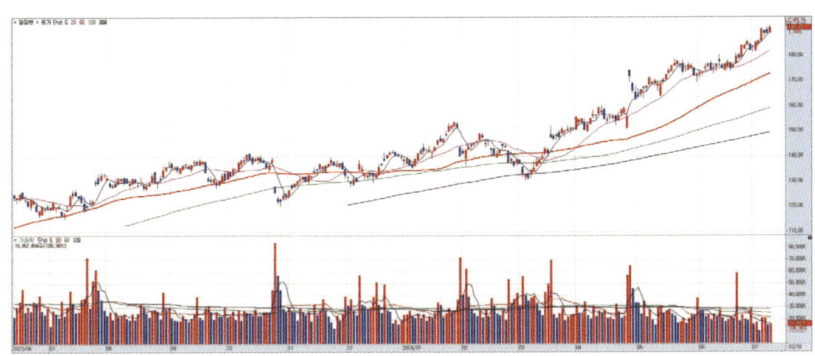

 2024년 4월 이후 주가의 움직임을 보면, AMD는 가까스로 매수가 근처로 회복한 모습을 보인다. 반면, 같은 기간 동안 ALPHABET(구글)은 더 강하게 주가가 상승하는 모습을 보이며 시장의 기대를 충족시켰다.

불확실성에 대한 불안감

 인간은 본능적으로 불확실한 것을 싫어하기에 자꾸 예측하려고 한다. 그게 거짓된 정보여도 누군가가 예측했다고만 하면 그 정보에 의존하고 안심한다.
 물론 예측하려는 본성 덕분에 인간이 지금까지 생존할 수 있었다. 그러나 주가는 '대응'의 영역이지 예측할 수 없다.
 회사의 실적 발표 몇 달 전 갑자기 주가가 고꾸라진다는 상상을 해보자. 보유할 것인가? 아니면 매도할 것인가? 그런데 혹시 내부 악재가 있는 건 아닐까? 혹은 장기투자하기로 마음먹고 투자한 여러분의 기업이 10년 뒤에도 확실히 살아남을 수 있을까?

2023년은 이차전지 섹터들이 실적도 좋았고 공장 증설도 어마어마하게 했기 때문에 설마 전기차 캐즘(일시적 수요 둔화)이 생겨날 줄은 꿈에도 몰랐던 시절이다. 또한 각종 서구권에서도 2030년까지 내연기관차를 퇴출하고 친환경 에너지 차로 전환하겠다는 정책을 내기도 했다.

그러나 갑자기 EU 연합이 2030년부터 내연기관차를 퇴출한다던 태도를 바꿔 2035년부터 하겠다고 했다. 리튬 가격의 하락과 더불어 이차전지 주가는 실적이나 정책 등을 선반영하였는지, 에코프로는 예상치를 훨씬 밑도는 실적을 발표하기도 전인 2023년 7월자로 주가가 하락하기 시작했다. (참고로, 에코프로의 실적은 당해 10월에 발표.)

이차전지 대장주였던 에코프로는 고점 대비 1/3 수준까지 떨어진다. 당시, 리튬은 하얀 석유라고 불리며 향후 리튬의 공급이 부족해 가격이 엄청나게 오를 것이라고 언론에서 이야기를 했던 상황이다. 그러나 반대로 리튬가격은 엄청나게 하락했고, 이차전지 기업들의 실적 역시 시장의 예상치를 아주 큰 차이로 밑돌았다.

누가 미래를 알 수 있을까? 세계 1위를 호령하던 휴대전화 기업 노키아가 이렇게 소리 소문도 없이 사라질 줄 당시에 누가 알았을까? 미래는 언제나 불확실성투성이다.

뉴스는 온갖 자극적인 기사투성이다. 금리 인상 가능성에 관한 기사나 확전 이야기도 계속 나온다. 왜 그럴까? 사람들의 공포심을 자극해야 더 많은 사람이 기사를 읽고 그게 곧 돈이 되기 때문이다.

전문가 중에도 시장 상황과 관계없이 언제나 비관론자와 낙관론자가 있으며, 사람들은 대개 비관론자의 입에 귀를 기울이게 된다.

손실에 대한 두려움(손실 회피 편향)

> 워런 버핏의 투자 원칙 1 : 돈을 잃지 마라.
> 투자 원칙 2 : 원칙 1을 절대 잊지 마라.

이 격언은 손절을 하지 말라는 의미가 아니다. 그만큼 주식투자는 위험한 것이니 신중하게 투자하라는 의미다. 또한, 리스크 관리를 철저하게 해서 소중한 돈을 함부로 잃지 말라는 뜻도 있다.

워런 버핏은 개인투자자들이 주식에 대해 얼마나 쉽게 생각하고 주식 시장에 뛰어드는지 알았기 때문에, 개인투자자들에게 전하는 일종의 조언이자 경고였다. 가치투자, 장기투자의 귀재로 불리는 워런 버핏조차 리스크 관리를 위해 델타항공이나 IBM 등 손절을 할 때가 있었다. 대신, 그만큼 시장 상황과 기업의 펀더멘털 변화에 따라 빠르게 대응할 수 있는 유연성이 있었기 때문에, 훌륭한 투자자로 이름을 날릴 수 있었다.

예를 들면, 2024년 8월 워런 버핏이 화장품 기업인 '울타 뷰티'에 투자했다는 사실이 알려지며 주가가 급등했다.

▌울타 뷰티 차트 ▌

하지만 3개월 후, 워런 버핏의 포트폴리오를 살펴보니 울타 뷰티의 주식을 대부분 매도했다. 이 소식에 많은 투자자들 역시 실망감을 감추지 못하며, 매도 행렬에 동참했다. 이처럼 장기투자의 대명사로 여겨지는 워런 버핏 역시, 시장의 흐름이나 상황에 맞춰 단기 보유를 할 때가 있다.

일반 투자자들은 돈을 잃지 말라는 의미를 잘못 해석하여 결코 손절매를 하지 말라는 의미로 착각하는 경우가 많다. 그러나 워런 버핏도 테스코TESCO나 IBM, 컨코필립스ConcoPhillips 등을 손절매한다.

주식은 기본적으로 손실을 각오해야 한다. 큰 수익을 기대한다면 그에 상응하는 위험을 감수해야 한다. 그러나 너무 많은 위험을 감수하는 것 역시 위험하다. 주식으로 부자를 꿈꾸는 수많은 투자자가 큰 수익을 위해 데이 트레이더(당일에 매수와 매도를 모두 완료)로 주식을 시작하거나 전향하지만, 위험성이 큰 만큼 대부분 실패한다.

워런 버핏이 말하는 복리의 마법을 적용해 이론적으로만 생각했을 때 100만원으로 하루에 3%씩만 꾸준히 번다면 어떤 결과가 나올까?

기간	초기	20일	40일	60일	80일	100일
금액	1,000,000	1,806,100	3,262,005	5,891,532	10,640,749	19,218,364

100만원이 100일 만에 19,218,364원이 됐다. 수익률이 약 19배에 달하는 수치다. 이대로 매일 3% 수익을 낸다고 가정해보자.

기간	120일	140일	160일	180일	200일	220일
금액	34,710,491	62,690,995	113,226,895	204,500,353	369,350,371	1,204,834,836

초기 자본 100만원이 220일, 즉 1년(공휴일, 휴장일 제외) 만에 약 12억원이 되었다.

지금, 이 순간에도 부자를 꿈꾸는 많은 데이 트레이더들이 하루 종일 컴퓨터 모니터 앞에 앉아 있다. 그러나, 대부분 마음대로 되지 않는 거래에 스트레스가 커진다. 수익이 조금씩이라도 난다면 다행이지만, 계속 손실이 누적되는 투자자가 훨씬 많다.

많은 데이 트레이더들이 자신의 노하우를 유료강의나 유튜브로 공유한다. 그러나 타이거 우즈와 같은 골프채를 잡는다고 해서, 누구나 타이거 우즈가 되는 것은 아니다.

데이 트레이딩 역시 마찬가지다. 이론적으로는 매일 3%씩 꾸준히 성공만 한다면 단숨에 부자가 될 것 같고 매매 자체는 쉬워 보인다. 그러나 단 한 번의 실수로 갑자기 커다란 급락을 맞는 경우가 많다. 또한, 종일 컴퓨터 앞에 앉아 모니터 혹은 모바일 화면을 뚫어져라 쳐다보기 때문에 스트레스가 매우 심하다.

주식투자로 금세 일확천금을 얻거나 부자가 되겠다는 생각부터 버리자. 주식은 로또복권이 아니다. 간혹 운이 좋아 순식간에 큰돈을 버는 투자자도 있지만, 현실은 90% 이상의 투자자가 손실을 본다는 걸 잊지 말자.

만약 본인의 성향이 손실 나는 것을 참을 수 없고 스트레스를 크게 받는다면 적금이나 예금을 하는 것이 낫다. 왜냐하면 뒤에 자세히 설명하겠지만, 주식은 오히려 손절매를 잘해야 성공할 수 있기 때문이다. 그런데 이와는 반대로 산 주식이 크게 손실이 나고 있는 상황에서 손절매를 하지 않고 계속 보유하는 사람들이 많다. 그러면서 '팔지 않았으니 아직 손실이 아니므로 괜찮다'라고 정신승리를 한다.

또한, '언젠간 주식은 오르게 되어 있어'라는 잘못된 상식을 갖고 주가가 지속적으로 떨어지는 기업을 장기 보유하기도 하고, 주가가 떨어지는 것에 대한 스트레스에서 벗어나고자 기업에 대한 좋은 소식, 좋은 이미지만 찾아 검색한다. 그러다 어느새 기업과 사랑에 빠지게 되는 수준에 이른다.

이런 심리를 심리학 용어로 '인지 부조화'라고 한다. 생각과 일치하지 않는 현재의 상태 때문에 마음이 편치 않는 상태다.

이익을 기대하며 주식을 매수했는데 손실이 나는 경우 인지 부조화가 발생한다. 이럴 때 보통 인간은 인지 부조화로 인한 불쾌함을 없애기 위해 '주식에서 손실은 확정하지 않으면 손실이 아니다'라고 스스로를 합리화하며 불쾌함을 없앤다. 또한, 이익이 나고 있는 주식은 그 이익이 사라질까 두려운 마음(불쾌함)에 그 스트레스에서 벗어나고자 하루빨리 소액의 이익이라도 챙기길 원한다.

물타기(평균단가보다 더 낮은 가격에 매수하는 행동)도 마찬가지다. **물타기를 해서 평균단가를 낮춘다면 심리적으로 좀 더 편안해지고 불쾌함이 약해진다. 그러나 이런 방법은 90% 이상의 잃는 투자자가 하는 매매 방법임을 명심하자.**

이를 극복하는 방법은 먼저, 인간의 본성이 투자에 해를 가하는 요소임을 인식해야 한다. 그리고 이를 극복하기 위해 일부러 본성에 반대로 행동하며 반복적으로 훈련해야 한다.

주식을 사업이라고 가정해보자. 여러분이 그 사업을 운영하고 있는데, 자꾸 적자가 나는 부서가 있다. 그렇다면 회사를 살리기 위해 어떻게 해야 할까? 적자가 나는 부서를 새로운 부서로 탈바꿈하던지 해당 부서를 없애고 흑자를 내는 부서를 더 크게 밀어주는 방법이 있다.

주식도 똑같다. 투자 거인 윌리엄 오닐은 화단에 있는 잡초(손실을 내는 주식)를 뽑고 잘 자라는 화초에 물을 주라고 했다.

많은 투자자가 그저 맹목적으로 장기투자를 한다. 하지만 이런 투자는 위험 요소가 매우 많다. 기업의 주인이라는 마음가짐은 좋지만,

주가가 투자자의 자산에 위협을 가한다면 언제든지 버릴 수 있어야 한다. 예를 들어, 투자자가 기업을 사랑하는 마음 또는 기업의 주인이라는 마음으로 주식을 매수했지만, 여러분의 희망과 달리 보유 기업이 계속 적자를 내며 주가가 떨어져 금전적인 손해를 끼치는 상황이 발생할 수 있다.

또한, 배당금을 잘 주던 회사가 경쟁사에 밀려 재정 악화로 배당이 사라질 수도 있다. 고배당주가 지금까지 배당금을 아무리 잘 주었다고 해도 먼 미래에 노후를 책임져줄 수 있을지는 아무도 모른다.

우리는 주식 거래하는 곳을 주식 시장이라고 표현한다. 시장은 물건을 사고파는 곳이다. 유행이 한참 지난 물건은 팔기 어렵다. 더욱이, 이 물건은 시간이 지나면 지날수록 수요가 없기 때문에 가격은 계속 내려간다.

따라서 상인은 인기가 많은 물건을 떼다가 팔고, 유행에 민감해야 한다. 주식 시장도 마찬가지다. 주식 매매라는 행위에서 자신은 최종 소비자가 아닌, 중간에 물건을 떼다가 다시 남들에게 파는 중간상인이라고 생각해야 한다. 즉, 남들에게 인기가 많을 만한 주식을 사서 더 비싼 값에 파는 것이다. 인기가 없는 물건은 사람들이 사질 않는다.

예를 들면, 사람들에게 전기차 관련 주식이 인기가 많다면 그걸 사다가 더 비싸게 파는 것이다. 그런데 어떤 사람들은 주식을 매매할 때 마치 자신이 최종 소비자가 되려는 것 같다. 기업을 믿고 한평생 함께 가겠다고 한다. 하지만 기술은 워낙 발전 속도가 빠르고, 새로운 기업들도 많이 생겨난다. 유행도 급변한다. 세상의 변화에 빠르게 대처하는 기업이라면 다행이지만, 그렇지 못한 기업이라면 매도를 고려해야 한다.

정작 기업의 주인이라는 의식으로 주식을 매수한 이들은 기업의 주주라는 자부심과 함께 정말 그 기업을 믿고 사랑하는 마음으로 10~20년 이상 또는 평생 동안 보유할 자신이 있는지 묻고 싶다.

일반적으로 투자자가 상장 기업의 연례행사 중 가장 큰 행사라고 할 수 있는 주주총회에 모든 일을 제쳐두고 매번 빠짐없이 참여하는 경우는 드물다. 이는 기업의 주인이라는 의식을 가진 많은 투자자 역시, 은연중에 주인의식을 갖고 있지 않다는 것을 방증하는 셈이다.

주식은 물건을 사고파는 시장과 다르게 비싸게 사서 남에게 더 비싸게 파는 곳임을 꼭 명심하자. (할인상품은 마트에서나 찾자.)

투자자라면 주식 시장의 속성에 대해 먼저 이해를 해야 성공적인 투자를 할 수 있다.

선택 지지 편향에 대한 오류

구매 후 합리화로 알려진 '선택 지지 편향'은 구매 또는 선택한 대상에 긍정적인 특성과 부정적인 특성이 모두 있더라도, 선택한 대상의 긍정적인 면을 부각하여 생각하는 인지적 편견이다.

선택 지지 편향은 사람들이 그들의 자존감을 유지하고, 의사결정 능력에 대한 자신감을 유지하는 데 도움을 준다. 즉 개인이 가지는 불편함이나 인지 부조화를 줄이는 방법이다.

주식을 매수한 사람은 그 기업에 대한 장밋빛 전망만 찾게 된다. 앞으로 어떤 제품을 개발한다, 이 제품 없는 세상은 상상할 수 없다 등 다양한 전망을 믿게 된다. 주식 토론방에 들어가면 그런 사람들끼리 모여 서로 칭찬한다.

2020년 6월 4일 나스닥에 상장한 니콜라(수소 전기자동차 회사)라고 하는 기업이 있었다. 상장 후 겨우 5일이 지난 6월 9일에는 2배 이상의 주가를 기록했다. 아직 생산된 차량이 한 대도 없고 장거리 운행 시연조차 없던 회사가, 한때 자동차 제조업체인 포드의 시가총액을 추월했다. 제2의 테슬라라며 대중은 열광했다.

창업자인 트레버 밀턴Trevor Milton은 기업의 이름 또한 테슬라(전기차 선도기업)를 의식한 듯했다. 일론 머스크가 니콜라 테슬라(Nikola Tesla, 에디슨과 함께 대표적인 발명가이자 교류 전기의 아버지)의 이름에서 회사이름을 따온 것처럼 회사 이름을 니콜라로 지었다.

당시 회사는 연료전지, 배터리, 수소 생산 등의 핵심적인 독자적 기술을 가진 것처럼 대대적으로 홍보를 했지만, 정작 보여준 것은 아무것도 없었다. 의혹을 제기할 때마다 트레버 밀턴은 의혹 제기자들을 그저 자신들의 안티로 모는 방법 외에 적절한 증거를 제시하지 못했다.

니콜라 상장 당시 차트

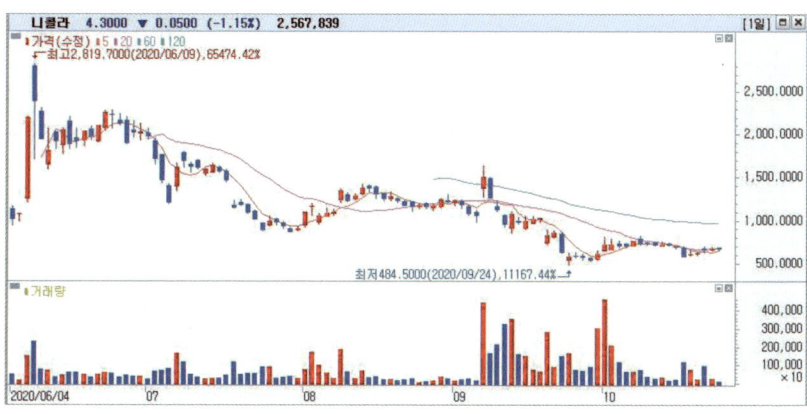

2020년 6월 9일 최고가 2819.7달러에 해당하던 주가는 이후 횡보 또는 내리막길을 걸었다. 2020년 9월 10일 니콜라가 배터리와 수소차 기술과 관련된 사기로 의심되는 행위를 일삼고 있다는 보고서가 나왔고, 2018년 공개했던 자사의 수소 트럭 주행 영상 역시 내리막길에서 중력에 의해 움직였다는 폭로가 나왔다.

이에 니콜라 측은 '움직임In Motion이라고 했지 주행Driving이라고는 한 적이 없다'며 이상한 궤변을 늘어놓았다. 또한, 이런 의혹에 적절한 대응을 하지 못한 니콜라의 창업자 트레버 밀턴은 결국 보고서가 나온 지 10일 만인 2020년 9월 20일에 회장직과 이사회에서 사임한다고 발표했다.

테슬라를 놓친 많은 사람들이 니콜라 상장 당시 꿈과 희망을 품고 제2의 테슬라가 될 것이라는 기대에 니콜라 기업의 주식을 매수했다. 이후 주가는 어떻게 되었을까?

❙ 이후 니콜라 주가 추이 ❙

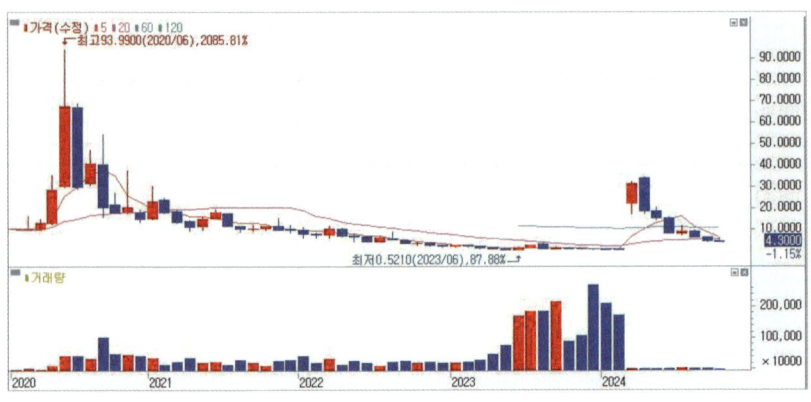

　이후 니콜라는 2023년 대규모 유상증자 때문에 더 큰 폭락을 맞아 0.5210달러까지 떨어졌다. 유상증자 전에는 최고가 93.99달러였지만 유상증자로 인한 주가 가치의 희석으로 2020년 6월 기록했던 최고가는 2819.7달러로 수정 반영된 모습이다.

　수정 주가를 적용했을 때 2819.7달러였던 주식이 1.64달러가 됐으니 만약 최고가에 산 매수자라면 엄청난 손해를 봐야 하는 상황이다.

　니콜라에 투자했던 국내기업 한화 역시 과거 2018년부터 투자해온 니콜라의 지분(주당 4.5달러, 총 1억 달러를 투자)을 원금의 20%도 안 되는 돈을 회수하며, 2023년 모든 지분을 전량 매도했다.

　그런데 아직도 이런 손실을 재빨리 끊어내지 못한 채 제2의 테슬라를 꿈꾸며 여전히 니콜라 회사 주식을 보유하는 주주들이 많다. 또한 주주토론방에서 희망찬 글을 올리는 이들도 많다. (현재 니콜라는 상장폐지 되었다.)

비슷한 심리학적 이론으로 확증 편향이 있다. 확증 편향이란 자신의 견해가 옳다는 것을 확인시켜주는 증거는 적극적으로 찾으려 하지만, 자신의 견해를 반박하는 증거는 찾으려 하지 않거나 무시하는 경향성을 말한다. 대표적으로는 정치적 사회 현상을 바라볼 때 진보는 주로 진보 매체를 청취하고, 보수는 보수 매체를 청취하는 경우다.

유명한 투자자 제이슨 츠바이크는 이렇게 말했다.

1. 거짓말을 듣고 싶은 이들에게 거짓말을 하면 큰 돈을 벌 수 있다.
2. 진실을 듣고 싶은 이들에게 진실을 말해주면 먹고살 수는 있다.
3. 거짓말을 듣고 싶은 이들에게 진실을 말해주면 깡통을 차게 된다.

수많은 사람들이 소위 전문가라는 사람들의 감언이설에 속아서 투자한다. 또는 자신이 보유하고 있는 종목에 대해 칭찬하는 영상만 찾아 검색한다. 왜 90% 이상의 투자자가 손실을 보는지 알 수 있는 대목이기도 하다.

주식 격언에 '주식과 사랑에 빠지지 말라'는 말이 있다. 주가는 자꾸 내려가며 회사의 이익이 급감하는 가운데 기업에 대해 믿음과 확신이 있다가 손실을 보는 투자자를 한두 번 본 게 아니다.

보통 대부분의 투자자는 기술적 분석상 매수자리, 또는 뉴스 기사를 보고 주식을 매수한다. 그런데 자꾸 주가가 하락한다. 애널리스트는 지금 주가가 매우 저렴하니 매수 기회라고 목표 주가를 상향하기도 한다. 그러면 사람들은 '그러면 그렇지'라며 추가 매수를 한다. 그래도 불안한지 자꾸 그 기업의 장점만 검색하고 그렇게 말하는 유튜브를 보며 안도한다. 실패란 생각조차 하기 싫다. 그런데 계속 손실이 누적된다. 주가의 지속적인 하락에도 손절매로 대응하지 못해 돈이 묶인 투자자가 의외로 많다. 자신은 장기 투자자라서 괜찮다고 스스로 위안한다. 비단 니콜라뿐만이 아니다. 언제나 중립적인 사고를 갖고 기업과 주식을 대해야 한다.

비정기적 반응 강화의 유혹

스탠 와인스타인은 비정기적 반응 강화가 사람들을 카지노와 도박에 빠지게 만든다고 말했다. 이는 심리학자인 스키너의 간헐적 강화 중 가변비율 강화랑 비슷한 맥락이다. 즉, 어떤 행동을 할 때 그에 대한 보상이 정기적으로 제공되지 않고 비정기적으로 주어지면 그 행동을 더 강화하게 된다는 이론이다.

예를 들면, 카지노에서 슬롯머신의 손잡이를 열심히 잡아당기지만 당길 때마다 보상이 계속 주어지지는 않는다. 그러나 때때로 예상치 못한 시점에 주어지는 보상 때문에 도박꾼은 계속 손잡이를 당기게 된다. 로또도 마찬가지다. 로또를 구매할 때마다 매번 당첨되는 것은 아니지만 때때로 4등이나 5등에 당첨되는 보상으로 인해 로또를 더욱 구매하도록 행동을 강화한다.

이것을 주식투자에 적용해보자. 상한가 따라잡기, 급등주 따라잡기, 테마주 따라잡기 등은 매매를 할 때마다 매번 수익을 주지는 않는다. 그러나 정말 가끔은 엄청난 수익을 안겨줄 때가 있다. 그러면 그때의 즐거웠던 감정을 잊지 못해 계속 똑같은(위험 요소가 매우 큰) 매매 방식을 반복한다.

급등이 있으면 급락이 있다. 또한, 이런 주식들은 대체로 기업의 실적보다 잠깐의 호재 뉴스나 테마로 오르는 경향이 있어 주가의 강세가 오래 지속되지 못한다.

정치 테마주가 좋은 예다. 누군가가 대선후보로 나오면 관련 테마주들이 들썩이며, 대선후보의 친구, 친척, 동문 등이 사외이사로 있거나 대선후보의 고향에 있는 기업 등이 테마주로 거론되며 주가가 급등한다. 그러나 대선이라는 것은 매우 긴 호흡으로 진행되기 때문에 중간중간 후보에 대해 좋지 않은 여론이 들릴 때도 있다. 이에 따라 주가는 급등락을 반복한다. 그런데 그 대선후보가 정말로 대통령이 되면 해당 주식은 어떻게 될까? 대선후보가 대통령으로 당선되기 며칠 전부터 하락하기 시작하다가 대통령 당선 확정 순간 나락으로 가는 경우가 많다.

테마주는 워낙 급등락이 크기 때문에 때때로 얻는 커다란 수익은 더욱 짜릿하다. 그러나 이런 위험성이 큰 매매방식을 택한 투자자치고 지속해서 시장에 남아 있는 이는 없다. 대부분 결말은 크게 손실을 보고 국내 시장을 욕하며 떠나거나, 많은 걸 잃은 아픈 경험 때문에 소액으로 투자하는 것으로 귀결된다.

정상적인 인간이라면 누구나 자칫 잘못하면 이런 비정기적 반응 강화에 빠질 수 있다. 이는 인간의 심리상 어쩔 수 없다. 도박 역시 대부분 처음에는 장난으로 시작하지만, 이런 비정기적 반응 강화에 유혹되어 어느새 도박중독에 빠진다. 테마주 매매나 급등주 따라잡기 역시 마찬가지다. **성장하는 업종의 훌륭한 기업을 골라 안전하게 투자하길 바란다.**

테마주가 1단 추진로켓이라면 성장주는 3단 추진로켓이라고 할 수 있다. 위성이 우주에 도달하기 위해서는 3단 추진로켓이 필요하다. 1단 로켓만으로는 잠시 동안 강하게 비행할 수 있을지언정, 결국은 지상으로 떨어지게 된다. 테마주가 그렇다.

잠시 동안 주가가 강하게 상승할 수 있지만, 결국 실적에 따라 제자리로 찾아간다. 그러나 성장주는 분기별 지속적으로 발표되는 어닝서프라이즈, 대량 수주공시 등으로 인해 주가의 상승 모멘텀이 가속화되며, 주가를 지속적으로 떠받치게 된다.

02

분산투자는
정말 안전할까?

"달걀은 한 바구니에 담지 마라."
_제임스 토빈

많은 투자자가 '달걀을 한 바구니에 담지 마라'는 제임스 토빈의 격언을 알고 있다. 그래서 안전하게 투자하려고 분산투자를 위해 30종목, 또는 50종목씩 매수한다. (여기서 말하는 분산투자는 주식 안에서 섹터나 업종을 달리하는 분산투자를 말한다. 방향성이 다른 채권이나 현금 또는 금 등으로 자산을 배분하여 분산투자하는 것을 말하는 게 아니다.)

그런데 유명한 투자자인 윌리엄 오닐, 워런 버핏 등은 한결같이 같은 말을 한다.

"분산투자는 지식 부족에 따른 위험을 회피하는 수단에 불과하다."
_윌리엄 오닐

"분산투자는 무지에 대한 보호막이다."
_워런 버핏

　이제 막 주식을 시작한 초보 투자자들은 일단 언론이나 주변에서 좋다고 하는 여러 기업을 매수한다. 그러다 보니 종목 수가 계속 늘어난다. 달걀 바구니를 50개로 나눠 달걀을 보관한다는 가정하에 평소 50개의 바구니를 들고 다니며 달걀이 안전하게 보관되어 있는지 하나하나 다 챙겨보려면 상당한 노력과 시간이 필요할 것이다.

　물론 한 종목에만 자신의 모든 자산을 투자하는 것은 위험하다. 만약 자산에서 주식 비중이 크다면 엄청난 스트레스를 받을 수 있다. 보통 한 종목에 모든 자산을 투자하는 경우는 자신만의 기술적, 기본적 분석이나 기업의 가치에 대한 확신 등 여러 가지가 포함되어 있다.

　그러나 미래는 미지의 세계다. 또한 주식 시장의 특성상 이런 개인의 거만한 생각(자신의 분석이 무조건 옳다는 생각)은 거침없이 능멸을 준다. 운 좋게 한 번은 맞을지 몰라도 계속 맞을 것이라는 보장도 없다. 갑자기 생각지도 못한 전쟁이 터질 수도 있다. 블록딜로 인한 주가의 급락이나 대표의 횡령이나 배임으로 거래정지가 될 수도 있다. 게다가 현대는 첨단 기술의 발달이 워낙 빨라서 미래의 불확실성은 더욱 커졌다. 절대 미래를 섣불리 예단하면 안 된다.

　내가 생각할 때 개인의 종목 수는 금액의 크기에 상관없이 4~6개면 적당하다. 4~6개 종목의 흐름을 관찰하며 각종 공시라든지 갑자기 발생하는 돌발상황에 대처하기도 벅찬데 30~50개의 종목을 가지고 있으면 빠르게 대처하기가 힘들어진다. 특히, 본격적인 지수 급락이 나오는 날은 더 대처하기 힘들다.

또한, 일반적으로 분산투자가 안전하다고 하는데 만약 주식 종목 안에서 분산투자를 한 것이라면 사실 전혀 안전하지 않다. 물론, 여러 섹터로 나눴고 각 섹터에서 가장 유망한 종목으로 분산했다고 주장할 수 있다. 그러나 약세장이 오면 10개 종목으로 분산을 했든 20개 종목으로 분산을 했든, 모든 자산이 주식이라는 큰 틀 안에 속해 있다면 어차피 대부분(10개 종목 중 8개 이상) 함께 떨어진다.

폭락 증시서 하락 종목 수 최대 기록에 신저가도 속출

26일 코스닥지수가 5%, 코스피지수가 3% 폭락하면서 코스닥 하락 종목 수가 역대 처음으로 1천400개를 넘겼다.

한국거래소에 따르면 이날 코스닥시장 상장종목 1천513개 중 1천433개 종목이 하락해 1996년 시장 개설 이후 일일 기준 역대 최대 하락 종목 수를 기록했다. 종전 최대였던 올해 6월 13일(1천388개 종목 하락) 기록을 넘어섰다.

유가증권시장에서도 933개 종목 중 891개 종목이 하락해 올해 들어 하락 종목 수가 가장 많았다. 하락 종목 수는 역대로는 6번째다.

코스닥지수는 이날 전장보다 36.99포인트(5.07%) 내린 692.37에 마감해 올해 들어 6월 13일(41.09포인트 하락) 이후 낙폭이 두 번째로 컸다. 코스피는 전 거래일보다 69.06포인트(3.02%) 내린 2,220.94에 장을 마쳐 올해 들어 낙폭이 다섯 번째였다.

지수 폭락에 종목 10개 중 4개가 신저가를 기록했다.

(이하 생략)

출처 : 연합뉴스, 2022. 9. 26

앞의 기사를 보면 알겠지만 2022년 본격적인 약세장 당시에 수익을 내기란 거의 불가능하다. 대부분 종목은 하루가 멀다 하고 신저가를 기록했고, 분산투자는 아무런 의미를 찾을 수 없었다.

국내 증시를 믿지 못해 데이 트레이딩을 택한 많은 투자자 역시 대부분 손실을 입었다. 만약 이렇게 지수가 급락하는 날에 데이 트레이딩으로 수익을 내려면 일반 투자자가 상상하기 힘든 엄청난 훈련과 감정조절, 검증된 매매 방법이 있어야 할 것이다.

종목 수를 늘리는 분산투자를 아무리 해도 지켜주지 못한다면, 차라리 자신의 매매 예비 후보군에서 4~6개의 미래 성장성을 발휘하는 최고의 종목을 최적의 타이밍에 사서 보유하는 것이 낫다. 너무 많은 분산투자는 효율성도 떨어지고 수익도 크게 나지 않으며, 대개 시장 지수 이상의 수익률을 내기 힘들다.

그렇다고 손실에서 크게 방어해 주지도 않는다. 오히려 이런 분산투자보다 성장성이 강한 기업에 대한 집중투자가 이익도 크게 나고, 이런 기업은 약세장 속에서도 다른 종목에 비해 덜 빠지게 되어 오히려 손실도 덜하다. 대신 성장하는 기업을 잘 선별하는 안목이 필요하다.

그러니, 다양한 섹터로 분산투자 하지 말고, 시장을 주도하는 섹터 위주로 집중투자 하길 바란다.

2024년 8월 5일은 블랙 먼데이로 불린다. 전 거래일에 있었던 미국 나스닥 증시의 강한 하락에 영향을 크게 받으며, 삼성전자는 이날 하루만 10% 이상 하락했다. 이날은 코스피 지수가 8.77%, 코스닥은

11.3% 하락하며, 2020년 코로나19 이후 사상 최대 폭락을 보여준 날이다.

**❙ 2024년 8월 5일 블랙 먼데이 당시
삼성전자 주가가 약 10% 하락하는 모습 ❙**

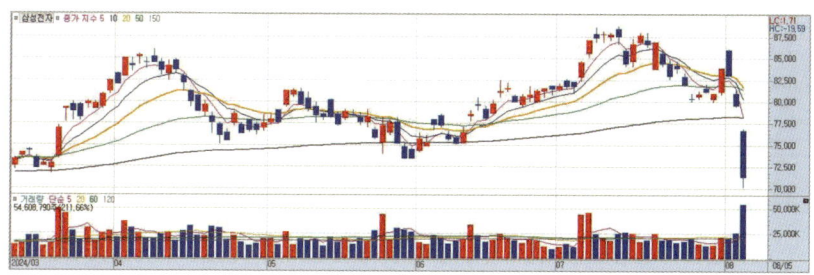

이날 코스피 상승 종목은 163개, 하락 종목은 1,102여개, 코스닥은 상승 종목이 24개, 하락종목이 1,632여개에 달한다.

과연 종목을 여기저기 분산했다고 해서 시장지수가 하락할 때 손실을 피할 수 있을까?

이렇게 시장지수가 하락하는 날은 보유하고 있는 종목의 대부분이 하락한다. 만약 90%의 종목이 하락한다고 하면, 6개 종목을 갖고 있는 경우 약 5개 종목이 하락하거나, 30개 종목이라면 약 27개 종목이 하락하는 것이다. 6개 종목에 집중투자하거나 30개 종목에 분산투자했을 경우 수학적 확률로 계산을 해도 이날 손해를 볼 확률은 90%로 비슷하다.

다만, 종목을 고를 때 시장지수보다 강하며, 재무가 튼튼한(성장성이 우수한) 종목으로만 6개를 고른 경우, 그저 소문만 믿고 이것저것 섹터를 나눠 30개의 종목에 분산투자했을 때와 비교를 한다면, 손해를 입는 정도가 다르게 나타날 것이다.

왜냐하면, 성장성이 우수한 명품 주식은 수급이 몰려 가격 하락에 대한 방어가 상대적으로 훨씬 강하기 때문이다.

03
대형주는 무조건 오른다는 잘못된 사고

대형주는 무조건 오른다는 편견에 사로잡혀 투자하는 이들이 많다. 워런 버핏의 '쌀 때 사서 비싸게 판다'는 철학을 잘못 이해하여 대형주의 주가가 많이 내려가면 내려갈수록 매수 기회로 여기고 재무제표나 여러 상황을 고려하지 않은 채 많은 금액을 투자한다.

이들은 대개 재무제표를 볼 줄 모르거나 차트상 다중바닥을 지지하는 구간에서 저점매수를 했으니 뭔가 심리적인 안정감을 느낀다. 그저 최고가 대비 주식 가격이 많이 하락했으니, 싸다는 이유와 반등할 것이라는 이유로 매수한다. 그러나 주가는 선행한다. 떨어지는 데에는 이유가 있다. 게다가 시장지수의 낙폭과 비교했을 때 훨씬 더 많이 떨어지는 주식(지수 상대 강도가 낮은 주식)은 특히 더 위험하다.

국내 1위 포털사이트인 NAVER 주가를 살펴보자. 465,000원의 고점을 찍은 이후 주가가 하락하다가 30만원 부근의 3중 바닥에서 지지를 받으며 더는 하락할 것 같지 않아 보인다. 많은 이들이 이 부분에

주가가 하락하다 다중 지지를 받는 NAVER 차트

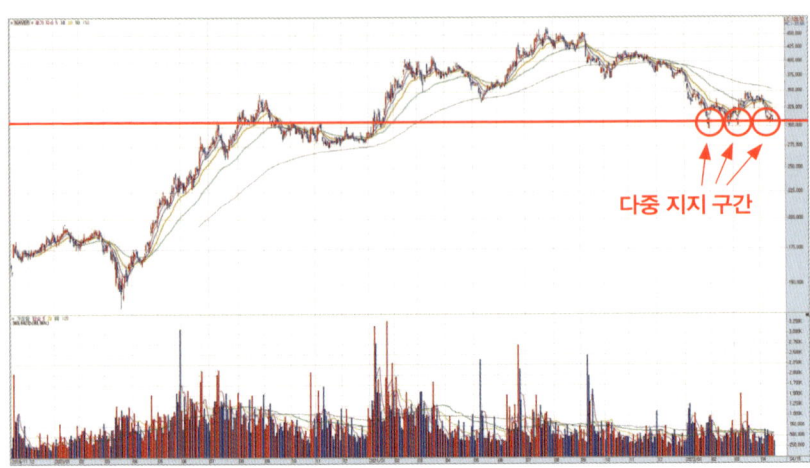

이후 주가가 지지선을 이탈하며 하락하는 NAVER 차트

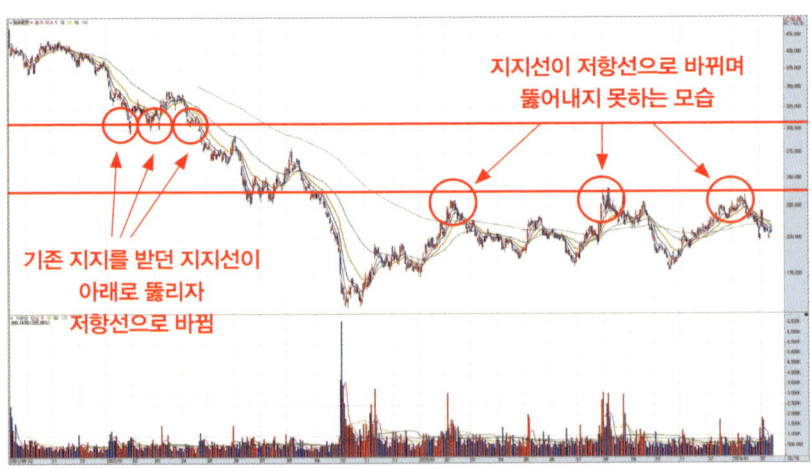

서 바닥이라 생각하며 NAVER에 투자했다. 일반적으로, 3중 바닥이라고 하면 주가의 바닥 신호라 인식하기 때문이다.

그러나 이후의 주가 흐름은 어땠을까?

지지선이라고 생각했던 3중 바닥은 결국 깨지고 말았고 주가는 하염없이 흘렀다. 다시 한 번 23만원 부근에서 3중 바닥을 만들려는 시도가 있었으나 여지없이 또 깨고 내려왔다. 두 번째 만들었던 3중 바닥 부분은 기존 지지선이 강한 저항선으로 바뀌었고, 주가는 계속 반등을 시도하지만 저항선 부분에서 부딪히며 좀처럼 회복하지를 못하고 있다.

일반적으로 차트는 저항선을 깨고 주가가 올라가면 기존 저항선은 지지선으로 바뀌고, 반대로 지지선을 깨고 주가가 하락하면 지지선은 저항선이 되는 특성이 있다. 지지선을 깨고 내려가는 주가는 특히 조심해야 한다. NAVER 역시 한 번 형성된 저항선 돌파를 세 번이나 시도했지만 여전히 깨지 못하는 모습이다.

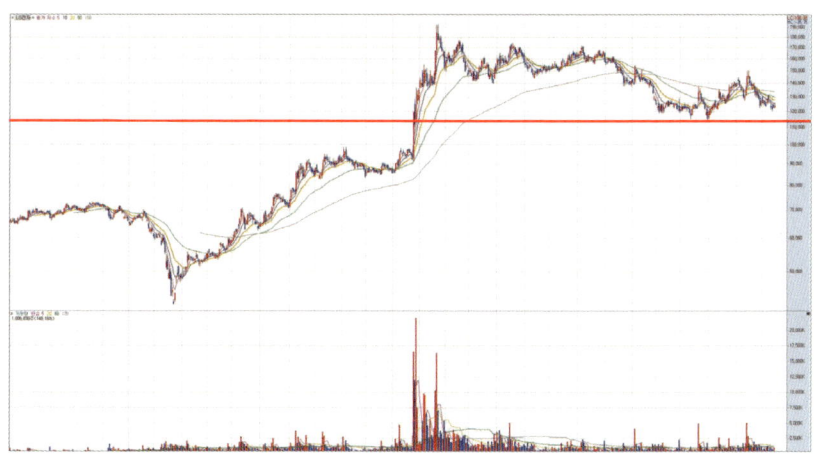

❙ 지지선에서 반등하는 LG전자 차트 ❙

이처럼 지지선이 저항선으로 바뀐 예시를 한 가지 더 살펴보자.

LG전자가 193,000원을 기점으로 주가가 오르락내리락하며 박스권을 형성하고 있다. 지지선 부근에서는 계속하여 주가가 반등하며 강한 지지를 보여주고 있는 모습이다. 주가가 고점 대비 큰 폭으로 하락했고, 강한 지지라인이 생겼으니 많은 투자자가 매수에 가담했다.

그러나 이후 주가는 어떻게 되었을까?

┃ 지지선이 저항선으로 바뀐 LG전자 차트 ┃

수많은 투자자가 자신의 소중한 돈을 투자할 때 많이 생각하지 않고 단순한 생각으로 투자하는 경우가 많다. 부동산이든 주식이든 똑같이 자신의 돈이 나가는 것이고, 손실을 볼 수 있는 부분임에도 불구하고 말이다. **대형 우량주가 많이 싸졌다고 해서 주식을 매수하는 것이 아니라, 종목 선정부터 매매원칙, 자금관리 등 많은 공부와 연습을 한 후 반드시 수익을 내겠다는 마음으로 투자에 임해야 한다.**

워런 버핏은 기업의 본질적인 가치가 변함이 없는 상태에서, 대외적인 악재 등의 이유로 주식이 하락했을 때 매수를 권했던 것이지, 단순히 주가가 많이 내렸다고 매수를 권한 것이 아니다. 즉, 기업의 내부적인 문제가 있는지, 향후 실적에는 문제가 없는지 등 다각도로 기업을 살펴봐야 한다.

마지막으로, 코스피 시총 1위인 삼성전자를 살펴보자.

❙ 블랙먼데이 당시 10% 하락하는 삼성전자 차트 ❙

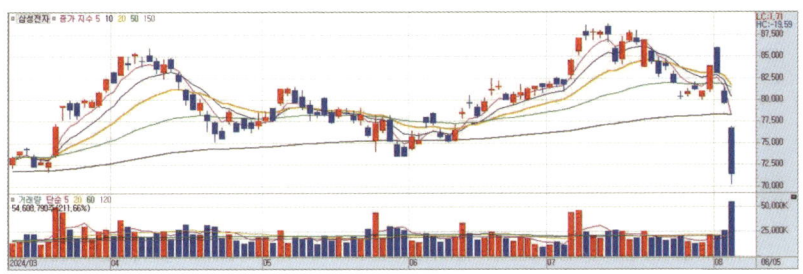

2024년 8월 5일 블랙먼데이 당시, 지수의 급락으로 삼성전자는 약 10% 하락한다. 이 당시, 수많은 투자자가 저가 매수의 기회라며, 삼성전자를 열심히 매수했다. 그러나 그 이후 삼성전자는 잠깐의 반등을 하는가 싶더니, 이내 주가가 다시 고꾸라진다.

떨어지는 주식은 이유가 있다. 대형주라고 무조건 반등하거나 주가가 오르는 것은 아니다. 삼성전자는 2024년 8월 5일 당시 지수의 급락과 함께 이날 하루 10% 급락했다. 그러자 저가에 싸게 살 기회라고 수많은 개인투자자가 매수했다. 반대로, 외인은 이날 이후 30일 이상 연속 순매도를 이어갔고, 주가는 매도세를 이기지 못하며 계속 떨어

❚ 블랙먼데이 이후 삼성전자 차트 ❚

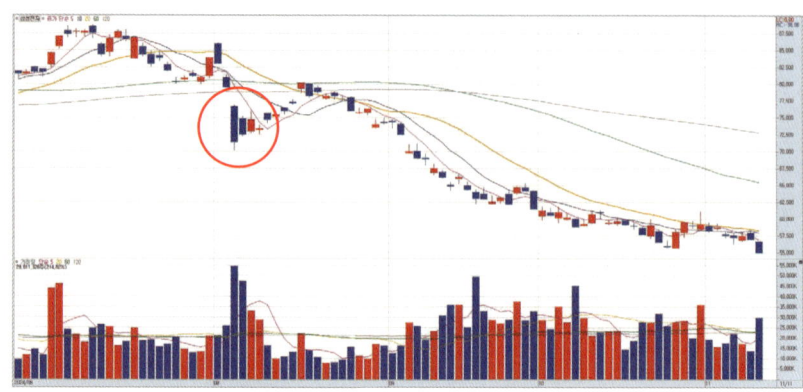

졌다.

　주가의 하락은 삼성전자의 실적을 선반영했던 것일까? 이후, 10월 8일 삼성전자는 시장의 기대에 크게 못 미치는 어닝쇼크를 낸다. HBM 사업 부진, D램 수요 부족, 파운드리 실적 악화 등 향후 삼성전자의 미래 성장성은 예측 불가인 상태가 되었다. 하물며 시총 1위의 대형주도 이런데, 주가의 급등락 폭이 큰 중·소형주는 더 조심해야 한다.

　2000년 당시 미국 증시에서 시가총액 1위였던 GE마저 90%까지 하락했으며, 이후 다우산업지수에서도 퇴출되었다. GE에 비하면 국내 대형주는 크기를 비교할 게 못된다. 국내 대형주라고 반드시 오른다는 사고는 버려야 한다.

　마지막으로, 한때 주당 170만원이 넘었던 LG생활건강의 주가 움직임을 살펴보자.

┃ LG생활건강 차트 ┃

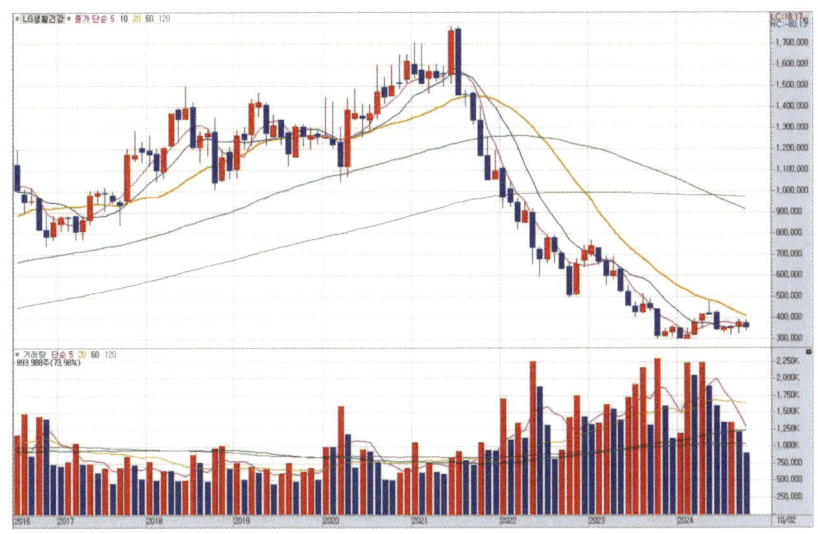

　꾸준히 주가가 오르며, 한때 주당 170만원에 육박하던 LG생활건강은 2021년 중반 내리막길을 걷기 시작한다. 일반적으로 투자자의 심리상 고점 대비 50% 하락한 85만원이면 많이 하락했다고 생각한다. 그러나 한 번 떨어지기 시작하는 주식은 언제까지 떨어질지 알 수가 없으며 그 바닥을 섣불리 예측하면 안 된다. 만약 고점 대비 50% 하락한 가격인 주당 85만원에 매수했다면 2024년 10월 기준 종가는 35만원 부근이니 여전히 50% 이상 손해를 보고 있는 셈이다.

　따라서 현명한 투자자라면 고점 대비 많이 하락했다고 해서, 바닥이라고 섣불리 짐작하면 안 된다. '설마 주가가 더 떨어지겠어?'라고 생각했다면, 그 설마가 사람 잡는 일이 생긴다.

주가가 하락할 때는 그 이유를 파악해야 한다. 단순히 고점 대비 떨어졌으니 반등할 것이라는 안일한 생각으로 투자를 하면 안 된다. 주식 격언에 '떨어지는 칼날에 손대지 말라'는 말이 있다. 왜 이런 격언이 생겼는지 다시 한 번 생각해보자.

04
매수하면 떨어지고, 매도하면 오르는 이유

많은 투자자가 경험하는 것이 하나 있다. 바로, 주식을 매수하면 떨어지고, 매도하면 오른다는 것이다. 일반적으로 상승장이라고 해서 모든 종목의 주가가 오르지는 않는다. 대개 10개 중 6~8개 종목이 상승한다. 또한, 섹터별로 순환하며 오르기도 한다. 예를 들면, 방산, 원전 → 조선, 신재생에너지 → 반도체, 이차전지 이런 식으로 번갈아가며 주가가 오른다.

그런데 초보 투자자는 잠깐의 조정을 견디지 못하고, 다른 급등하는 주식에 눈이 팔려 보유한 주식을 하루이틀 만에 매도하는 경향이 있다. 이를 그림으로 살펴보자.

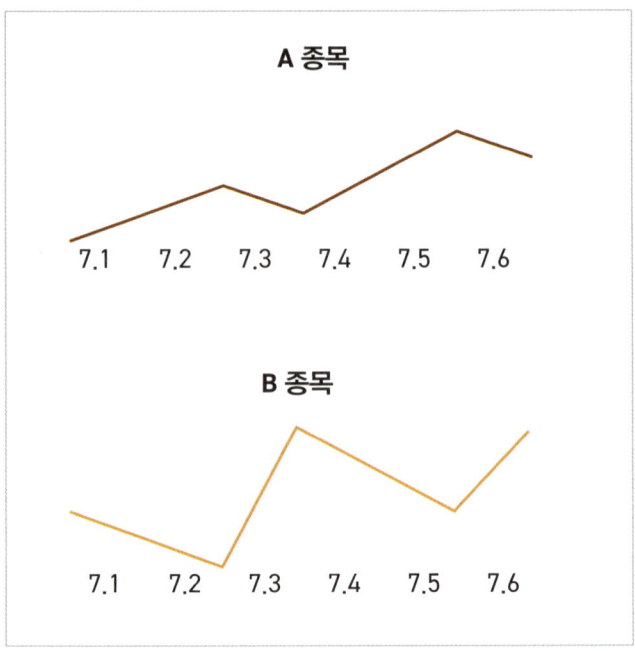

　서로 다른 섹터에 속한 A 종목과 B 종목의 7월 1일부터 6일까지의 주가 움직임을 나타낸 그림이다. 만약 A 종목을 7월 2일에 매수했는데 7월 3일에 조정이 나왔다.

　그때 초보 투자자는 관심 종목이었던 B 종목이 7월 3일에 급등하는 모습을 보며 '내 이럴 줄 알았어!'라는 마음으로 급하게 B 종목으로 갈아타곤 한다. 그러나 이는 섹터별 순환에 따른 일시적인 조정이었을 뿐, 아직 A 종목의 상승세가 꺾인 것은 아니었다. 오히려 일반적으로 주가는 무한정 계속 오르거나 하지 않고, 도중에 몇 번의 조정 내지 횡보를 겪으며 오른다.

　B 종목으로 갈아탔더니, 조정을 거친 A 종목은 다음 날 다시 상승

▎업종별 비교 차트 ▎

하고 B 종목은 조정을 거친다. 여기서 투자자는 2종류로 나뉘는데, A 종목에 대한 복수심을 가진 투자자와 A 종목을 미련 없이 보내주는 투자자다. A 종목에 대한 복수심을 가진 투자자는 A 종목으로 꼭 수익을 내겠다는 마음으로 B 종목을 손절매하고 다시 A 종목을 매수한다. 그러나 이후의 모습을 살펴보니 A 종목은 7월 6일부터 다시 조정을 겪기 시작하는 반면, B 종목은 다시 상승하기 시작한다.

이는 업종별 차트를 비교해봐도 마찬가지다.

업종별 차트에서 위는 오락, 문화 업종이고, 아래는 생활소비재 업종이다. 단순히 비교해도 같은 날에 서로 다른 주가 움직임을 보이는 경우가 많다. 따라서, 보유한 종목이 잠시 주가 조정을 거치며 쉬어간 다고 해서, 그 상승세가 끝나지 않은 이상 다른 종목으로 바꾸는 것은 바람직하지 않다. 이것이 내가 사면 떨어지고, 팔면 오르는 원리다.

상승장에서 좋은 주식을 잘 골랐다면, 일시적인 조정은 있을 수 있으나 지수와 함께 동반 성장하기 마련이다. 그런데 잠깐의 조정을 견디지 못하고, 급등하는 다른 종목에 눈이 팔려 종목을 쉽게 바꾼다면, 계좌는 어느새 눈 녹듯 사라질 것이다.

지인 중에 모 투자자는 국내 증시를 믿을 수 없어 데이 트레이딩을 한다고 말했다. 물론 다음 날의 주가를 예측할 수 없기 때문에, 데이 트레이딩을 하는 그 투자자의 마음은 충분히 이해된다. 또한 약세장에서도 데이 트레이딩으로 꾸준히 수익을 내는 투자자도 분명 있다. 하지만 결과만 놓고 봤을 때 감내해야 할 위험 요소 대비 수익이 크지 않은 투자자가 대부분이다. 오히려 잦은 거래로 인해 애꿎은 수수료만 납부하거나 손실을 보는 경우도 많다.

데이 트레이딩은 기본적으로 위험 요소가 많다. 대신 더 많은 수익을 노리는 매매법이기도 하다. 하지만 수많은 투자자가 위험 요소를 간과한 채 자신만은 다르다고 생각한다. 많은 데이 트레이더들이 파산했다는 사실을 기억하자.

주식투자로 성공하려면 대다수와 반대로 해야 한다

인간의 본성이 이끄는 대로 주식매매를 하는 90%의 투자자에게서 벗어나야 비로소 성공적인 매매를 할 수 있다.

이러한 본성을 이겨내기 위해서는 반드시 수많은 연습이 필요하다. 또한 본성과 반대로 했을 때 얻게 되는 큰 수익의 기쁨을 여러 번 누려야 비로소 본성으로부터 해방될 수 있다. 여전히 본성에 얽매여 주식매매를 하는 이에게 내가 추천하는 방법은 투자자산의 1/10만 가지고 많은 연습을 해보라는 것이다.

물론 개인의 형편에 따라 투자금액 비율은 어느 정도 변동이 있을 수 있겠으나 보통 1/10이면 충분하다. 여기서 중요한 점은 모의투자가 아닌 실제 투자로 연습해야 한다는 것이다.

대다수의 투자자는 주가가 점점 높아지면 주가 하락에 대한 공포를 크게 느끼며, 반대로 주가가 하락할 때는 반등에 대한 희망을 품는다. 그래서 보유해야 할 때 매도하고, 매도해야 할 때 보유한다. 그러나 소액투자를 통해 이와 반대로 매매하는 연습을 계속하여 습관화할 경우 결국 뼛속 깊이 새겨진 본성을 이겨낸 자신의 모습을 볼 수 있을 것이다.

'습관은 무엇이든 가능하게 한다.'

4장

거인의 어깨 위에서 수익 내는 법

기본적 분석 편

앞에서 주식투자에서 손실을 피하는 방법에 대해 살펴보았다.

이제 본격적으로 수익을 내는 방법을 알아볼 차례다. 주식 매매의 위험 요소를 먼저 다룬 이유는, 주식 시장이 기본적으로 위험한 곳이기에 원칙 없이 섣불리 뛰어들 경우 큰 손실을 볼 수 있기 때문이다.

이번 장에서는 주가가 오르는 주식의 특성을 토대로 수익을 내기 위한 방법을 설명한다. 특히, 주가가 상승할 가능성이 높은 기업을 선별하는 안목을 기르고, 이를 뒷받침하는 차트 분석 방법도 상세히 다룬다. 그러나, 동일한 원칙을 공부해도 투자자마다 성과가 달라질 수 있다. 왜냐하면, 성공적인 투자는 기본적으로 본성을 역행해야 하는 일이기 때문이다.

그럼, 성장하는 기업을 선별하기 위해 먼저 기업의 재무제표를 분석하는 방법부터 차근차근 알아보자.

01

어려운 재무제표를
3분 만에 읽는 법

1992년 미국 대통령 선거에서 민주당의 빌 클린턴 후보 진영이 내걸었던 선거운동 문구가 있다.

It's the economy, stupid! (바보야, 문제는 경제야!)

당시 미국이 겪고 있던 경제불황 문제를 선거전략으로 이용했다. 나는 재무제표 분석을 어려워하는 투자자에게 똑같은 말을 하고 싶다.

It's the EPS, Stupid!

시중에는 재무제표와 관련된 책이 여러 권 있다. 많은 투자자들이 성공적인 투자의 비밀을 찾기 위해 재무제표 책을 열심히 읽고 기업을 분석하지만, 현금흐름, 유보율, 이자보상배율, 채권회전율 등 이해하기 어려운 용어들이 많아 고생한다. 게다가 어렵게 분석해서 좋은 기업을 골랐다고 생각했지만, 기대했던 수익은커녕 오히려 손실을 볼 때도 많다.

일반적으로 현금흐름은 영업 현금흐름, 재무 현금흐름, 투자 현금흐름으로 분류한다. 영업 현금흐름은 +, 재무 현금흐름과 투자 현금흐름은 -로 나오는 것이 바람직하다. 우수한 기업의 현금흐름을 표로 분류하면 다음과 같다.

❘ 바람직한 현금흐름 ❘

영업 현금흐름	+	영업활동을 통해 현금이 유입되었음을 뜻함.
재무 현금흐름	−	부채를 갚아 나가고 있음을 뜻함.
투자 현금흐름	−	투자를 진행하고 있음을 뜻함.

유보율이 높으면 회사에 쌓인 잉여금이 많아 다양한 투자로 이익을 창출할 가능성이 높다고 한다. 또한 이자보상배율이 높으면 그만큼 부채를 잘 관리하고 있으니 재무가 건전한 회사로 평가된다. 하지만 이런 지표들은 단지 회사의 재무 상태의 건전성을 판단하는 도구일 뿐 주가 상승에 직접적인 영향을 주는 것은 아니다.

우리는 회계사나, 세무사가 되려는 게 아니다. 우리의 목표는 투자로 수익을 내는 것이다. 주가 상승에 필요한 요소는 따로 있는데, 그저 공부를 많이 하면 투자에 도움이 될 것이라는 희망으로 재무제표 분석에 매달리곤 한다. 그러나 사실 기업을 그렇게 세세하게 분석할 필요는 없다. 중요한 것은 '기업이 앞으로 돈을 잘 벌 것인가?'에만 초점을 맞추면 된다.

딱 4가지만 기억하자. 바로 매출, 영업이익, 당기순이익, 주당순이익이다. 이것이 바로 실제 주가를 움직이는 원동력이다. 이 4가지를 보면 향후 기업의 주가가 오를지 내릴지 예측이 가능하다.

(단. 어디까지나 예측일 뿐이다. 무조건 오른다고 확신하는 순간 시장은 가차없이 응징할 수 있다.)

┃ 기업의 주가를 예측할 때 필요한 4가지 ┃

매출	영업이익	당기순이익	주당순이익
기업에서 생산한 제품이나 서비스를 판매하여 얻은 수익	매출액에서 매출원가를 빼고 얻은 매출 총이익에서, 다시 일반관리비와 판매비를 뺀 것	매출액에서 매출원가, 판매비, 관리비 등을 빼고, 여기에 영업 외 수익과 비용, 특별 이익과 손실을 가감한 후 법인세를 뺀 것	기업이 벌어들인 당기순이익을 주식 수로 나눈 값으로, 1주당 이익을 얼마나 창출하였느냐를 나타내는 지표

'매출'은 한 해 벌어들인 총수익이다. 여기서 원가, 광고비 등 각종 비용을 제외하고 순수하게 영업으로 벌어들인 이익이 '영업이익'이다. 또한, 회사가 부동산 등 각종 자산을 매매하거나 투자를 통해 얻은 영업 외 수익이나 비용까지 포함해 계산한 것이 '당기순이익'이다. 이 당기순이익을 총 발행 주식 수로 나누면 '주당순이익(EPS)'이 된다. 주당순이익은 투자자가 보유한 주식 1주당 얼마나 이익이 나는지를 나타낸다.

여기서 중요한 것은 무엇일까? 정답은 모두 중요하다는 것이다. 어느 것 하나 중요하지 않은 것이 없지만, 특히 중요한 것은 주당순이익이다. 이것이 바로 여러분이 보유한 주식의 진정한 가치를 나타내는 지표다.

주당순이익(EPS)은 1주당 얼마의 순이익이 발생하는지를 알려주는 지표다. 예를 들어, 작년에 주당순이익이 1,000원이었던 주식이 올해 1,500원이 되었다면, 그 주식의 가치는 그만큼 커진 것이다. 또한, 주식 소각이 호재로 여겨지는 이유도 바로 주당순이익의 증가 때문이다. 벌어들이는 순이익은 그대로지만 발행 주식 수가 줄어들면 1주당 순이익이 커지기 때문이다. 내가 보유한 주식의 가치(EPS)가 커지면 주식에 대한 수요가 증가하고, 그에 따라 주가도 상승한다.

워런 버핏이 이끄는 버크셔 해서웨이의 주식은 1주당 약 10억원에 달하는 세계에서 가장 비싼 주식이다. 워런 버핏은 코카콜라 등 배당을 선호하지만, 정작 버크셔 해서웨이는 배당을 전혀 하지 않는다. 대신, 자사주 매입과 소각을 통해 주주의 가치를 높이고 있다. 또한, 배당 대신 재투자하여 버크셔 해서웨이의 성장성을 높이며 주주의 가치를 주당순이익 상승으로 보답하는 전략을 택하고 있다.

주당순이익(EPS) = 당기순이익/총 발행 주식 수

주당순이익을 구하는 방법은 '당기순이익/총 발행 주식 수'다. 즉, 분자인 당기순이익이 증가하거나 분모인 발행 주식 수가 줄어들면 주당순이익은 늘어난다.

그런데 기업의 손익계산서를 보면 매출과 영업이익이 급감하는데 주당순이익만 증가하는 경우도 있다. 부동산 매각이나 주식 매각 등 영업 외 수익이 크게 늘어난 경우다. 이런 경우, 영업으로 벌어들인 수익이 아니라 영업 외 수익이 일시적으로 증가한 것이므로 지속성이 부족하다.

실적을 한번 살펴보자.

재무연월	매출액 (억원)	YoY (%)	영업이익 (억원)	당기순이익 (억원)	EPS (원)	BPS (원)	PER (배)	PBR (배)	ROE (%)	EV/EBITDA (배)	주재 무제표
2020.12(A)	18,211.8	-2.74	1,500.2	951.7	2,368	24,732	16.77	1.61	9.78	7.99	IFRS연결
2021.12(A)	19,734.3	8.36	1,290.0	1,131.2	2,771	27,485	14.87	1.50	10.62	11.06	IFRS연결
2022.12(A)	21,293.0	7.90	430.2	783.6	1,920	29,049	14.74	0.97	6.89	16.82	IFRS연결
2023.12(A)	26,021.0	22.20	826.2	3,189.4	8,032	35,618	5.52	1.25	26.15	15.74	IFRS연결
2024.12(E)											IFRS연결
2025.12(E)											IFRS연결
2026.12(E)											IFRS연결

* (A)는 실적, (E)는 컨센서스

위 종목은 2024년 이후의 컨센서스가 따로 도출되지 않은 상태다. 2020년부터 2023년까지 매출액은 꾸준히 증가했지만, 영업이익은 2020년 대비 상당히 감소한 모습이다. 그런데 당기순이익과 주당순이익(EPS)은 큰 폭의 상승을 기록했다. 2023년 공시를 살펴보니 약 500억원에 달하는 자기주식 소각이 이뤄진 것으로 나타났다.

자기주식 소각은 주당순이익이 급격하게 늘어나는 효과가 있다.

주식 소각 결정		
1. 소각할 주식의 종류와 수	보통주식 (주)	1,722,806
	종류주식 (주)	-
2. 발행주식 총수	보통주식 (주)	40,815,191
	종류주식 (주)	-
3. 1주당 가액(원)		5,000
4. 소각예정금액(원)		49,983,287,500
5. 소각을 위한 자기주식 취득 예정기간	시작일	-
	종료일	-
6. 소각할 주식의 취득방법		기취득 자기주식
7. 소각 예정일		2023-05-11
8. 자기주식 취득 위탁 투자중개업자		-
9. 이사회결의일(결정일)		2023-05-04
- 사외이사 참석여부	참석(명)	4
	불참(명)	0
- 감사(사외이사가 아닌 감사위원) 참석여부		-
10. 공정거래위원회 신고대상 여부		미해당
		- 본 자기주식 소각은 배당가능이익 범위 내에서 취득한 자기주식을 이사회 결의에 의하여 소각하는 것으로 주식수만 감소하고, 자본금의 감소는 없음 - 자기주식 소각의 법적 근거 　: 상법 제343조 제1항 단서 - 소각대상 자기주식 취득내용 　1) 취득기간 : 2022.10.31 ~ 2023.01.26

　기업이 자기주식 소각을 하게 되면 어떤 변화가 생기는지 표로 알아보자. 다음 표를 보면, 매출액, 영업이익, 당기순이익의 변화 없이 순식간에 주당순이익이 12,500원으로 25% 향상된 것을 알 수 있다. 회사는 기본적으로 영업으로 성과를 내야 한다. 즉, 매출과 영업이익이 함께 증가하면서 당기순이익이 커지는 것이 가장 이상적인 조합이다. 이런 성장 없이 일시적으로 당기순이익만 커지는 경우라면 역시

A 회사	
매출액	10,000억원
영업이익	7,000억원
당기순이익	5,000억원
발행 주식 수	50,000,000주
주당순이익	10,000원

자사주 1,000만주 소각 →

A 회사	
매출액	10,000억원
영업이익	7,000억원
당기순이익	5,000억원
발행 주식 수	40,000,000주
주당순이익	12,500원

신중하게 고려해야 한다.

이번엔 매출은 증가하지만, 영업이익이 감소하는 사례를 살펴보자.

예를 들어, 2023년의 이차전지 양극재 관련 주식들이 그랬다. 전년 대비 매출은 계속 증가하고 있지만, 영업이익이 감소하는 상황이다. 영업이익이 줄어들면 당기순이익도 감소할 가능성이 크다. 실제로 리튬 원자재 가격 하락으로 인해 이차전지 양극재 관련 주식들은 큰 타격을 받았고, 전기차 수요 둔화와 함께 주가도 급격히 하락하기 시작했다.

다음은 대표적인 양극재 기업인 에코프로비엠의 컨센서스다. 2022년에 비해 2023년은 매출을 제외한 모든 지표가 감소한 것을 확인할 수 있다.

▌에코프로비엠 컨센서스 자료 ▌

재무연월	매출액 (억원)	YoY (%)	영업이익 (억원)	당기순이익 (억원)	EPS (원)	BPS (원)	PER (배)	PBR (배)	ROE (%)	EV/EBITDA (배)	주재무제표
2020.12(A)	8,547.5		547.7	469.1	554	5,200	75.92	8.08		40.54	IFRS연결
2021.12(A)	14,856.3	73.81	1,150.3	1,008.4	1,145	5,935	108.06	20.85	20.26	72.12	IFRS연결
2022.12(A)	53,576.1	260.63	3,806.8	2,323.4	2,433	13,962	37.85	6.60	24.26	21.56	IFRS연결
2023.12(A)	69,008.7	28.81	1,560.3	-87.3	-89	14,043	N/A	20.51	-0.64	118.53	IFRS연결
2024.12(E)	48,427.9	-29.82	1,194.1	259.8	266	14,605	754.78	13.73	1.86	77.24	IFRS연결
2025.12(E)	84,904.9	75.32	4,674.4	2,666.4	2,726	17,051	73.54	11.76	17.25	32.01	IFRS연결
2026.12(E)	124,656.7	46.82	7,076.7	4,229.7	4,325	21,396	46.36	9.37	22.53	21.58	IFRS연결

* (A)는 실적, (E)는 컨센서스

▌에코프로비엠 차트 ▌

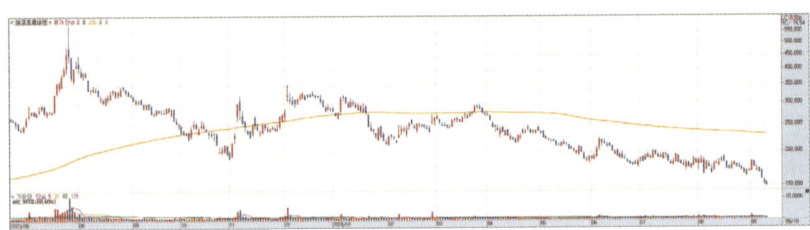

주식은 미래의 꿈을 먹고 자란다

기업의 현재 이익이 형편없다고 해서 주가가 오르지 않는 것은 아닙니다. 만약 내년이나 그 이후에 이익이 큰 폭으로 증가할 것으로 예상된다면, 주가는 엄청난 성장을 이룰 수 있다. 따라서 향후 컨센서스를 꼭 확인한다.

이런 성장주의 적정한 가치를 구하는 공식이 있다. 바로, 월가의 영웅으로 잘 알려진 피터 린치가 개발한 공식인 PEG 비율이다.

PEG = 단, 한 해도 손실이 난 적이 없는 마젤란 펀드를 운용한 피터 린치가 개발한 성장주 공식

'일반적으로 주가수익비율(PER)이 연 성장률의 절반이면 매우 유망하며, 나는 펀드에 편입할 종목을 분석할 때 항상 이 기준을 사용한다.'_피터 린치

피터 린치는 PER이 15배라면 연 성장률이 최소 15%는 되어야 한다고 말한다. 여기서 연 성장률은 향후 3년에서 5년 사이의 매년 성장률을 말한다. 예를 들면, A 기업의 올해 당기순이익이 100억원인데, 내년에 200억원이고 내후년에 400억원이다.

2024년 순이익	2025년 순이익	2026년 순이익
100억원	200억원	400억원

A 기업의 연평균 성장률을 구해보자. 매년 2배, 즉 100%씩 성장하고 있으니 연평균 성장률은 100%다. A 기업의 현재 PER이 50배라고 가정해보자. 그럼 PEG를 구하는 공식은 'PEG = PER/연평균 성장률'이므로 PEG = 50/100, 즉 0.5배가 된다.

A 기업의 PER이 현재 50배라고 해도 피터 린치 기준에서는 매수 후보에 아주 적합한 종목이다. (피터 린치는 PEG 1배 미만이면 매수를 고려해볼 만하다고 했다.)

주가가 크게 성장한 국내 주식의 컨센서스를 살펴보자. 다음 표는 HD현대일렉트릭 컨센서스다.

HD현대일렉트릭 컨센서스 자료

재무연월	매출액 (억원)	YoY (%)	영업이익 (억원)	당기순이익 (억원)	EPS (원)	BPS (원)	PER (배)	PBR (배)	ROE (%)	EV/EBITDA (배)	주재 무제 표
2020.12(A)	18,113.4	2.27	727.0	-402.5	-1,117	18,870	N/A	0.87	-5.84	7.30	IFRS연결
2021.12(A)	18,059.9	-0.30	97.4	-336.9	-935	17,954	N/A	1.11	-5.08	17.05	IFRS연결
2022.12(A)	21,045.0	16.53	1,330.4	1,624.9	4,508	22,854	9.43	1.86	22.12	10.76	IFRS연결
2023.12(A)	27,028.0	28.43	3,152.2	2,591.5	7,189	29,121	11.43	2.82	27.71	9.54	IFRS연결
2024.12(E)	34,600.3	28.02	5,298.1	3,919.9	10,874	38,570	26.67	7.52	32.18	16.15	IFRS연결
2025.12(E)	39,970.8	15.52	6,558.2	4,908.9	13,618	50,959	21.30	5.69	30.47	12.96	IFRS연결
2026.12(E)	45,474.8	13.77	7,783.5	5,880.3	16,313	65,803	17.78	4.41	27.98	11.17	IFRS연결

* (A)는 실적, (E)는 컨센서스

역시 2024년, 2025년, 2026년 성장률이 아주 높다는 걸 확인할 수 있다. HD현대일렉트릭 경우는 2024년 6월 11일 기준 PER은 32.27배다.

2023 ~ 2024 EPS 증가율	2024 ~ 2025 EPS 증가율	2025 ~ 2026 EPS 증가율	현재 PER
(10874 − 7189) / 7189 ×100 = 51.3	(13618 − 10874) / 10874 ×100 = 50.1	(16313 − 13618) / 13618 ×100 = 19.8	32.27
3년간 평균 EPS 증가율 = (51.3 + 50.1 + 19.8) / 3 = 40.4			
PEG = 32.27 / 40.4 = 0.8			

HD현대일렉트릭의 현재 PEG는 0.8배로, 여전히 높은 PER과 주가 수준이 용인되는 상황이다. 그러나 PEG를 계산할 때 주의할 점이 있

다. 컨센서스는 예상치일 뿐, 그 매출이나 영업이익이 반드시 실현되는 것은 아니다. 만약 미래의 EPS(주당순이익) 증가율은 높게 예측되는데도 주가가 계속 하락한다면, 회사 내부에 어떤 악재가 있는 것은 아닌지 주의깊게 살펴본다. 이후 HD현대일렉트릭은 2025년 7월 기준 주가가 주당 50만원을 넘었다.

┃ HD현대일렉트릭 차트 ┃

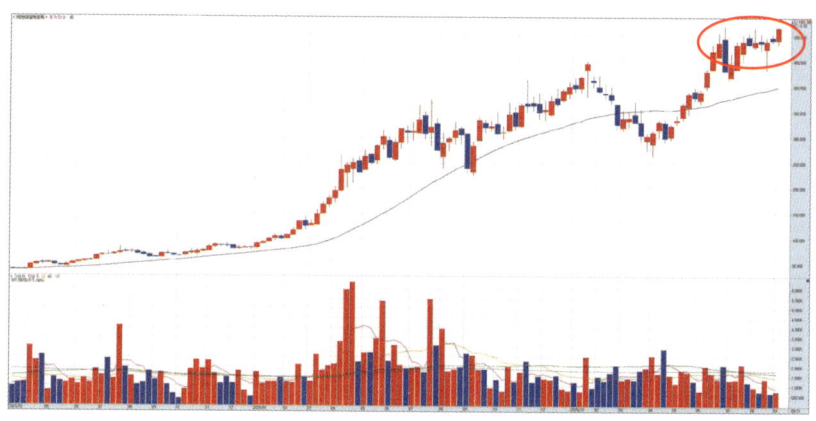

기업의 미래 실적 추정예상치인 컨센서스를 찾는 방법을 알아보자.

컨센서스는 다양한 포털사이트나 증권사 트레이딩 시스템에서 찾을 수도 있고, 에프앤가이드 상장기업분석(http://comp.fnguide.com) 사이트에 들어가면 무료로 검색할 수도 있다.

다음은 사이트의 첫 화면이다. 우측 상단에서 기업명을 먼저 검색한 후 해당하는 기업이 나오면 가운데 상단의 컨센서스를 클릭한다.

그러면 기업의 향후 컨센서스를 알 수 있다.

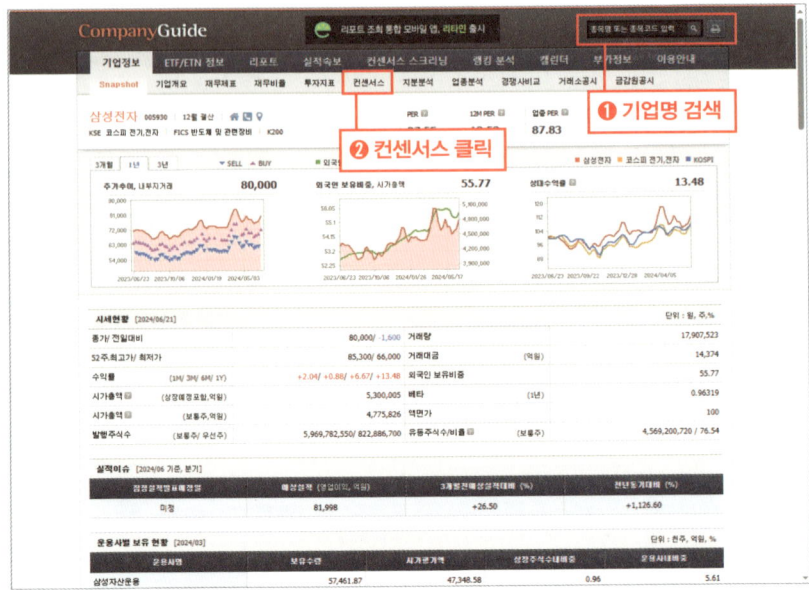

출처 : F&N GUIDE

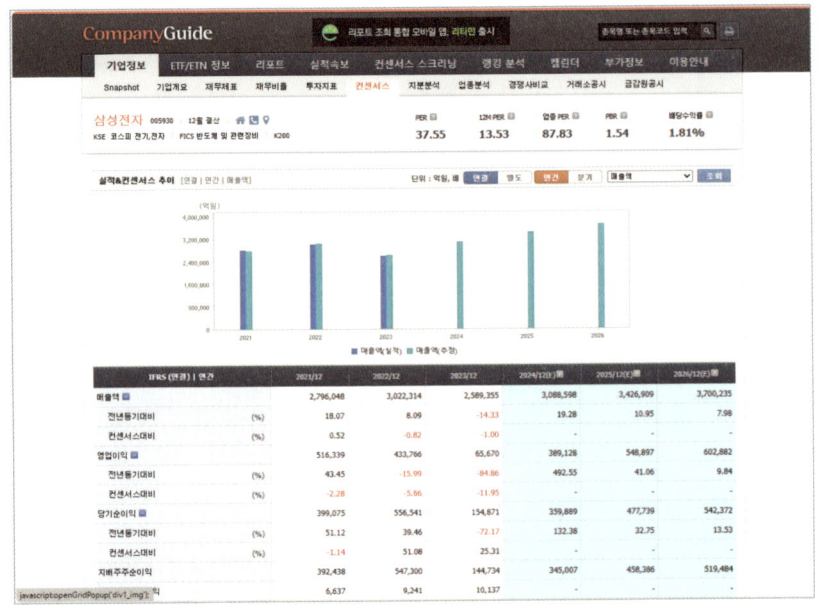

출처 : F&N GUIDE

144　거인의 어깨 위에서 올바르게 투자하라

또한, 증권사에서 제공하는 재무차트를 이용하면 한눈에 알아볼 수 있다. 키움증권 HTS 기준으로 재무차트를 보는 방법을 알아보자.

먼저 검색창에 재무차트 또는 0604를 입력한다.

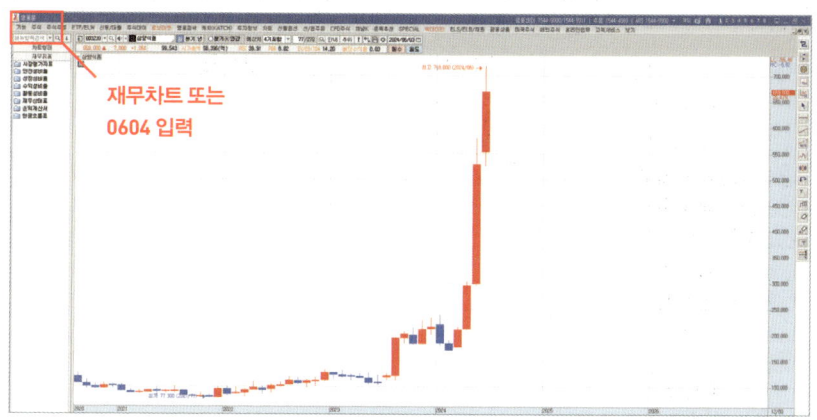

시장평가지표 탭을 클릭 후 하단에 EPS를 찾아 더블클릭한다.

4장 거인의 어깨 위에서 수익 내는 법 **145**

손익계산서 탭을 클릭 후 매출액, 영업이익, 당기순이익을 차례대로 더블클릭한다.

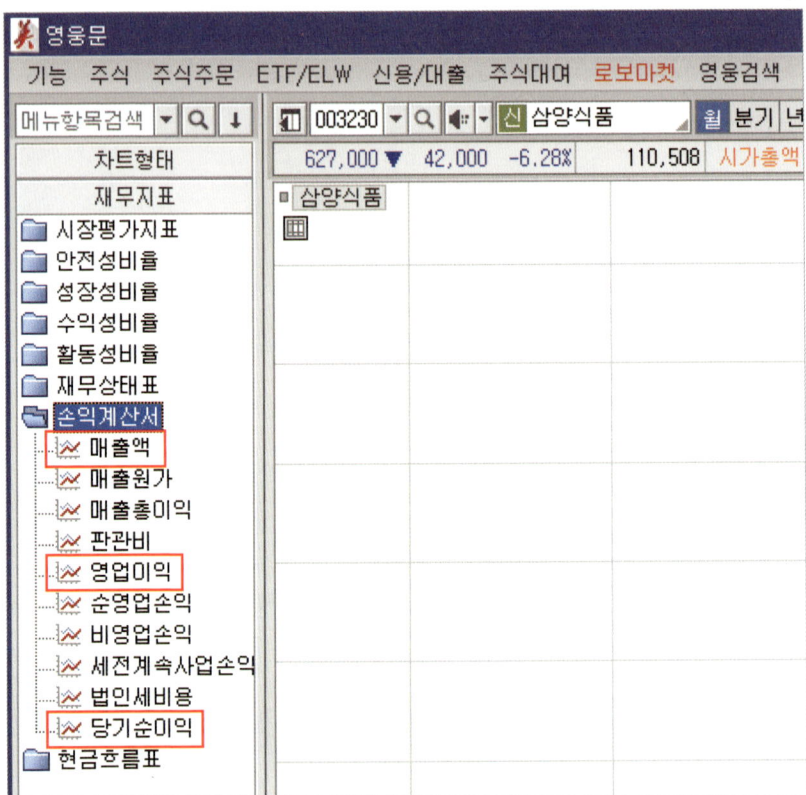

차트 하단에 향후 EPS, 매출액, 영업이익, 당기순이익의 컨센서스가 그래프로 제시되어 한눈에 알아보기 쉽다.

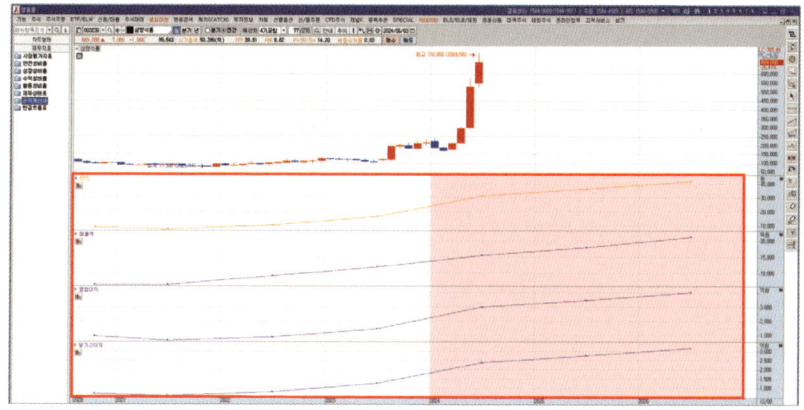

컨센서스가 도출되지 않는 소규모 기업의 경우는 현재까지의 실적만 제공되며 다음 그림과 같이 공백으로 표시된다.

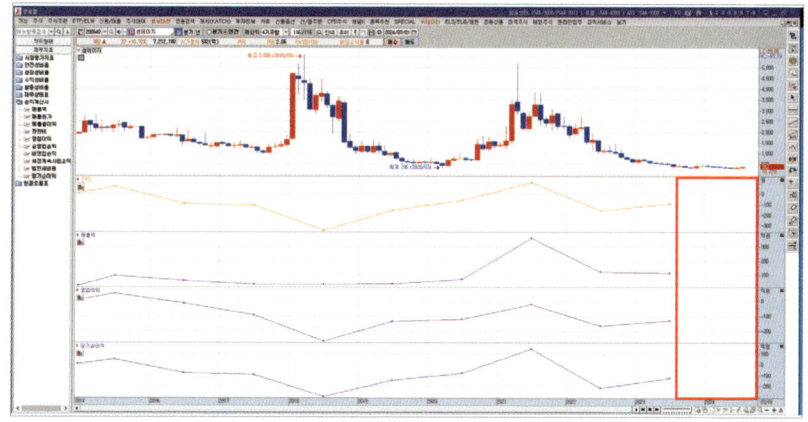

여담이지만, 마크 미너비니, 댄 쟁거 등 '추세 추종 전략'을 사용하는 수많은 투자자 중 상당수는 PER, PEG를 참고하지 않는다. 과거에 이 지표들을 따르다가 더 크게 상승하는 주식을 놓친 적이 많았기 때문이다. 그러나 이는 유동성이 넘치고 글로벌 빅테크 기업이 대거 포진한 미국 시장에서 가능한 일일 뿐, 국내 증시에서는 PEG가 1배를 넘는 기업은 주가 상승이 대체로 제한적인 경우가 많았다.

또한, 오랜 기간에 걸쳐 수많은 검증을 한 결과 국내 증시에서 주가가 강하게 상승한 기업들은 대개 컨센서스가 훌륭했으며, 기업의 성장성 대비 저평가인 기업이 많았다. (PEG 1배 미만)

02 애널리스트의 자료는 참고만 하자

'애널리스트 말을 반대로 하면 돈을 번다.'

이런 농담이 있다. 사실 애널리스트들도 쉽지 않은 직업이다. 회사와 관계가 멀어지면 다양한 정보를 얻기 힘들어서, 보통은 기업 경영진의 기분이 상하지 않도록 매도 의견을 잘 내지 않는다.

하지만 최근에는 문화가 많이 바뀌어 매도 의견도 종종 볼 수 있다. 그렇다면, 애널리스트들의 목표 주가나 의견은 얼마나 신뢰할 만할까?

앞에서 언급한 실리콘투를 예로 들어 보겠다. 애널리스트들이 제시한 실리콘투의 과거 목표 주가를 살펴보면 다음 표와 같다.

2023년 6월 29일 실리콘투의 목표 주가가 10,000원이었다. 주가가 조금씩 오르니 8월 14일 12,500원으로 목표 주가를 상향한다.

[실리콘투]
K뷰티를 이끄는 숨은 히어로
2023-06-29   한국투자증권/ 김명주, 전예원

| 투자의견 | 목표주가 | **10,000** | 유지 |
| 매수 유지 | 변경이전 | 10,000 | |

- 실리콘투는 한국의 인디 브랜드 제품을 매입하여 중국을 제외한 전세계에 유통하는 기업으로 한국에는 유사한 비즈니스 모델을 영위하는 기업이 없다. 전세계에서도 화장품 중심으로 제품을 매입하여 다른 유통사에 판매하는 회사는 부재하다. 한국의 유통 채널 중에서 구조적인 성장을 보였던 유통 채널은 편의점이다. 영위하는 사업은 상이하나 구조적인 성장을 보이고 있다는 점에서 편의점 양사의 2014년 평균 배수인 18.2배를 적용하였다. 2014년은 편의점 산업이 구조적 성장을 시작했던 시점이며, 2015~2016년 산업의 호황기에 편의점 기업은 PER 25~27x에 거래되었다

- 2023년 1분기 기준 실리콘투의 매출 중 미국 매출 비중이 31.8%로 가장 높다. 실리콘투는 대형 화장품 브랜드사/일부 유통사와 달리 중국 매출이 없으며, 대신 미국을 포함한 170개국에 화장품을 판매하고 있다. 판매 국가가 다양하기 때문에 특정 국가나 브랜드에 대한 리스크가 적다. 실리콘투는 2023

[실리콘투]
하반기가 본 게임
2023-08-14   한국투자증권/ 김명주, 전예원

| 투자의견 | 목표주가 | **12,500** | 상향 |
| 매수 유지 | 변경이전 | 10,000 | |

- 실리콘투의 2023년 2분기 연결기준 매출액은 782억원(+109.9% YoY), 영업이익은 104억원(+316.0% YoY, OPM 13.3%)을 기록하여 매출액은 당사 추정치를 10.9% 상회했고 영업이익은 부합했다(당사 추정치가 컨센서스). 실리콘투의 주력 국가인 미국뿐 아니라 말레이시아, 인도네시아 등에서도 양호한 매출을 기록하며 당사 추정 매출을 상회했다. 미국 지역 매출은 전년동기대비 166.0%, 전분기대비 40.3% 증가한 254억원을 기록했다. 기타 국가의 매출 또한 전년동기대비 90.5%, 전분기대비 32.4% 증가한 528억원을 달성했다. 실리콘투는 성장 가능성이 높은 인디 화장품 브랜드에 초기 지분 투자를 진행하는데, 2분기에는 투자한 회사가 양호한 실적을 기록하며 7억원(+327.1% YoY)의 지분법수익을 기록했다

- 아마존향 매출이 발생하는 일부 국내 기업(ex. 아모레퍼시픽)이 프라임데이 매출을 행사 전에 반영하는 것과 달리 실리콘투는 행사가 진행된 달에 반영

애널리스트의 실리콘투 목표 주가

날짜	목표 주가
2023. 6. 29	10,000원
2023. 8. 14	12,500원
2023. 11. 15	14,000원
2024. 4. 1	15,500원
2024. 5. 10	27,000원
2024. 5. 28	51,000원

11월 15일에는 다시 14,000원으로 상향한다. 이후, 2024년 4월 1일에 다시 15,500원으로 상향한다. 주가가 급상승하니 목표 주가도 같이 따라 올라가서, 5월 10일에는 27,000원으로 목표 주가를 변경한다. 5월 28일에는 51,000원까지 나왔다.

| 실리콘투 주가 추이 |

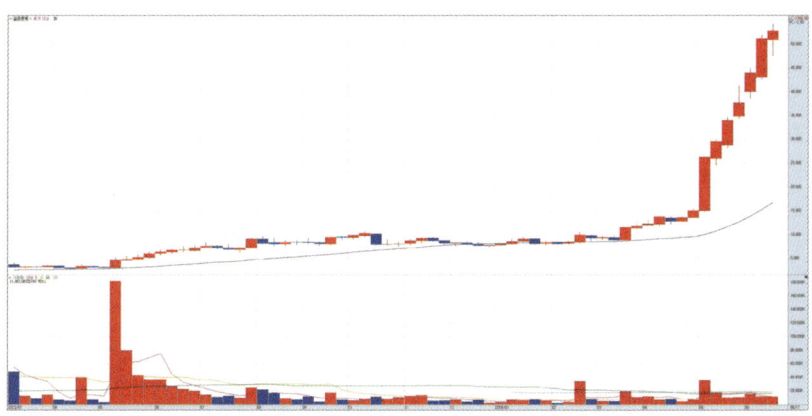

실리콘투 주가를 다시 살펴보자. 주가가 10,000원 근처에 있을 때 애널리스트들은 기업에 대해 구체적인 분석을 하긴 하지만, 목표 주가는 당시 주가에서 +10~20% 내외로 보수적으로 설정한다. 사실 주가라는 것이 공급과 수요의 싸움으로 결정이 나기 때문에 정확한 목표 주가를 알 수 없어서 보수적으로 잡는 것이다.

그런데 시간이 지나 주가가 오르면, 애널리스트들도 서둘러 목표 주가를 상향 조정한다.

애널리스트들의 목표 주가는 주가의 흐름에 따라 변동하는 것일 뿐, 대상 기업의 체력이나 재무를 봤을 때 이 정도의 주가가 적당하다고 단정하는 것이 아니다. 물론 동종 업종에 속한 타 기업의 PER이나 PBR을 가져와 대입하여 목표 주가를 산출하기도 한다. 그러나 동종 업종의 타 기업과 비교하는 것은 사실 의미가 없다. 해당 기업이 타 기업과 달리 독보적인 기술이 있다면, 이런 단순 비교는 명확한 한계가 있다.

실리콘투의 주가가 갑자기 우상향하기 시작하자 애널리스트들이 당황하며 목표 주가를 급히 상향 조정했다. 서둘러 조정하지 않으면 자신들의 목표 주가와 괴리가 너무 커져 신뢰도를 잃을 수 있기 때문이다.

이번엔 HD현대일렉트릭의 목표 주가 변화를 살펴보자.

HD현대일렉트릭의 주가가 상승하기 시작하자 2023년 4월 25일에 애널리스트는 기존 58,000원에서 64,000원으로 목표 주가를 상향했다. 이후에도 목표 주가는 주가 상승에 따라 변화했다. 이후 다음 차트를 살펴보면 HD현대일렉트릭 주가는 약 50만원이고, 일부 증권사는 목표 주가를 680,000원까지 제시했다.

이런 사례들을 통해 애널리스트들의 목표 주가를 무조건 믿으면 안 되는 이유를 알 수 있다. 애널리스트들의 목표 주가는 단지 주가 흐름에 따라 계속 수정될 뿐이다. 또한, 애널리스트의 추천을 무조건 매수 신호로 받아들이기보다는 앞서 설명한 컨센서스를 직접 확인하는 것이 중요하다.

[현대일렉트릭]
공급자우위 시장 이어질 듯
2023-04-25   IBK투자증권/ 이상현

투자의견: 매수 유지
목표주가 **64,000** 상향
변경이전 55,000

- 1Q23 연결실적은 매출액 5,686억원(+62% yoy), 영업이익 463억원(+177% yoy), 영업이익률 8.1%(+3.3%p yoy)를 기록해 영업이익 기준 컨센서스를 30% 상회했다. 작년 수주분이 본격적으로 반영되며 매출이 큰 폭으로 증가했고 선별수주와 판가인상에 따른 수익 개선 효과로 1분기부터 높은 실적을 달성했다

[HD현대일렉트릭]
2Q23 Preview: 높아지는 주가, 길어지는 사이클
2023-07-17   SK증권/ 나민식

투자의견: 매수 유지
목표주가 **90,000** 상향
변경이전 66,000

- 2Q23 매출액 7,070 억원(+30.9% YoY), 영업이익 610 억원(+126% YoY, OPM 8.7%) 를 전망한다. 컨센서스 영업이익 551 억원 대비해서 소폭(+11.6%) 상회하는 실적이 예 상된다. 22년부터 시작된 전력기기 사이클 이후 동사의 분기 실적은 변압기 수출 금액과 동조화 현상을 보여주고 있다. 2Q23 변압기 수출금액은 272 백만달러(+84.7% YoY)를 기록하면서 실적 서프라이즈 가능성이 높다고 판단한다.

- 최근 주가 상승으로 PBR 2.5 배까지 올라온 상황에서는 단순한 분기실적 보다는 장기 실적이 투자 판단에 중요하다고 생각한다. 당사에서는 이번 전력기기 사이클이 장기화 될 것으로 판단하여 24 년, 25 년 추정치를 상향했다. 판단 근거는 다음과 같다. ⅰ 25, 26 년 인도 예정인 프로젝트 영업이익률은 장 납기 물량 임에도 Doubledigit 영업이익률

▍HD현대일렉트릭 주가 추이 ▍

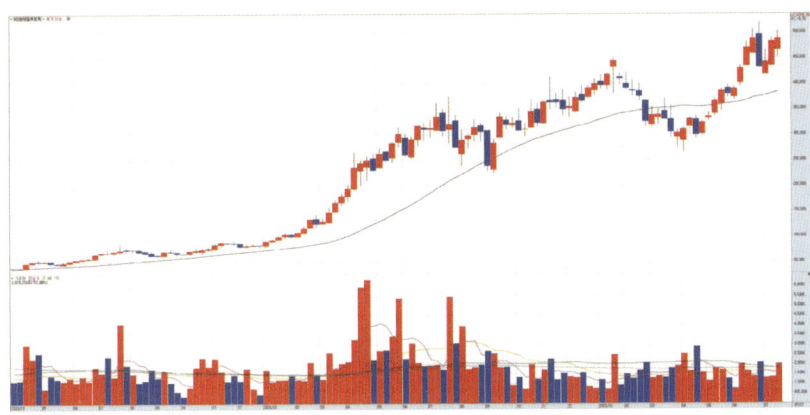

4장 거인의 어깨 위에서 수익 내는 법 **153**

기업의 스토리는 얼마든지 포장이 가능하므로, 경영이 악화된 기업도 이야기만 그럴 듯하게 엮으면 멋진 기업처럼 보일 수 있다. 물론 애널리스트의 분석에는 일반 개인이 접하기 어려운 정보들이 많아 참고할 가치가 있다.

그러나 애널리스트가 여러분의 손실을 책임져주는 것은 아니기 때문에, 종목 매매에 있어서는 목표 주가보다 컨센서스를 먼저 검토하는 습관을 들여야 한다.

기술적 분석 편

시장의 강세를 이끌었던 주도주가 더이상 상승세를 타지 못한다면 시장 전반의 강세가 끝났다는 신호로 받아들여야 한다. 대개 뒤늦게 상승을 시작한 후발주자는 시장이 약세장으로 전환되기도 전에 먼저 주가가 고꾸라지기도 한다.

지금 시장을 주도하는 섹터의 주도주로 수익을 내지 못한다면, 그 어떤 종목으로도 수익을 내기 힘들다.

01

업종 선도주를 매매하라
(선도주를 매매해야 큰 수익률을 얻는다)

2023년은 '이차전지의 해'라 불릴 만큼 이차전지 관련 종목들이 강력한 급등세를 보인 해였다. 이차전지 대장주로 불리는 에코프로부터 시작해 이차전지 장비주까지 거의 모든 관련 종목이 상승세를 탔다. 리튬 테마도 부각되면서 리튬 관련 사업을 신사업으로 추가한 기업들의 주가도 폭등세를 이어갔다. 한 업종이 상승하면 그 업종 내 대부분의 종목이 동반 상승하는데, 이는 해당 업종의 성장성에 대한 긍정적 심리가 매수세로 이어지기 때문이다.

그렇다면, 우리는 왜 업종의 선도주를 매매해야 할까?

이유는 간단하다. 업종 전체가 함께 움직이는 가운데, 선도주는 상승할 때 가장 많이 오르고 하락할 때 가장 적게 떨어지기 때문이다.

주가는 결국 강력한 매수세가 들어와야 상승한다. 하지만 1등으로 급등하는 종목을 보면 무서워서 같은 업종 내에서 덜 오른 종목을 사는 투자자들이 많다. 하나의 특정 섹터가 매일 오르는 일은 없기에 상승 과정 중에도 조정이 찾아온다. 조정이 올 때 2등, 3등 주식 또는 순위가 뒤처지는 종목을 가진 투자자들은 "지금이 1등 주식으로 갈아탈 때다"라는 생각을 하게 된다. 업종 선도주와 대비해 자신의 종목은 주가가 덜 오르는 것을 보았기 때문이다.

결국 주가는 수요와 공급의 싸움이다. 수요가 공급보다 많으면 오르고, 반대의 경우에는 하락한다. 2등, 3등 주식 혹은 같은 업종 내 다른 주식을 보유한 투자자들은 1등 주식으로 갈아탈 기회를 노리게 되고, 결국 조정이 올 때 1등 주식은 여전히 수요가 많아 주가가 덜 하락한다. 하지만 2등, 3등에 속하는 다른 종목들은 상대적으로 더 큰 조정을 받는다.

2023년 당시 돌풍을 일으켰던 이차전지 섹터에 속한 종목 중 대표적인 8개 종목의 특정 시기 수익률을 비교해보자.

날짜	종목명	주가 변화	수익률
2.7 ~ 7.26 *이차전지의 질주가 끝난 7월 26일 최고가를 기준으로 한 주가 변화	에코프로(액면분할 후 가격)	33,200 → 307,800	827%
	에코프로비엠	121,800 → 584,000	379%
	POSCO홀딩스	298,500 → 764,000	156%
	포스코퓨처엠	228,500 → 694,000	204%
	LG에너지솔루션	542,000 → 620,000	14.4%
	LG화학	681,500 → 783,000	14.9%
	나노신소재	93,800 → 213,000	127%
	SK이노베이션	160,000 → 225,817	41.1%

물론 배터리 제조업체와 양극재 업체의 성격 차이로 인해 주가가 크게 차이 날 수 있다. 하지만, 이를 고려하더라도 그 차이가 매우 크다. 이런 현상은 이차전지 업종에만 국한되지 않는다. 우리가 매매하는 모든 업종에는 선도주가 있고, 그 선도주는 상승할 때 가장 크게 오르고 하락할 때 가장 적게 떨어지는 경향이 있다. 다만, 해당 업종이 시장에서 얼마나 인기가 있는지에 따라 주가의 흐름이 달라질 뿐이다.

부동산 투자에서도 비슷한 원리가 적용된다. 해당 지역의 대장 아파트가 상승할 때는 가장 크게 오르고, 하락할 때는 가장 적게 떨어진다. 이는 주식과 부동산 모두 공급과 수요의 원리가 작용하기 때문이다. 수요가 공급을 초과할수록 가격은 상승하고, 반대의 경우 가격이 하락하는 원리다.

예를 들어, 인공지능 대장주로 미국 나스닥 증시를 이끌던 엔비디

▌ 2024년 8월 9일 엔비디아 차트 ▌

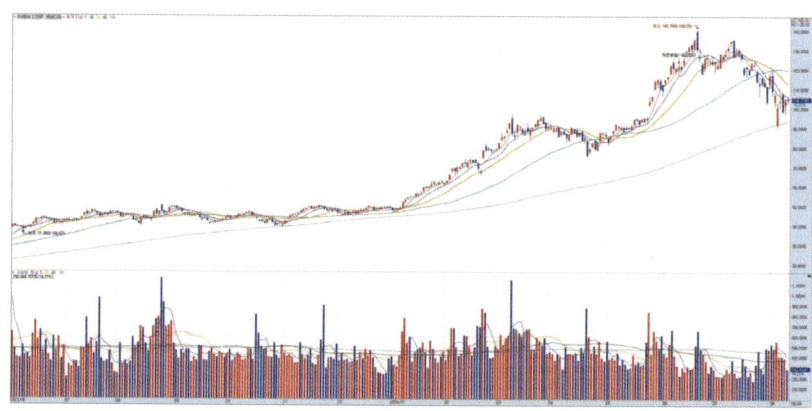

아가 2024년 6월 20일 하락하기 시작하자, 나머지 반도체 관련주들은 더 큰 폭으로 하락했다. 당시 엔비디아, 마이크론 테크놀로지, 퀄컴의 차트를 비교해보자.

2024년 8월 9일 마이크론 테크놀로지 차트

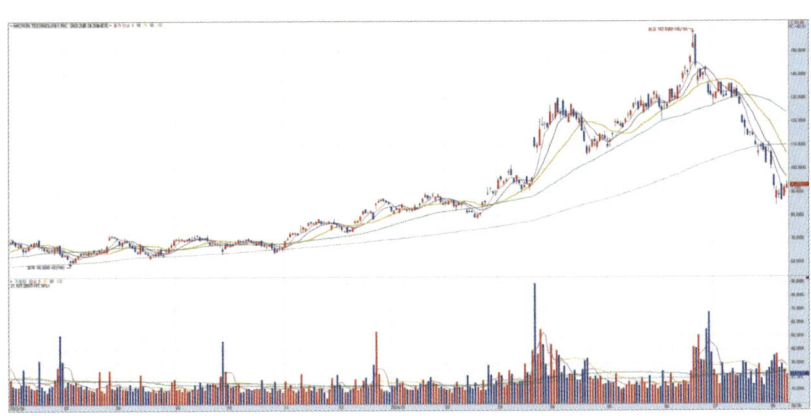

2024년 8월 9일 퀄컴 차트

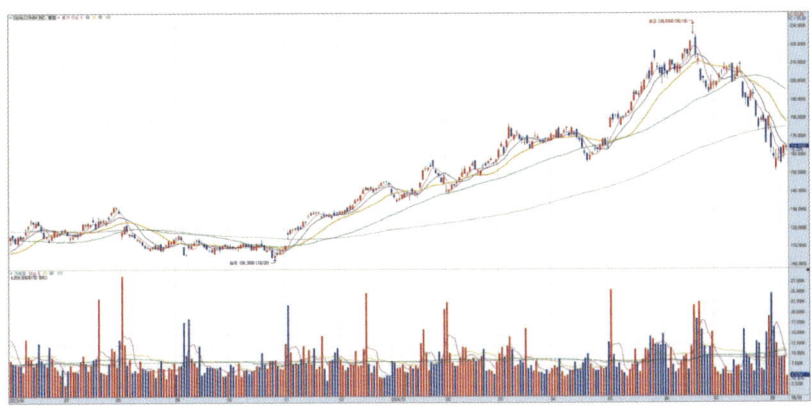

이 종목들의 하락폭을 표로 비교해보자.

날짜	종목명	주가 변화(달러)	주가 변화율
2024. 6. 20 ~ 8. 9	엔비디아(액면분할 수정주가 적용)	140.76 → 104.75	−25.6%
	마이크론 테크놀로지	157.535 → 93.08	−40.9%
	퀄컴	230.63 → 164.48	−28.7%

인공지능 열풍으로 미국 증시에서 크게 상승했던 반도체 업종의 흐름을 보면, 대장주인 엔비디아와 비슷한 방향으로 움직이는 것을 알 수 있다. 다만, 엔비디아가 하락폭은 가장 작고 상승폭은 가장 큰 모습을 보여준다. 왜 더 큰 수익률을 위해 선도주를 매매해야 하는지 알 수 있다. 업종 내 선도주를 고르는 요령은 다음과 같다.

① 조정 시 하락폭과 상승폭 확인

같은 업종 내에서 가장 크게 오르고, 조정 시에는 가장 적게 하락하는 종목을 찾는다. 업종 선도주는 매수세가 가장 강한 종목이므로, 주가의 하락폭이 작고 상승폭은 크다.

② 거래금액 확인

선도주는 많은 사람들의 관심을 받아 매수세가 몰리고 거래금액이 활발한 특징이 있다. 주가 움직임에는 기관이나 외국인의 수급이 중요하다. 이들은 개인보다 큰 자금을 운용하므로, 충분한 거래대금이 뒷받침되지 않는 종목에서는 활발한 매수가 어려울 수 있다.

부동산에 대장 아파트가 있듯이, 주식 시장에서도 시대를 이끄는 주도주가 있다. 다만, 시대의 변화가 빠른 만큼 주식 시장에서는 주도주 교체가 더 자주 일어난다. 이런 원리를 이해하는 투자자와 그렇지 않은 투자자는 수익률에서 큰 차이를 보일 것이다.

02

시장의 추세를 따르라
(약세장에서 수익 내기란 엄청 힘든 일)

'바람은 통제할 수 없지만, 돛은 조정할 수 있다.'

전반적인 시장 흐름에 역행하는 것은 매우 위험한 행동이다. 우리는 시장의 흐름에 맞춰 자신의 자산과 매매원칙에 따라 대응할 뿐이다. 때로는 시장에서 잠시 떠나는 것도 하나의 방법이다.

시장의 진입 타이밍과 이탈 타이밍을 놓치면 큰 대가를 치르게 된다. 차트 공부만으로 하락장에서도 수익을 낼 수 있다고 자신하는 투자자도 있고, 스캘핑이나 단타 매매를 주로 하는 데이 트레이더는 하락장이 크게 상관없다고 말하기도 한다.

물론 그런 투자자도 분명히 존재하지만, 웬만큼 경험이 쌓인 투자자가 아니라면 약세장 신호가 나왔을 때 과감히 시장에서 빠져나오기를 권한다. 나 또한 여러 차트 분석서를 섭렵하고 자신만만했지만, 2022년 약세장에서 겸손함을 배웠다. 당시엔 모든 매매기법이 통하지 않았고, 그동안의 수익은 시장이 상승장이었기 때문에 가능했다는 사실을 깨달았다.

다행히 시장은 우리에게 신호를 보낸다. 월가의 저명한 투자자 스탠 와인스타인은 30주 이동평균선을 기준으로 개별 종목의 강세와 약세를 구분하는 것으로 유명하다. 또한 이런 방식은 지수의 강세와 약세를 파악할 때도 통용된다. 지수가 30주 이동평균선 아래에 있으면 약세장, 위에 있으면 상승장으로 판단하는 방식이다.

코스피 지수와 비교하며 이를 함께 살펴보자.

▌30주 이동평균선을 이탈한 코스피 차트 ▌

위 차트를 살펴보면, 코스피 지수가 횡보하다가 30주 이동평균선 밑으로 떨어지는 것을 볼 수 있다. 이후 코스피 지수가 어떻게 되었는지 다음 차트를 통해 살펴보자.

30주 이동평균선을 회복하기까지 지속적으로 하락하는 모습이다. 즉, 이 방법으로 증시의 약세와 강세를 판별하는데 사용할 수 있다.

┃ 30주 이동평균선을 이탈한 이후 코스피 차트 ┃

증시의 강세장과 약세장을 구분하는 또 한 가지 방법은 추세선을 그어보는 것이다. 추세선이란 최소 2개 이상의 고점이나 저점을 잇는 선을 말하는 것이며 더 많은 고점이나 저점을 연결할수록 신뢰도가 높아진다.

상승하는 주식의 경우 저점과 저점을 연결하여 상승 추세선을 그을 수 있다. 주식의 저점이 높아질 때 상승 추세를 타고 있다고 볼 수 있기 때문이다.

앞서 살펴본 코스피 지수를 예로 들어 추세선을 그어보자.

차트에 표시된 빨간선들은 코스피의 단기 상승 추세선을 나타낸다. 2023년 이후 코스피 지수는 잠깐 상승 추세를 보이다가 추세선과 30주 이동평균선을 이탈하면서 강한 하락세로 전환되었다. 그러나 이후 지수는 다시 30주 이동평균선 위로 회복했고, 새로운 상승 추세선을 형성하고 있다.

▎상승 추세선을 그리고 있는 코스피 차트 ▎

반대로, 하락하는 주식의 경우 고점과 고점을 연결하여 하락 추세선을 그릴 수 있다. 이는 상승 추세와 반대로 주식의 고점이 점차 낮아질 때 하락 추세를 타고 있다고 볼 수 있기 때문이다.

차트를 보면 지수가 반등하여 상승할 때마다 하락 추세선에 가로막혀 어려움을 겪는 모습이다. 하락장을 경험해본 분이라면 그 무서움

▎하락 추세선을 따라 주가가 하락하는 코스피 차트 ▎

을 잘 알 것이다. 하지만 아직 경험해보지 못한 분이라면, 하락장에서는 대부분의 매매기법이 통하지 않으므로 잠시 주식 시장에서 떠나 있길 권한다.

진입 시점과 후퇴 시점만 잘 구분해도 좋은 투자자가 될 수 있다. 강세장에서는 어떤 주식을 사도 대체로 오르지만, 약세장에서는 아무리 노력해도 간신히 수익을 내거나, 어렵게 얻은 이익을 다시 반납할 위험이 크기 때문이다. 현재 증시의 위치가 어디인지 정확히 파악할 줄 안다면 이미 훌륭한 투자자의 반열에 들어선 것이다.

언론에서 투자자를 끊임없이 유혹할 때가 많다. 2024년 7월 언론에서는 삼성전자가 곧 10만전자를 갈 것처럼 홍보했지만, 이후 주가는 쭈욱 하락하며 5만원 이하까지 떨어졌다. 반대로 전문가의 비관적인 견해는 투자자의 공포심을 불러일으킬 수 있으며, 전쟁과 같은 요인들도 불안을 조장한다. 그럴 때는 귀를 닫고 주가 움직임만 냉정히 확인하는 습관을 들이길 바란다.

앞서 이야기했듯이 주가지수는 경기 선행 지표다. 예측이 어렵고, 또 예측해서는 안 되는 존재다. 시장에 영향을 줄 만한 기사가 언론에 나오고 있다면 주가의 움직임부터 확인하는 습관을 들여야 한다. 주가가 미동도 없다면 대체로 별 영향 없는 기사이거나 가짜 기사일 가능성이 크다.

그렇다면, 하락하던 시장 추세가 언제 끝나는지 개인투자자가 어떻게 파악할 수 있을까? 지금부터 그 해답을 확인해보자.

마크 미너비니의 점진적 베팅

엘리엇 파동을 포함한 어떤 전략을 사용해도 시장의 고점과 저점을 정확히 예측할 수는 없다. 일반적으로 상승보다 하락세가 더 가파르고, 매도는 매도를 부르며, 인간의 광기는 예측하기 어렵기 때문이다. 다만, 현재 시장이 무릎에 있는지 어깨에 있는지는 주가의 움직임을 통해 대략적으로 가늠할 수 있다.

하락 추세가 끝나고, 상승 추세로 전환되었는지를 파악하기 위해 마크 미너비니는 점진적 베팅 전략을 사용한다.

점진적 베팅이란, 추세가 나의 편인지 확인하기 위해 차트상 진입 지점에서 소액만 매수해보는 것이다.

만약 추세가 여러분의 편이라면 그 투자는 수익을 안겨줄 것이고, 여전히 추세가 불안정하다면 손절로 이어질 것이다. 하지만 소액으로 짧게 손절하기 때문에 자금에 큰 타격은 없다. 이렇게 몇 번의 진입을 통해 결과가 좋아지면, 그때 추세 전환을 신뢰하고 투자 자금을 늘려가는 방식이다.

스탠 와인스타인의 30주 이동평균선

스탠 와인스타인의 30주 이동평균선을 활용하여 시장지수가 30주 이동평균선 위로 올라와 있는지를 확인하는 방법이다. 앞서 설명한 대로, 2021년 7월 코스피의 하락이 시작될 때 먼저 30주 이동평균선이 깨지는 모습이 나타났다. **만약 하락하던 시장지수가 점차 낙폭을 멈추고 횡보하다가 다시 30주 이동평균선 위로 올라서면, 시장이 반등할 가능성을 예상할 수 있다.** 또한, 여기에 더하여 30주 이동평균선의 기울기가 상승 방향으로 전환된다면, 이는 시장지수가 상승세의 시작임을 알리는 신호다.

| 30주 이동평균선을 돌파하는 나스닥 주봉 차트 |

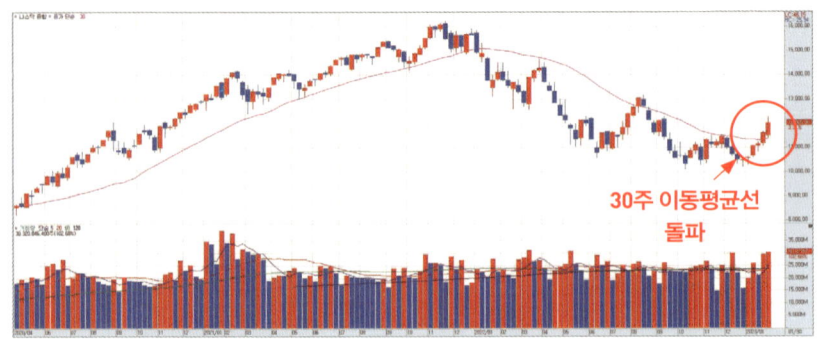

2022년 초 30주 이동평균선을 이탈하며 하락을 이어가던 나스닥은 2023년이 되자 다시 30주 이동평균선 위로 돌파하였다. 이후 상승세를 탄 나스닥 지수는 어떻게 되었는지 살펴보자.

┃ 30주 이동평균선 돌파 후 나스닥 주봉 차트 ┃

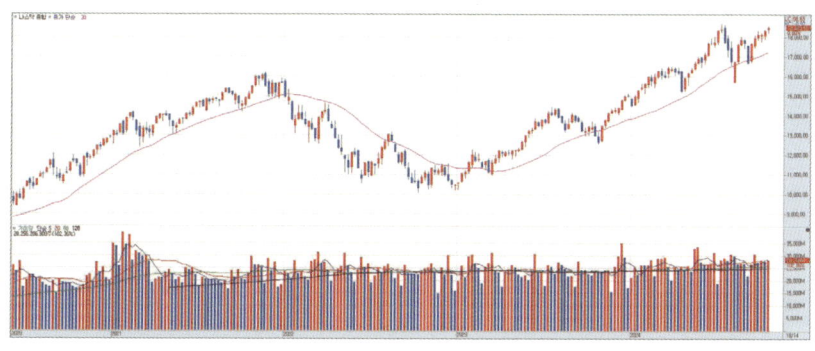

30주 이동평균선 위로 돌파한 후 잠시 횡보를 거치다 나스닥 지수는 우상향을 한 모습이다.

하향 추세선 돌파

고점과 고점을 연결해 추세선을 그어보면, 여러 번 저항에 부딪히는 저항선이 형성된다. 시장지수가 이 저항선을 돌파하게 되면, 상승세로 전환되는 시점이 아닐까 생각하며 매수 타이밍을 고려해볼 수 있다. 다만, 강한 거래량이 동반되지 않은 채로 하락 추세선을 돌파한다면, 조금 더 기다리며 매수를 보류하는 것도 좋은 방법이다. 특히 데이 트레이더에게 매매를 참는 것은 쉽지 않은 일이지만, 우리는 바닥을 찾아 매수하려는 것이 아니다. 하락장에서는 오늘의 저점이 내일의 고점이 될 수 있기 때문이다. **바닥에서 사려는 시도보다는 수익을 조금 덜 내더라도 무릎에서 사려는 것이 더 안전한 투자 방식이다.**

▍하향 추세를 돌파하는 나스닥 주봉 차트 ▍

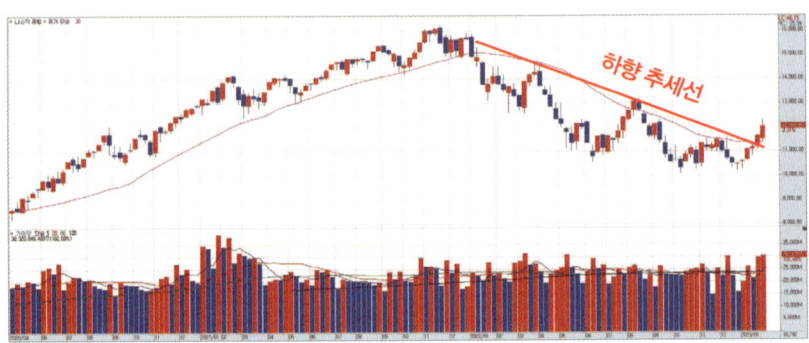

▍하향 추세 돌파 후 상승 추세를 타고 오르는 나스닥 주봉 차트 ▍

　나는 시장이 나에게 우호적인지 비우호적인지를 판단할 때, 30주 이동평균선과 추세선을 함께 살펴보며 시장이 안정되었다고 느껴질 때 비로소 매매를 고려한다. 그때까지는 시장과 거리를 두고, 다음 시장을 주도할 업종이 무엇일지 지켜보기만 한다. **이후 시장이 점차 안정되면, 마크 미너비니의 점진적 베팅 기법을 활용해 점차 베팅 금액을 늘려간다.**

03 좋은 진입 자리에서만 매매하라

기나긴 조정 후 돌파 자리에서 매수하라

나는 기업의 재무제표가 좋다고 해서 아무 자리에서나 매수하지 않는다. 경험상, 급등하는 주식을 사는 순간부터 20일 이동평균선이나 60일 이동평균선을 깨는 큰 조정이 시작되는 경우가 많았고, 재무제표가 좋다고 해서 무조건 주가가 오르는 것도 아니었기 때문이다. 하지만, 주가가 강력한 상승세를 보이다가 충분히 쉬어가는 구간(조정)을 거친 뒤 다시 오르는 시점에 매수하면, 이후 주가가 하락하는 경우보다 상승하는 경우가 많았다.

마치 힘차게 달리던 경주마가 잠시 쉬면서 에너지를 충전한 뒤 다시 힘차게 달리는 것과 비슷하다.

시장은 늘 반복된다. 주식을 매매하는 인간의 심리와 본성은 아무리 첨단 기술이 발달하고 문화가 변해도 절대 변하지 않기 때문이다. 과거 이런 시장을 유심히 관찰하고 지켜본 사람이 있었다. 투자에 관심이 있는 사람이라면 이름만 들어도 알 법한 '윌리엄 오닐'이다. 그는 성공적인 투자로 명성을 쌓으며 많은 제자를 길러냈고, 그의 제자 중에는 데이비드 라이언을 비롯해 전미투자대회 우승자들도 다수 포함되어 있다.

윌리엄 오닐은 지독한 연구광이었다. 그는 당대 시장을 주도하던 종목들의 차트를 모두 분석했고, 마침내 공통점을 발견했다.
(여기서 중요한 것은 그가 차트 패턴을 발명한 것이 아니라 발견했다는 점이다. 오닐은 겸손하게도 자신의 놀라운 업적을 수많은 차트에서 단순히 발견한 것일 뿐 자신이 발명한 것이라 언급하지 않는다.)
주가가 급등하던 종목에는 비슷한 패턴의 차트가 발생했다는 것이다. 전미투자대회 우승자이자 성공적인 투자자로 알려진 마크 미너비니 또한 열정적으로 차트를 연구하며 소위 말하는 대박주들의 패턴을 분석해 그 비밀을 파헤쳤다. 그가 찾아낸 차트 패턴은 오닐이 발견한 것과 놀랍도록 많은 공통점이 있다. **나 역시 이들이 발견한 차트를 우리나라 증시에 적용하고 검증해봤다. 그랬더니 국내 증시에서 나타났던 대박주 역시 똑같은 차트 패턴이 나타난다는 것을 확인했다.**

우선, 윌리엄 오닐을 대표하는 손잡이 달린 찻잔 CUP WITH HANDLE 패턴을 살펴보자. 이 패턴은 그 모양이 손잡이가 달린 찻잔과 비슷하다고 해서 붙여진 이름이다. 이 패턴의 특징은 주가가 둥근 컵 모양을 그린 이후 손잡이를 형성한 뒤, 손잡이의 고점을 돌파하는 순간 매수하는 방법이다.

나는 오닐의 여러 패턴 중에서도 손잡이 달린 찻잔 패턴, 특히 전고점에서 손잡이를 만든 후 손잡이와 역사적 신고가를 동시에 돌파하는 패턴에 주목해 매수한다.

올투의 매수 구간 1

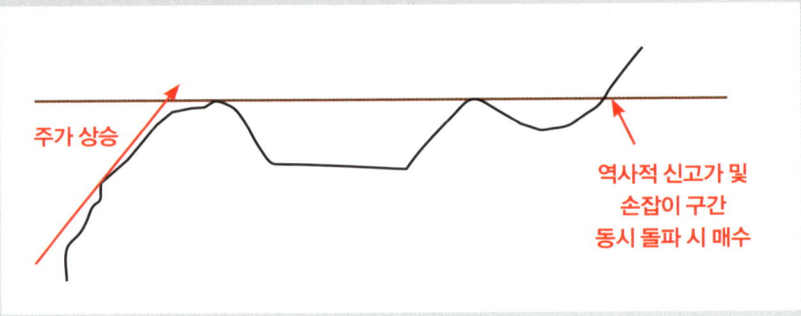

먼저 커다란 주가 상승 후 컵 모양을 그리며 조정이 진행된다. 조정을 받던 주가는 다시 상승해 이전 고점을 한 번 테스트하고, 다시 조정을 거치며 손잡이 부분을 형성한다. 이후 주가가 손잡이 부근을 다시 한 번 돌파하는 패턴이다.

▎일반적인 손잡이 달린 찻잔 패턴의 매수 구간 ▎

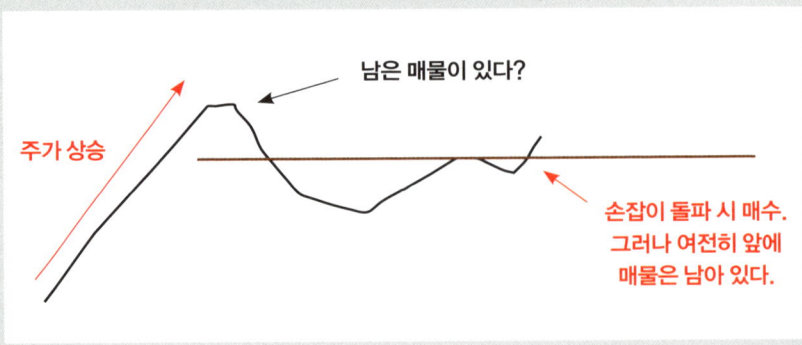

윌리엄 오닐은 손잡이가 컵의 중간 위에 형성되면 된다고 했지만, 이런 위치에서 형성된 손잡이는 돌파 후에도 이전 고점을 완전히 넘지 못해 앞의 매물대를 완벽히 돌파했다고 보기 어렵다. 경험상, 이런 경우 남아 있는 매물대의 영향으로 주가 상승폭이 제한적인 경우가 많았다.

윌리엄 오닐의 컵 위드 핸들 패턴은 그 손잡이가 형성되는 지점에 다양한 이름이 붙는다.

컵의 상단 15% 내에서 손잡이를 그리기 시작하면 '컵 위드 핸들 패턴', 컵의 중간 지점에서 손잡이를 그리기 시작하면 '3C 패턴'(완벽한 속임수 패턴, Cup Completion Cheat Pattern), 컵의 1/3 이하에서 손잡이를 만들면 '로우칫 패턴'(낮은 속임수, Low Cheat)이라고 부른다.

나의 경우, 윌리엄 오닐의 컵 위드 핸들 패턴의 손잡이가 최대한 전고점 부근에서 형성되는 것을 선호한다. 그래야 앞의 전고점 부근에 남아 있는 매물대가 깔끔하게 제거되기 때문이다.

그런데 투자자 중 상당수가 이 패턴을 잘못 인식해서 큰 손실을 본다. 대부분 패턴의 모양만을 보고 투자하기 때문이다. 이 패턴에서 가장 중요한 것은 패턴의 모양보다 RS 지수다. (이것은 어떠한 차트 패턴이든 마찬가지다.)

시장을 선도하는 강력한 종목만이 패턴 형성 이후 다시 강하게 주가가 오를 수 있다. 수익을 제대로 안겨주는 진짜 좋은 종목은 시장이 상승할 때 상승폭이 가장 크고, 시장이 조정 국면일 때 하락폭이 가장 작다.

국내 증시에서 등장했던 손잡이 달린 찻잔 패턴을 살펴보자. 우선 '실리콘투'의 경우다.

실리콘투 차트

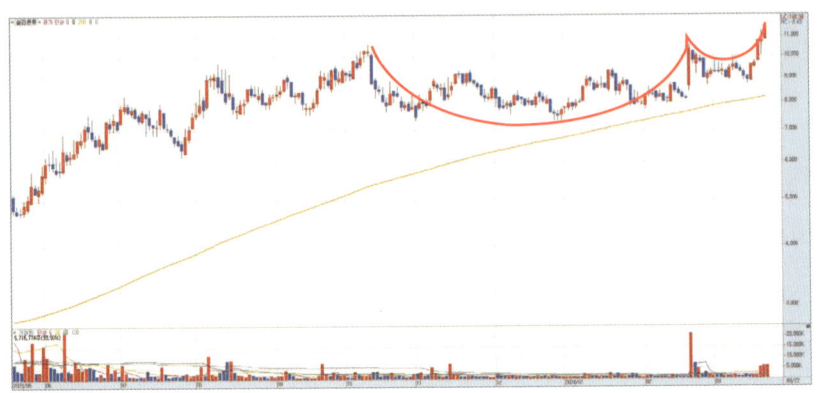

실리콘투는 전형적인 손잡이 달린 찻잔 패턴을 보여주었다. 주가가 꾸준히 우상향하다가 특정 고점에서부터 찻잔 모양의 둥근 바닥을 그리며 조정을 거쳤다. 이후 다시 상승하려는 듯하다가 손잡이 부분을 형성하며 또 한 번 조정을 받았다. 그리고 마침내 그 손잡이 부분을 돌파했다.

윌리엄 오닐은 손잡이의 고점을 돌파할 때 매수할 것을 권한다. 나도 마찬가지로 미리 돌파를 예측하여 매수하지 말 것을 권한다. 왜냐하면 손잡이를 위로 상향 돌파해야 하는데 그렇게 하지 못하고 맥없이 무너지는 주가들도 많이 보았기 때문이다.

실리콘투의 주가는 약 11,000원에 형성되어 있던 고점을 돌파한 이후 가파르게 올랐다.

┃ 실리콘투 돌파 이후 차트 ┃

손잡이 부근 돌파 이후 주가는 약 5배에 달하는 놀라운 상승률을 기록했다.

다른 종목도 한 번 살펴보자. 불닭볶음면으로 유명한 '삼양식품'이다.

┃ 삼양식품 차트 ┃

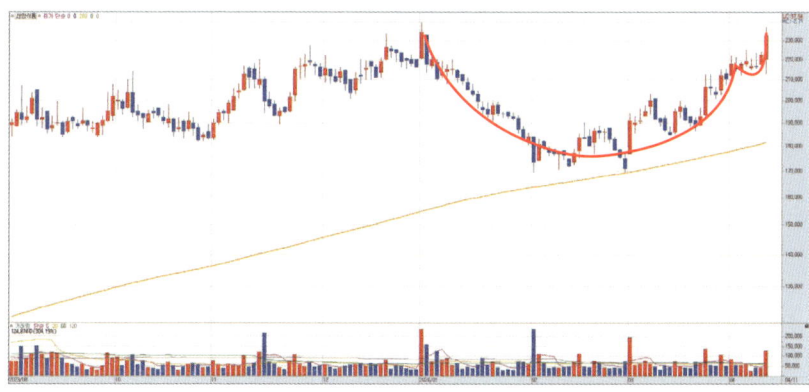

둥근 컵 모양을 그리며 조정을 받던 삼양식품이 손잡이를 형성한 후 259,000원에서 돌파하는 모습이다. 이후 주가는 어떻게 되었는지 다음 차트를 확인해보자.

■ 삼양식품 돌파 이후 차트 ■

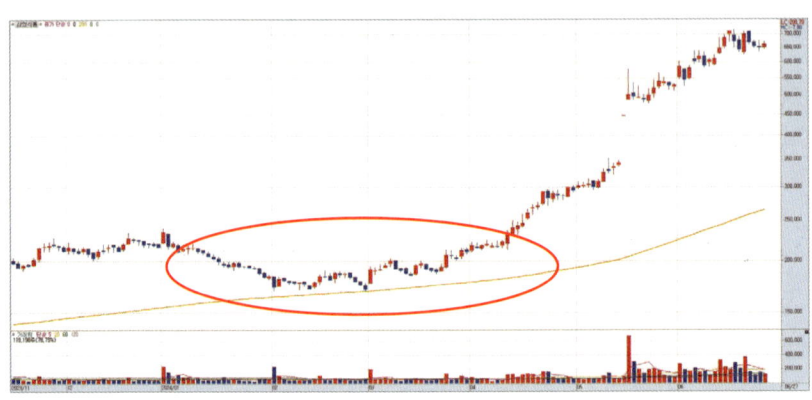

삼양식품 주가는 돌파 이후 1년 만에 약 7배 이상 상승하는 기염을 토했다.

이번엔 '가온전선'이라는 종목을 보자.

┃ 가온전선 차트 ┃

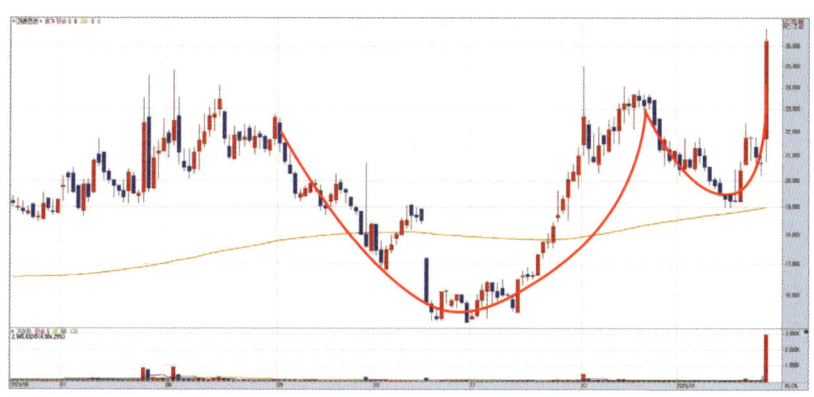

가온전선 역시 둥근 컵을 형성한 뒤 손잡이를 만든 후, 강한 거래량과 함께 손잡이 돌파가 일어났다. 돌파 부근의 가격은 24,000원이다. 이후, 주가가 어떻게 움직였는지 살펴보자.

가온전선의 주가는 손잡이 돌파 이후, 약 2배의 상승률을 기록했다.

┃ 가온전선 돌파 이후 차트 ┃

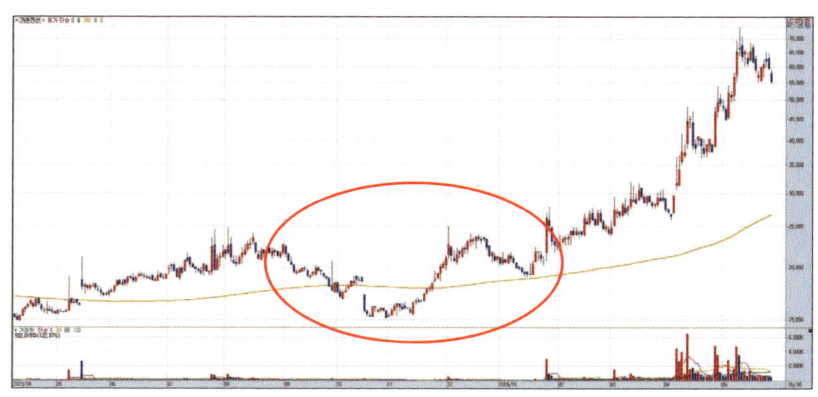

이번엔 '브이티'라는 종목을 살펴보자. 브이티 역시 주가가 우상향을 하던 도중 컵 위드 핸들 패턴이 나타났다.

▎브이티 차트 ▎

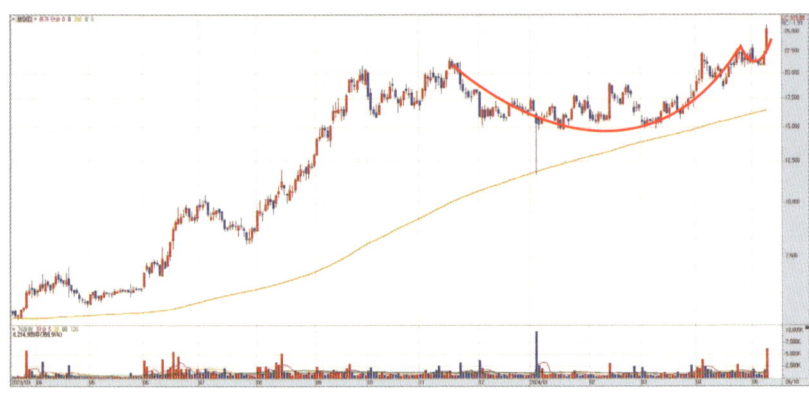

컵 위드 핸들 패턴을 형성하던 주가가 손잡이 부근을 돌파한 이후 어떻게 움직였는지, 다음 차트를 통해 확인해보자.

▎브이티 돌파 이후 차트 ▎

브이티는 손잡이 돌파와 함께 주가가 우상향한 이후, 다시 박스권을 형성하고 있다.

윌리엄 오닐은 이 밖에도 이중 바닥 패턴(W 패턴)이라든지, 넓은 접시 패턴, 높은 깃발 패턴 등 여러 가지 패턴을 발견했다. 그러나 나에게 수익을 주고 신뢰도가 높은 진입 자리는 여러 번의 돌파 시도 끝에 신고가를 돌파하는 구간이기 때문에, 이런 진입 자리가 아니면 매수를 자제한다.

손잡이 달린 찻잔 패턴이 만들어질 때, 오닐은 엄격한 규칙을 제시했다.

❶ 패턴 이전에 최소 30% 이상의 큰 폭의 거래량을 동반한 상승이 있을 것
❷ 적어도 5~7주 이상의 둥근 찻잔을 형성할 것
❸ 최고점에서 최저점까지의 조정폭은 일반적으로 25~40% 정도일 것
❹ 컵의 바닥 또는 손잡이의 바닥 부분에서는 거래량이 감소할 것
❺ 고점 대비 컵의 바닥 폭이 시장의 평균 조정폭보다 2.5배 이상 크지 않을 것
❻ 손잡이의 방향은 아래쪽으로 향할 것
  (다시 한 번 조정을 주며 심약한 개인투자자들을 떨쳐낼 것)
❼ 손잡이는 컵의 중간 이상에 위치하며 60일 이동평균선 위에 있을 것
❽ 손잡이를 돌파하는 구간의 거래량은 평균 거래량보다 최소 50% 이상 많을 것
❾ 일간 차트(일봉)보다 주간 차트(주봉)를 볼 것
* 윌리엄 오닐이 쓴 〈최고의 주식 최적의 타이밍〉(굿모닝북스, 2012) 참고.

나는 마크 미너비니의 VCP(변동성 축소) 패턴도 좋아하며, 이 패턴이 나타나면 매수를 한다. 마크 미너비니의 변동성 축소 패턴은 윌리엄 오닐의 패턴과 유사한 면이 많다. VCP 패턴에서는 주가가 급등 후 조정을 거치면서 이전 고점에 다시 도전하고, 이후 한 번 더 조정을 받으며 주가의 변동성과 거래량이 점차 줄어드는 모습을 보인다. 그러면서 주가의 변동성 폭과 거래량이 점점 좁아진다. 이것이 바로 마크 미너비니의 VCP(변동성 축소) 패턴의 특징이다.

이 패턴의 특징은 왼쪽에서 오른쪽으로 갈수록 변동성이 점점 축소된다는 점이다. 나는 이 패턴 역시 변동성 축소 구간을 돌파하는 동시에 52주 신고가 또는 역사적 신고가를 기록하는 구간이 아니면 매수하지 않는다. (물론 기본적으로 높은 RS지수가 받쳐줘야 한다.)

올투의 매수 구간 2

미너비니의 다양한 패턴 중 VCP 패턴, 그중에서도 역사적 신고가를 기록하는 구간에서만 매수한다.

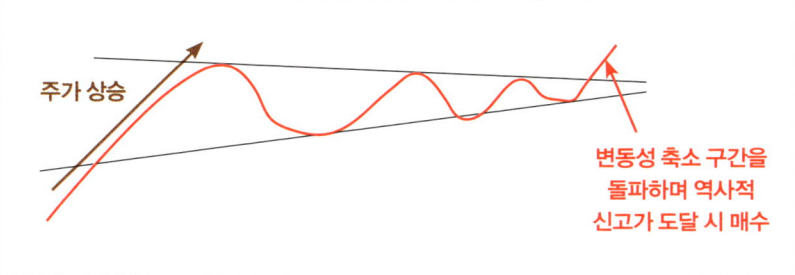

이 패턴은 이전 고점을 두세 번, 많게는 네다섯 번까지 반복적으로 테스트하며 매물대를 약화시킨 후 강하게 돌파하는 특징을 가진다. 이때 주가 움직임의 범위는 점차 축소되며, 거래량도 마찬가지로 계속 감소하는 모습이 나타나야 한다. 이는 저항선에 부딪힐 때마다 쏟아져 나오는 매도 물량이 점차 줄어들어, 매도할 사람들이 거의 모두 매도한 상태가 되기 때문이다. 결국 매도세가 약해지면, 강한 주가 상승을 쉽게 이끌어낼 수 있다.

줄다리기 경기를 생각하면 이해하기 쉽다. 줄을 당기는 양쪽 진영의 힘이 평형상태에 다다르면, 줄은 꿈쩍도 하지 않는다. 이 상태에서 어느 한쪽으로 약간의 힘만 가해져도 줄은 끌려가게 된다. 주식 역시 마찬가지다. 매도세와 매수세가 균형을 이루고 있을 때 약간의 힘만 가해져도 주가는 크게 오르거나 하락할 수 있다.

'에코프로비엠'의 사례를 살펴보자.

| 에코프로비엠 차트 |

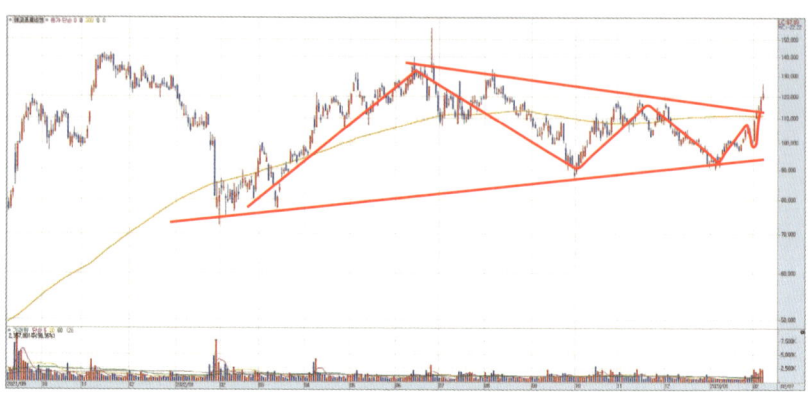

고점과 저점이 점차 좁아지며 변동성이 축소되는 가운데 평소보다 강한 거래량과 함께 46,000원 부근에서 돌파가 이뤄졌다. 이후의 주가는 어떻게 변화하였는지 다음 차트를 통해 살펴보자.

| 에코프로비엠 돌파 이후 차트 |

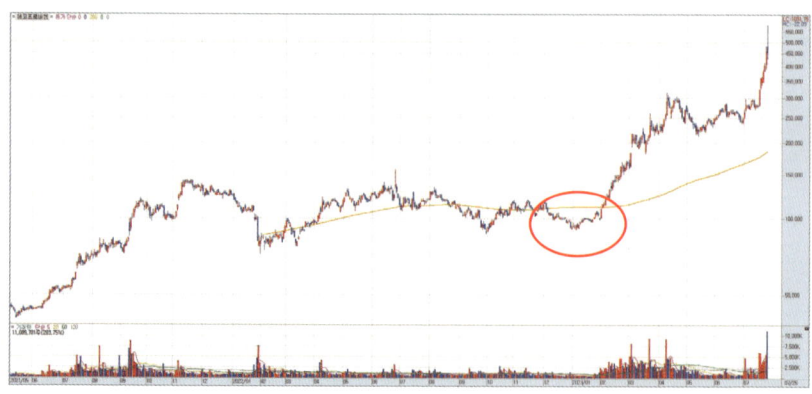

이번엔 '한양디지텍'을 살펴보자.

| 한양디지텍 차트 |

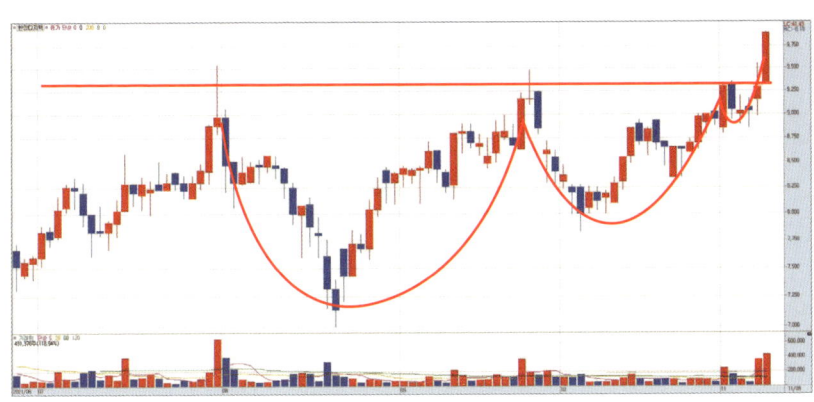

변동성을 점차 줄여가다가 9,300원 부근에서 거래량을 동반한 돌파가 나왔다. 이후의 주가 변동 모습을 살펴보자.

| 한양디지텍 돌파 이후 차트 |

마크 미너비니는 로우 칫LOW CHEAT 등 다른 성공적인 여러 패턴도 발견해서 우리한테 선물을 줬다. 하지만 직접 국내 증시를 상대로 검증을 해본 결과 역사적 신고가를 돌파하는 VCP 패턴이 성공확률이나 손익비가 가장 좋았다.

VCP 패턴을 활용하면 적절한 진입 시점을 포착할 수 있다. 하지만 이 역시 확률에 기반한 전략이므로, 실패를 대비한 손절매 계획을 세워야 한다.

우리는 감사하게도 윌리엄 오닐, 마크 미너비니 등 위대한 선배 투자자들이 당대를 선도했던 차트를 연구하고 발견해준 덕분에 학습곡선을 단축할 수 있다. 또한 이런 패턴을 잘만 이용하면 수익을 내는 데 많은 도움을 받을 수 있다. 차트를 분석할 때 단순히 캔들 몇 개만 보는 게 아닌 과거부터 시장을 지배해 온 강한 종목에서만 나타났던 패턴을 거저 얻은 셈이다.

이런 패턴이 나타나는 이유는 주가가 과도하게 상승하면 기관 투자자들이 종목 비중을 조절하기 위해 매도에 나서기 때문이다. 연기금의 국내 주식 비중이 높아지면 매도하게 되는 것이 그 예다. 그렇게 되면 그 종목을 매수하기만을 기다리던 다른 기관들이 적극적으로 매수에 나서게 된다. 그래서 강한 성장성을 가졌으며, 추후 주가의 상승 여력이 더 남은 기업의 경우 어느 정도 주가 조정 이후에는 바닥을 잡아야 한다. 그런 후 주가가 다시 반등을 하다가 전고점 부근에서 다시 조정을 주며 심약한 개인투자자를 괴롭힌다.

잠재적 매도세마저 모두 출현하게 되면, 이제 주가는 약간의 매수세만으로 다시 급등한다. 만약, 주가가 고점 대비 60% 이상 하락하며 강한 조정이 나타난다면(또는 지수 대비 2.5배 이상 하락), 이는 강력한 매수세가 존재하지 않는 종목으로 봐야 하며, 조정보다는 하락으로 간주한다. 또한 이는 패턴 형성의 실패로 볼 수 있다.

종목을 선정할 때 마크 미너비니에게는 트렌드 템플릿Trend Templete이라 부르는 엄격한 규칙이 있다. 그는 이것을 협상 불가 조건이라고 부르며, 다음 조건에서 하나라도 해당이 안 되면 관심목록에서 제외한다.

❶ 현 주가가 150일 이동평균선 및 200일 이동평균선 위에 있을 것
❷ 이동평균선이 50일 〉 150일 〉 200일 순으로 정배열일 것
❸ 200일 이동평균선이 최소한 1개월, 더 나아가 4~5개월 혹은 그 이상 상승세를 보일 것
❹ 현 주가는 50일 이동평균선 위에 있을 것
❺ 현 주가가 52주 신저가보다 최소한 25% 위에 있을 것
❻ 현 주가가 최소한 52주 신고가의 25% 안에 있을 것(신고가에 가까울수록 좋음)
❼ RSRelative Strenth가 높을 것
  (RS란 '상보 강도' 혹은 '지수 상대 강도'라고도 부르며 지수가 올라갈 때는 주가가 더 높이 오르고 지수가 떨어질 때는 상승 내지 횡보하며 지수보다 강한 모습을 보이는 것을 말하며, 국내 HTS에는 제공하지 않으므로 지수와 종목의 움직임을 함께 비교하여 판단해야 함)
* 마크 미너비니가 쓴 〈초수익 성장주 투자〉(이레미디어, 2023) 참고.

내 원칙상 완벽하다는 판단이 드는 진입 자리에서 매수할 경우, 손익비(손실 대비 이익)가 좋은 편이었다. 물론 항상 수익을 보장하는 것은 아니었지만, 그럴 때는 짧은 손절매(7%)로 대응하면 그만이었다. 그래서 주가가 급등하더라도 꾹 참고, 조정이 나오며 내가 선호하는 진입 패턴이 나타나기를 기다린다. 2022년 약세장을 통해 얻게 된 가장 큰 교훈 중 하나가 바로 신중함과 기다림이다.

엔비디아를 놓쳤다고 후회하는 분들이 많다. 그러나 엔비디아에 등장했던 VCP 패턴에 대한 이해가 부족하다면, 이제 막 주가가 오르기 시작할 당시에도 고소공포증을 느껴 엔비디아의 높은 주가에 선뜻 손이 가지 않을 것이다.

엔비디아 주가가 급등을 시작할 당시의 차트를 살펴보면, 마크 미너비니의 VCP 패턴이 등장한 것을 확인할 수 있다.

▎VCP 패턴이 형성된 엔비디아 차트 ▎

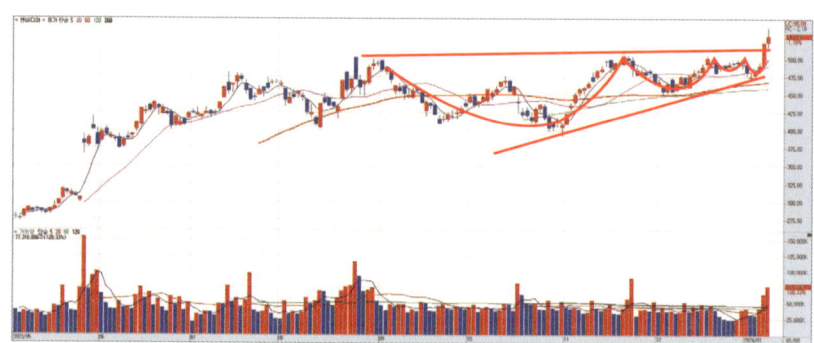

엔비디아 역시 변동성 축소 패턴 등장 이후, 강한 거래량과 함께 돌파한다. 이후 주가는 최고점까지 놀라운 주가 상승률을 보여줬다.

┃ 엔비디아 돌파 이후 차트 ┃

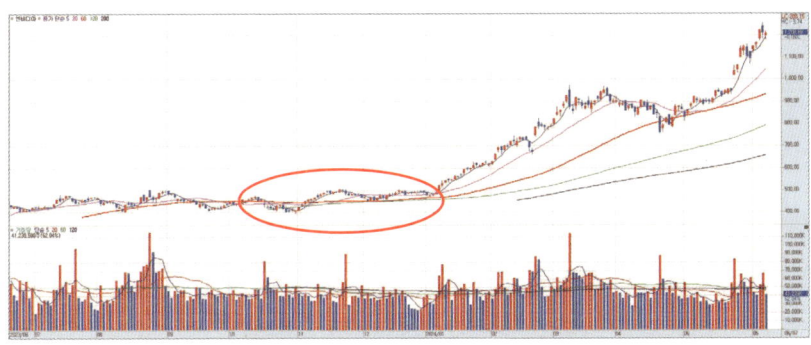

횡보 및 조정 자리에서 매수하지 마라

돌파 전에 미리 예측하여 저가에 매수하려는 욕심으로 긴 조정장이나 횡보장에서 매수하게 되면, 오랫동안 기회비용을 날리거나 예상과는 달리 하락하는 주가로 인해 손실을 볼 수도 있다.

다음 사례는 '삼성전자'다. 역시 변동성 축소 패턴VCP 이후 돌파를 하는 동시에 역사적 신고가를 달성하는 차트다.

이후 주가는 빠르게 상승하며 어느새 9만원을 훌쩍 넘는다.

그러나 이후 삼성전자 주가는 기나긴 횡보를 시작한다. 많은 투자자들은 언론에서 외치는 '십만전자'의 장밋빛 전망에 기대어 주가가 횡보하는 기간에 저점매수 기회라 여기며 매수에 나섰다.

┃ 삼성전자 차트 ┃

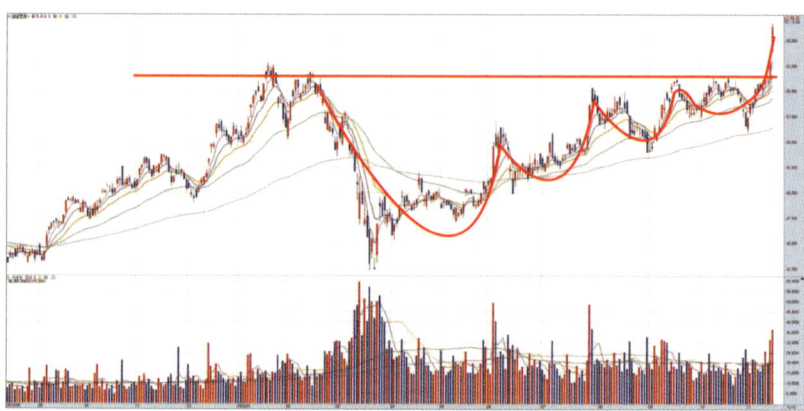

┃ 삼성전자 횡보 구간 차트 ┃

횡보 구간

    하지만 이후 삼성전자 주가는 위의 차트에서 보이는 것처럼 오랜 기간 횡보를 이어갔다.

    긴 횡보 구간에도 불구하고, 전문가들은 지속적으로 삼성전자에 대해 장밋빛 전망을 하며 많은 투자자를 유혹했다. 이후 삼성전자 주가

┃ 삼성전자 횡보 이후 방향성을 아래로 잡은 이후 차트 ┃

는 어떻게 되었을지 살펴보자.

빨간색 박스 속 횡보 구간에서 매수한 수많은 투자자는 소위 '물렸다'는 표현을 쓰며 계속되는 손실을 감내해야 했고, 많은 기회비용도 잃었다.

즉, 충분한 조정 후에 돌파를 확인한 뒤 매수하는 것이 중요하다. 긴 조정 기간 동안 주가가 상승할 것을 예측하고 횡보 중에 미리 매수하는 것은 위험도가 높다. 또한, 횡보 이후 주가가 하락으로 방향성을 잡게 되면, 그 하락은 더욱 가팔라질 수 있다.

돌파 실패가 나오더라도 꾸준히 관심을 가져라

일반적으로 성장성이 좋고 차트가 우수한 기업을 분석해 원하는 매수 지점에 진입했더라도, 다음 날 큰 음봉이 나오며 돌파 자리에서 진입한 투자자들에게 불안감을 주는 경우가 있다. 이때 매수한 종목이 손절매를 유발했다고 해서 관심 종목에서 바로 삭제하지 말고, 훌륭한 기업이라면 계속 주시하는 것이 중요하다. 장대 음봉으로 투자자들에게 겁을 준 뒤 주가가 급등하는 경우도 자주 발생하기 때문이다.

다음 차트는 '코스모신소재'다. 조정 구간을 거친 후 거래량을 동반한 장대 양봉으로 역사적 신고가를 기록했지만, 다음 날 장대 음봉이 나오면서 전일 진입한 투자자들에게 불안감을 주는 모습이다.

┃ 코스모신소재 돌파 이후 풀백(상승폭 되돌림) 차트 ┃

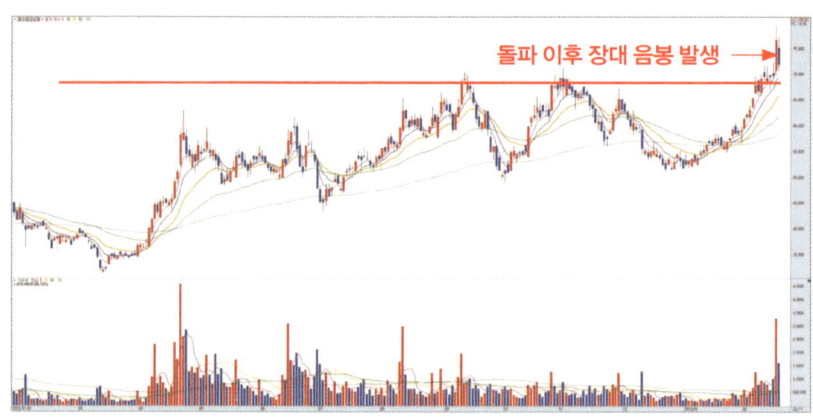

하지만 저항선을 돌파하자 기존 저항선이 지지선으로 바뀌며 주가를 지지해주었고, 더이상의 낙폭을 키우지는 않았다. 이후의 주가 변화 추이를 살펴보자.

┃ 코스모신소재 돌파 이후 차트 ┃

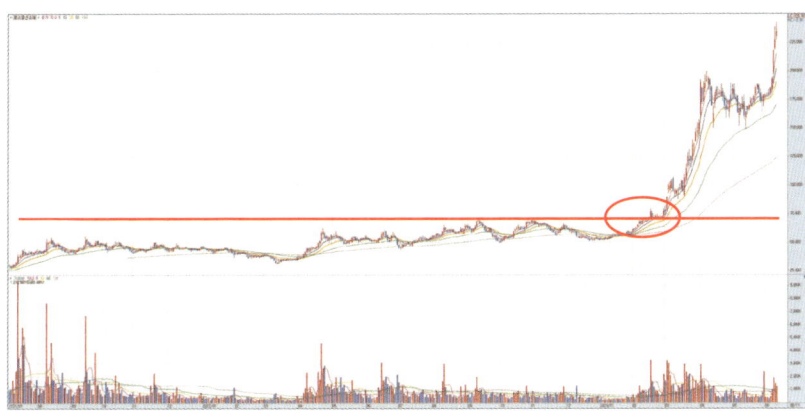

이후 주가는 투자자들을 비웃기라도 하듯 가파르게 상승했다. 스탠 와인스타인은 돌파 시점을 1차 매수 기회로, 되돌림 구간을 2차 매수 기회로 보았다. (일반적으로 돌파 후 약 40%의 확률로 지지선까지 주가 되돌림이 나온다.) 추세 추종 매매와 돌파 매매로 잘 알려진 윌리엄 오닐도 주가가 돌파 구간까지 되돌아오면 적극적으로 매수했다.

┃ 차트의 저항선이 지지선으로 바뀌는 예 ┃

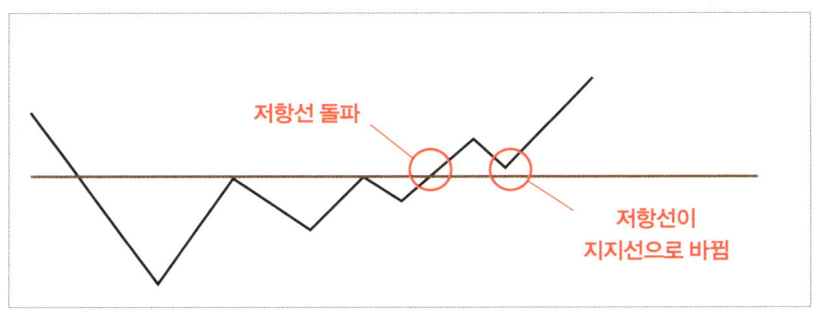

그 이유는 무엇일까? 차트에서 저항선을 돌파하면 그 선이 지지선으로 바뀌는 경향이 있기 때문이다. 즉, 여러 차례의 돌파 시도 후 강력한 돌파가 이루어졌다면, 해당 저항선은 이제 지지선 역할을 하게 된다.

돌파 되돌림 구간이 나오더라도 기존 저항선 역할을 하던 가격 부근이 이제는 지지선 역할을 하므로 돌파보다 좀 더 안정적인 매수가 가능하다.

 POINT

저항선이 돌파되면 지지선으로 변하거나 그 반대인 경우가 생기는 이유

저항선은 매수 포지션을 갖고 있는 투자자나 매도 포지션을 갖고 있는 투자자에게 모두 약점인 곳이다. 저항선이 뚫리게 되면 매수 포지션을 갖고 있던 투자자는 그 포지션을 더 확보하지 못한 것에 대한 불만족이 생기며, 반대로 매도 포지션을 갖고 있던 투자자는 자신의 손실이 더 늘어날 것에 대한 두려움에 사로잡힌다.

그러나 이후, 주가가 다시 되돌림^{Pull Back}이 나오며 지지선 근처로 되돌아오면, 매수 포지션을 구축한 투자자는 나머지 포지션을 더 확보하고자 매수세로 대응하며, 매도 포지션을 구축한 투자자 역시 자신의 손실분을 최소화하기 위해 매도 포지션을 처분한다. 매도 포지션을 처분하기 위해서는 다시 주식을 매수해서 갚아야 하기 때문에 저항선은 돌파 이후 지지선이 되는 것이다. 지지선이 하단으로 뚫리는 경우도 마찬가지다. 이때는 위 경우와 반대로 생각하면 된다.

올투의 매수 구간 3

❙ 돌파 후 되돌림이 나왔을 경우 ❙

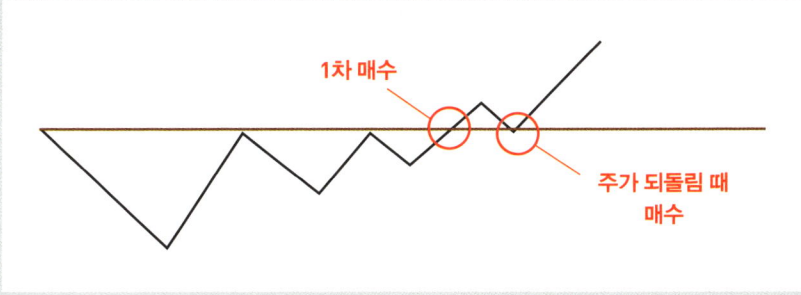

　돌파 이후 이어진 주가 조정이 심약한 개인투자자들을 떨구는 과정이었다는 판단이 들면, 돌파 지점에서 다시 재매수를 한다. 이는 돌파 이후 되돌림이 나온 뒤 다시 주가가 급등하는 사례가 많았기 때문이다.

국내 코스닥 시총 상위 기업인 '알테오젠'의 차트를 살펴보자.

▌알테오젠 차트 ▌

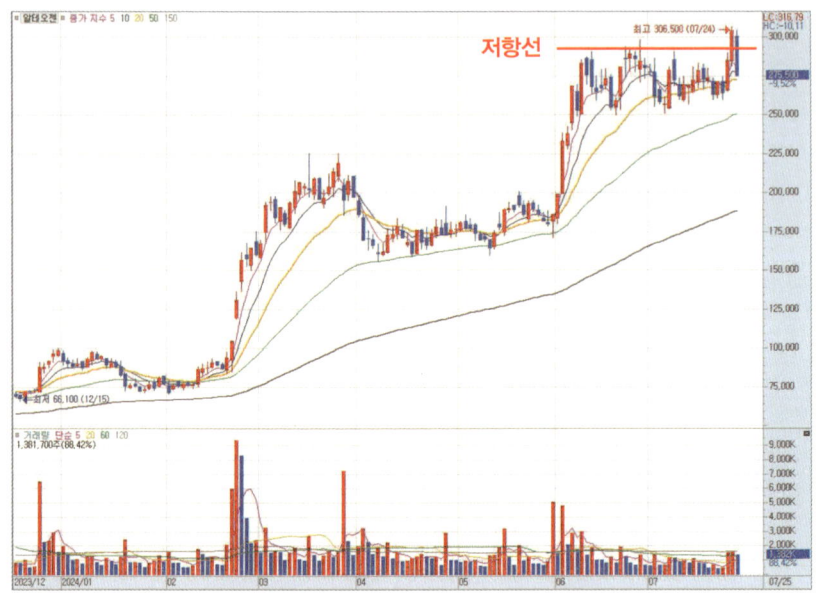

코스닥 지수 대비 강하게 움직이던 알테오젠은 저항선을 돌파한 다음 날 지수의 급락과 함께 심약한 개인투자자를 떨구는 강한 되돌림(음봉)이 나왔다. 하지만 이후에 주가의 모습은 어떻게 되었는지 보자.

알테오젠은 이후 코스피, 코스닥 지수의 급격한 하락에도 불구하고 역사적 신고가를 갱신하며 주당 45만원을 넘었다.

┃ 돌파 되돌림 이후 알테오젠 차트 ┃

다음으로 'HD현대중공업'을 살펴보자.

┃ HD현대중공업 돌파 이후 되돌림 차트 ┃

여러 차례 시도를 거쳐 결국 돌파에 성공했으나, 다시 지지선까지 되돌림이 나오면서 심약한 개인투자자를 떨쳐버린 상황이다. 이후 주가가 어떻게 움직였는지 살펴보자.

❙ 이후 HD현대중공업 차트 ❙

심약한 개인투자자가 이탈한 후, 주가는 강하게 상승하는 모습이다. 2025년 7월 기준 HD현대중공업의 주가는 주당 40만원을 넘겼다.

따라서 관심 종목이 돌파에 실패하거나 손절했다고 해서 바로 관심 종목에서 삭제하지 말아야 한다. 진짜 실패인지, 아니면 단순히 개인투자자를 떨쳐내기 위한 움직임이었는지를 파악한 후, 만약 주가가 다시 전고점을 돌파하며 상승한다면 늦지 않게 다시 탑승하는 것이 중요하다.

04

스쿼트
(Squart)

스쿼트는 앉았다 일어나는 자세를 통해 하체 근력을 기르는 데 도움이 되는 운동이다. 다만, 여기서 말하는 스쿼트는 주가가 강하게 저항선 돌파를 시도하다가 강한 매도세에 밀리며 그대로 주저앉는 경우를 일컫는다. 많은 투자자는 이런 경우 대규모의 거래량이 실린 음봉이 발생했다고 해석하여 매도로 빠져나가는 경우가 많다.

하지만 이런 스쿼트가 발생했다고 해도 손절가를 터치하지 않았다면, 여전히 속임수를 쓰는 것은 아닌지 확인하며 보유해야 한다. 왜냐하면 스쿼트 발생으로 인해 잠재적 매도세의 물량을 한 번 더 받아내며 치열한 전투를 치뤘기 때문에, 이후 더 강한 상승이 나타나는 경우가 많기 때문이다.

스쿼트 발생 이후 다음 날 연이어 주가가 큰 폭으로 하락하지 않고 오히려 지지선 부근에서 다시 베이스를 다진다면 긍정적인 신호로 보고, 주가가 다시 강하게 반등하는 것을 기다려야 한다.

| 당일 돌파에 실패하며 스쿼트가 발생한 브이티 차트 |

위 차트는 '브이티'다. 베이스를 다지며 돌파를 시도했으나, 당일 강한 매도세에 밀리며 거래량을 동반하며 스쿼트가 발생했다. 그러나 시장의 추세는 상승 추세이므로, 스쿼트 이후 더욱 강한 하락 움직임이 연이어 발생하는지 살펴봐야 한다.

스쿼트 발생 이후 강하게 돌파하는 브이티 차트

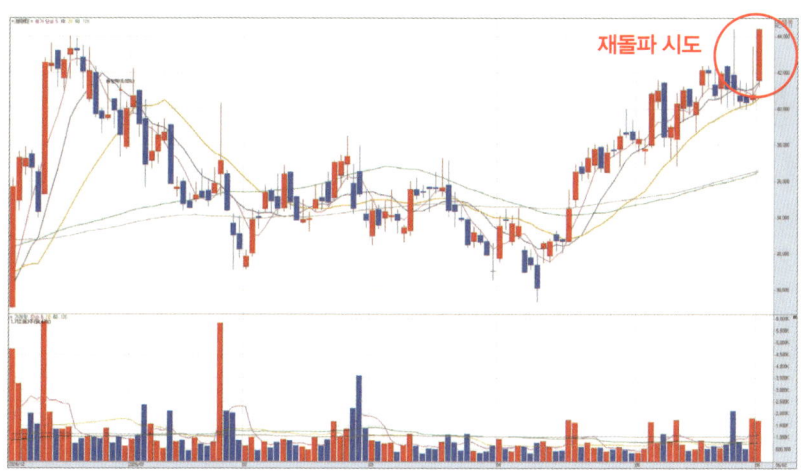

스쿼트가 발생한 이후, 주가는 더이상의 강한 하락 없이 버티는 모습을 보여준다. 4거래일이 지나자 다시 돌파를 시도하며, 저항선을 뚫어내는 모습이다. 다만, 대부분 매매와 마찬가지로 스쿼트 역시 시장이 전반적으로 상승 추세일 때만 사용해야 한다. 시장의 추세가 나쁘면 스쿼트 이후, 주가가 강하게 무너지는 경우가 많다.

05
돌파 실패
(규칙 위반)

 돌파 이후 주가가 미리 계획한 대로 움직이면 다행이지만, 시장 추세가 변하거나 기업에 발생하는 악재로 인해 손절가에 도달하기 전에 미리 매도해서 빠져나와야 하는 경우가 있다. 이를 규칙 위반이라 부른다.

 만약 다음에 제시하는 3가지 원칙이 하나라도 등장한다면 유심히 살펴야 하며, 특히 2개 이상의 원칙이 등장한다면 반드시 매도해서 빠져나와야 한다. 왜냐하면 이런 움직임이 등장하게 되면 주가의 하방압력이 강해 제대로 상승하기가 힘들기 때문이다.

돌파 실패로 간주해도 되는 3가지 원칙
① 돌파하는 순간의 거래량이 매우 적다.
② 1주일 내에 돌파한 상승분을 모두 반납하는 3개 이상의 음봉이 출현한다. (단, 아랫꼬리(주가가 하락을 하다가 반등에 성공하며 거래

범위의 중간 이상에서 종가를 형성하는 경우)를 달며 반등하는 경우는 긍정적인 신호다.)

③ 하락하는 음봉에 거래량이 크게 실린다.

이 원칙을 적용한 돌파 실패 사례를 살펴보자.

'클래시스' 차트는 패턴의 모양만 봤을 때는 컵 위드 핸들 패턴의 정석처럼 보인다. 하지만 돌파하는 순간의 거래량을 살펴보면 거래량이 현저하게 적은 모습이다.

이후 클래시스의 차트를 살펴보자.

▌상승분을 모두 반납하는 거래량이 실린 음봉 출현 ▌

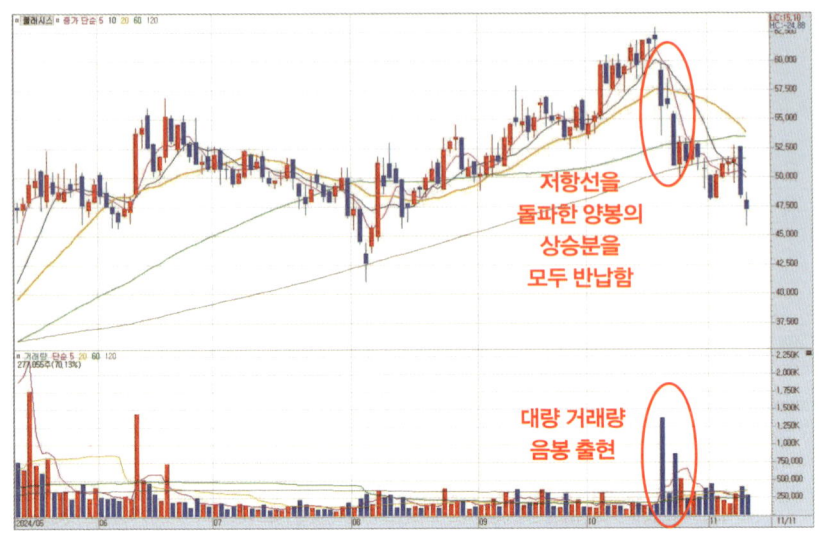

이후, 돌파한 상승분을 모두 반납하는 음봉이 출현하였다. 또한 음봉이 출현할 당시 거래량이 매우 크게 실린 모습을 확인할 수 있다. 특히, 위 차트처럼 뚫어낸 저항선을 다시 깨고 내려오는 것은 아주 위험한 신호다. (저항선은 뚫리면 지지선이 된다.)

기본적으로 좋은 주가의 움직임은 주가가 상승할 때 거래량이 크게 붙고, 하락할 때는 거래량이 적게 붙어야 좋다. 예시 차트는 돌파 실패로 간주해도 되는 3가지 원칙이 모두 발생했으므로 돌파 실패로 간주하고, 다른 새로운 관심 종목을 찾는 것이 기회비용 측면에서 볼 때 더욱 현명할 것이다.

06

신고가를 돌파하는 종목을
유심히 봐라

제룡전기, HD현대일렉트릭, 에코프로, 이수페타시스, 한미반도체 등 주가가 급격하게 오른 종목들은 하나같이 공통점이 있다.

훌륭한 EPS 성장률, 급등 후 만들어진 조정 패턴(손잡이 달린 컵, 변동성 축소) 이후 돌파, 그리고 앞에 매물대가 없는 신고가라는 점이다.

｜ 한미반도체 차트 ｜

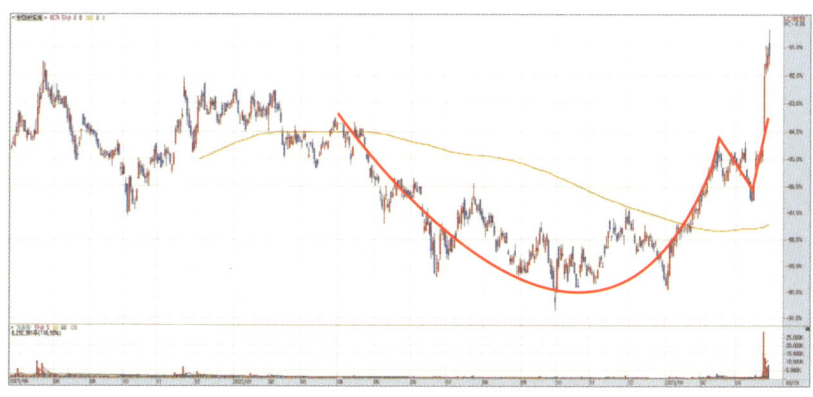

기업의 주가가 신고가를 경신하면 많은 투자자가 지레 겁을 먹는다. 그러나 강남 부동산이나 명품의 가격이 끊임없이 오르듯, 주식도 마찬가지다. 최고의 성장성을 가진 기업이라면 주가는 지속적으로 오를 가능성이 크다.

한미반도체의 경우, 2023년 3월 31일 전고점을 테스트한 후 다시 조정을 받으며 전체적으로 손잡이 달린 찻잔 패턴을 형성했고, 이후 손잡이를 돌파했다. 돌파 지점은 24,100원 부근이다. 이후 한미반도체의 주가 움직임을 살펴보자.

▎한미반도체 돌파 이후 차트 ▎

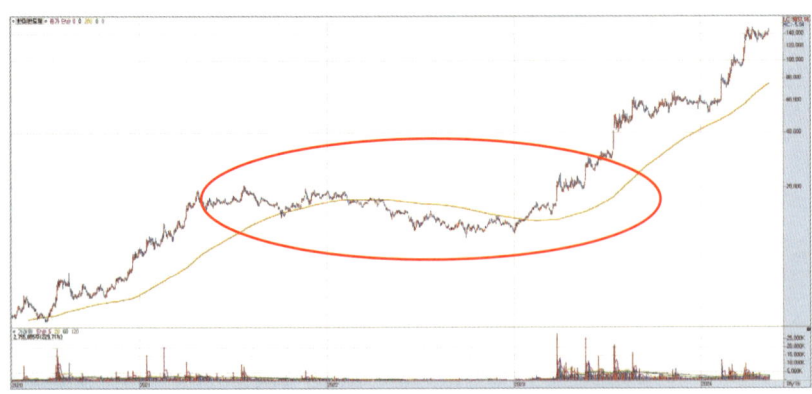

주가는 가파른 상승을 한 뒤, 중간에 한 차례 더 조정을 거친 후 다시 꾸준히 우상향하는 모습을 보이고 있다. 한미반도체의 컨센서스를 살펴보자.

한미반도체 컨센서스

재무연월	매출액(억원)	YoY(%)	영업이익(억원)	당기순이익(억원)	EPS(원)	BPS(원)	PER(배)	PBR(배)	ROE(%)	EV/EBITDA(배)	주재무제표
2020.12(A)	2,573.9	113.82	666.5	501.3	482	2,614	18.76	3.46	21.03	11.70	IFRS연결
2021.12(A)	3,731.7	44.98	1,224.2	1,044.4	1,048	3,506	18.06	5.40	34.59	14.14	IFRS연결
2022.12(A)	3,275.9	-12.21	1,118.6	922.6	934	4,008	12.31	2.87	25.04	8.44	IFRS연결
2023.12(A)	1,590.1	-51.46	345.7	2,671.7	2,745	5,907	22.48	10.45	55.74	134.83	IFRS연결
2024.12(E)	5,609.2	252.76	2,206.6	1,950.0	2,008	7,601	89.68	23.69	29.93	74.65	IFRS연결
2025.12(E)	8,446.2	50.58	3,588.8	3,117.4	3,214	10,525	56.04	17.11	35.77	45.70	IFRS연결
2026.12(E)	11,923.2	41.17	5,422.8	4,584.8	4,727	14,993	38.10	12.01	37.36	29.87	IFRS연결

* (A)는 실적, (E)는 컨센서스

보시다시피 한미반도체는 EPS 성장률이 매년 약 50%에 육박하며, 차트와 재무가 일치하는 성장성이 뛰어난 주식이다.

그렇다면 반대로 앞에 매물대가 많은 주식은 어떤 움직임을 보일까?

매물대가 많은 차트

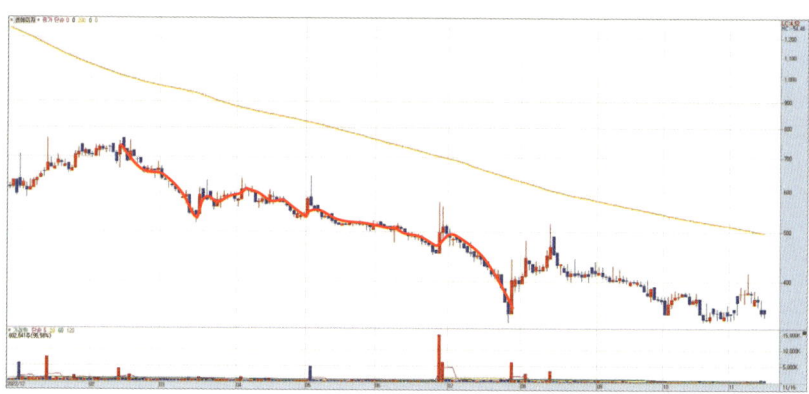

위 차트에 보이는 빨간선 부분이 모두 매물들이다. 주가가 오르기

위해서는 이 매물대들을 모두 이겨내야 한다. 왜냐하면 매물대에는 현재 손실을 보고 있어, 본전 가격에 도달하면 매도하려는 개인투자자들이 많이 대기하고 있기 때문이다. 기본적으로 주가는 매수세가 매도세보다 많아야 오르는 특성이 있다. 그런데 매도세가 매수세를 압도하면 주가가 상승하기 어려워진다.

❙ 매물대를 이겨내지 못하고 흐르는 차트 ❙

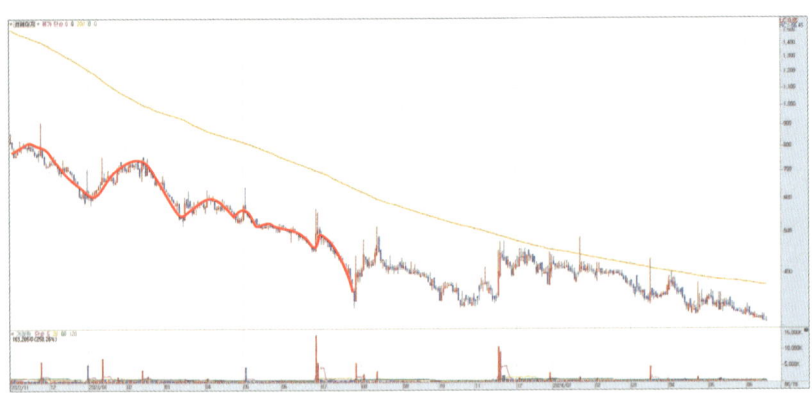

결국 매물대를 이겨내지 못하고 주가는 계속 하락하고 있다. 주가가 힘차게 오르려면 앞에 매물이 없는 것이 유리하다. 위 차트처럼 매물대를 소화하는 과정이 필요한 경우, 상승 동력을 얻기 위해 시간이 걸릴 수 있다. 그래서 신고가 종목을 눈여겨보는 것이 중요하다. 특히 신고가 종목은 시장의 주목을 받으며 이후로도 강한 상승세를 보이는 경우가 많다. 즉, 52주 신고가 또는 역사적 신고가는 시장지수 대비 강한 모습(높은 RS)을 나타내는 증거이자, 종목 선정에 있어 아주 중요한 요소다. 꼭 기억하길 바란다.

'앞에 매물이 많으면 주가가 크게 오르기 힘들다.'

단, EPS(주당 순이익) 성장률이 뒷받침되지 않는 테마주는 신고가를 경신하더라도 절대 매수하면 안 된다. 급등 후 급락이 오는 종목은 바로 이런 경우에 해당한다.

예를 들어 'KG케미칼'이 있다. 당시 거래 중지 중이던 쌍용차가 거래재개 결정이 날 거라는 소식에, 쌍용차의 새 주인인 KG모빌리티 효과로 KG그룹 계열사들의 주가가 급등하기 시작했다. 당시 KG그룹 계열사 중 KG케미칼이 대장주 역할을 하며, 주가 상승을 주도했다.

▎쌍용차 거래 재개 결정 당시 KG케미칼 차트 ▎

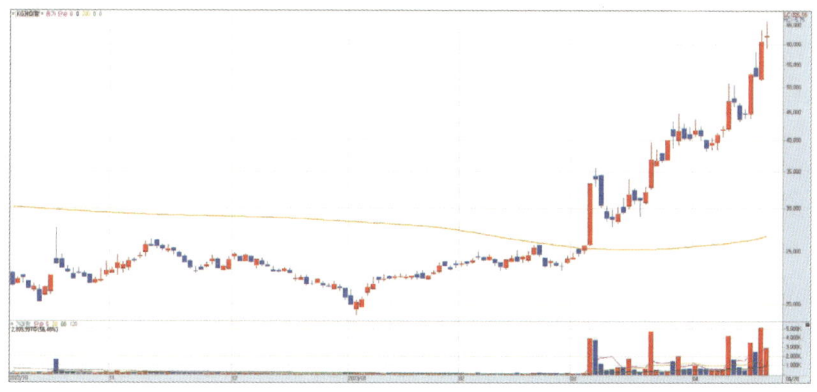

그런데 쌍용차의 거래 재개 결정이 발표되기 바로 직전 KG케미칼의 주가는 갑자기 급락하기 시작하더니, 발표 직후 갑자기 무더기로 매물이 쏟아진다. 이후 어떻게 되었는지 주가 움직임을 살펴보자.

❙ 재료 소멸 이후 KG케미칼 차트 ❙

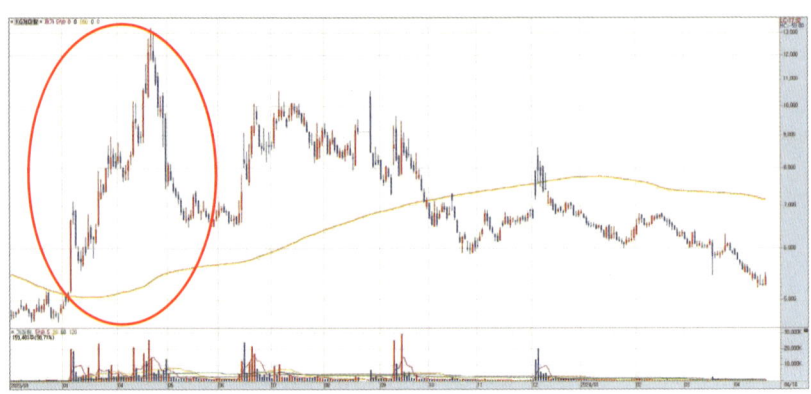

❙ KG케미칼 컨센서스 ❙

재무연월	매출액 (억원)	YoY (%)	영업이익 (억원)	당기순이익 (억원)	EPS (원)	BPS (원)	PER (배)	PBR (배)	ROE (%)	EV/EBITDA (배)	주재무제표
2020.12(A)	36,863.5	78.22	2,429.6	431.9	664	5,906	7.19	0.81	11.94	4.72	IFRS연결
2021.12(A)	48,266.2	30.93	4,481.8	744.0	1,078	6,869	5.71	0.90	17.39	3.17	IFRS연결
2022.12(A)	66,073.6	36.89	5,010.8	3,252.9	4,692	11,790	0.88	0.35	50.55	2.01	IFRS연결
2023.12(A)	89,330.6	35.20	4,425.8	957.6	1,388	13,412	4.93	0.51	11.06	2.03	IFRS연결
2024.12(E)											IFRS연결
2025.12(E)											IFRS연결
2026.12(E)											IFRS연결

* (A)는 실적, (E)는 컨센서스

KG케미칼의 EPS성장률을 살펴보면, 당기순이익과 EPS가 2022년에 비해 크게 감소했다. 게다가 2024년 이후 실적은 예측조차 어려운 상황이다.

2023년 뜨거웠던 테마인 초전도체도 마찬가지다.

▌ 신성델타테크 차트 ▌

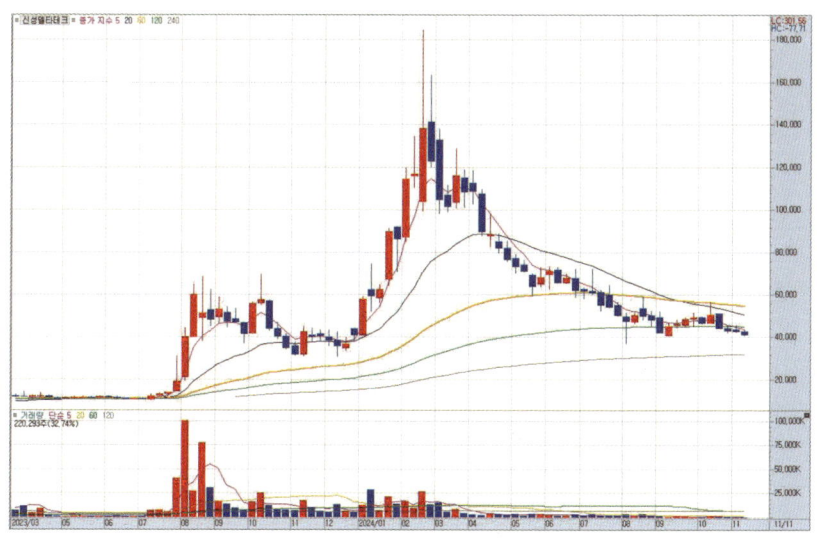

위 차트는 초전도체 대장주였던 '신성델타테크' 차트다. 실적은 전혀 없으면서 단순히 테마로 1만원 부근이던 주가가 단숨에 18만원을 넘었다. 하지만, 이후 재료 소멸로 한순간 급락한다. 만약, 18만원 부근에서 매수한 투자자라면 주가가 주당 4만원 부근이니 약 75% 이상 손실을 봤다. 또한, 실적이 뒷받침되지 않는 이런 테마주는 대개 그 힘이 오래가질 못한다.

단순히 테마와 차트만 보고 주식을 매수하는 것은 매우 위험하다. 꾸준히 EPS 성장률이 뒷받침되는 주식을 선택하는 것이 중요하다. 그렇지 않으면 한순간 큰 위험에 노출될 수 있다.

유럽의 워런 버핏이라고 불리는 앙드레 코스톨라니가 말했다.

"한 남자가 개와 함께 산책을 나섰다고 상상해보십시오. 주인은 일정한 속도로 앞으로 나아갑니다. 이 주인은 바로 경제를 상징합니다. 한편 개는 주인 옆에서 이리저리 뛰어다니며 앞서 나갔다가 뒤로 물러섰다가를 반복합니다. 개가 움직이는 모습은 증권 시장의 변동을 나타냅니다."

결국 개(주가)는 주인(기업의 이익)에 단기적으로는 앞서거니 뒤서거니 하지만 수렴하게 되어 있다는 의미다.

난 종목을 선정할 때 52주 신고가 또는 역사적 신고가를 기록하는 종목을 우선적으로 살펴본다. 보통 하루에 52주 신고가를 기록하는 종목이 약 20개 정도 나오는데, 이 종목들을 하나하나 클릭하며 차트와 재무제표를 분석한다. 즉, 내가 원하는 진입 타이밍(적절한 조정 후 52주 신고가 돌파)이 나타나는지를 확인하는 것이다.

또한 이런 검색을 통해 현재 시장의 주도 업종이나 주도주가 무엇인지 아는 것도 매우 중요하다. 만약 주도 업종이 단순 테마성으로 52주 신고가를 기록하는 경우라면 대개는 그냥 넘긴다. 그러나 52주 신고가를 경신하는 업종의 EPS 성장률이 매우 좋고 원하는 패턴을 형성 중이라면 관심 종목으로 등록해두고 진입 기회를 노린다.

07

시장지수를 이기는
강한 종목만 매매하라

시장지수를 이기는 강한 종목만을 매매해야 하는 이유에 대해 설명하겠다.

우선, 앞서 언급한 제룡전기, HD현대일렉트릭, 한미반도체 등 급등했던 성장주들은 모두 지수를 능가한 종목들이었음을 강조하고 싶다.

시장지수보다 종목의 움직임이 얼마나 강한지를 나타내는 것을 흔히 지수상대강도RS: Relative Strength 또는 상보 강도라고 부른다. 이는 시장 전체 대비 해당 종목의 강도를 나타내는 지표다. 미국 증시에서는 각 종목의 RS 점수를 제공하는 사이트가 많지만, 국내 증시는 아직 이와 같은 서비스가 부족한 상황이다. 참고로, 여기서 RS는 RSI(과매수/과매도를 나타내는 보조 지표)와 다르니 혼동하지 않도록 주의한다.

지수를 이기는 종목을 구분하기 위한 방법을 살펴보자. 차트를 설정할 때 지수 차트를 한 화면에 같이 볼 수 있게 설정하면, 한눈에 지수보다 강한지, 약한지를 살펴볼 수 있다. 다음에서 아래 화면을 보면 기업의 개별 종목 차트 밑에 증시 차트가 있는 것을 볼 수 있다.

먼저 'HD현대일렉트릭' 차트를 살펴보자.

코스피 지수는 횡보하고 있는데 HD현대일렉트릭은 점점 위로 치솟고 있는 모양이다. 즉, 코스피 지수보다 훨씬 강한 모습을 보인다.

❙ 코스피 지수보다 강한 모습을 보이는 HD현대일렉트릭 차트 ❙

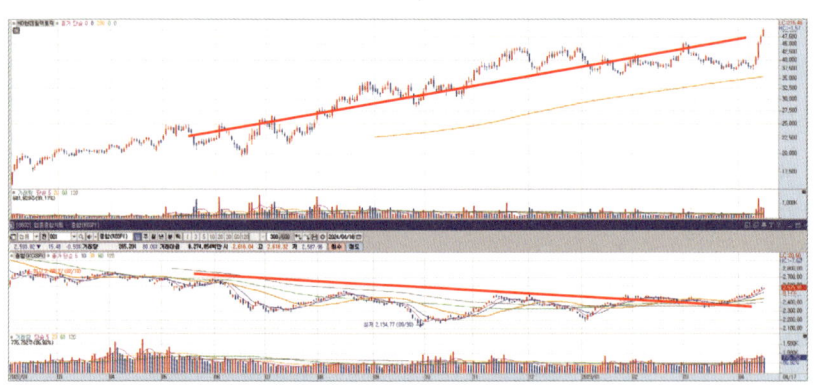

❙ HD현대일렉트릭과 코스피 월봉 차트 비교 ❙

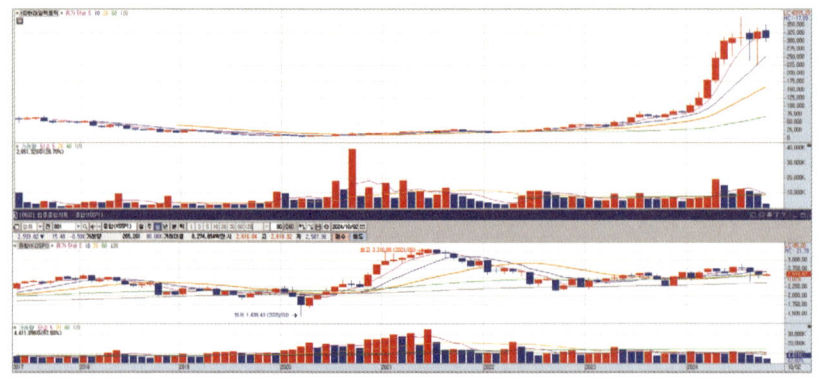

이후 주가는 결국 어떻게 되었는지 살펴보자.

4만원 부근이었던 HD현대일렉트릭의 주가는 어느새 30만원을 훌쩍 넘기는 모습이다.

이번엔 'LIG넥스원'의 주가를 살펴보자.

LIG넥스원 역시 코스피 지수가 아래로 떨어지고 있는데 반대로 우

▌ 코스피 지수보다 강한 모습을 보이는 LIG넥스원 차트 ▌

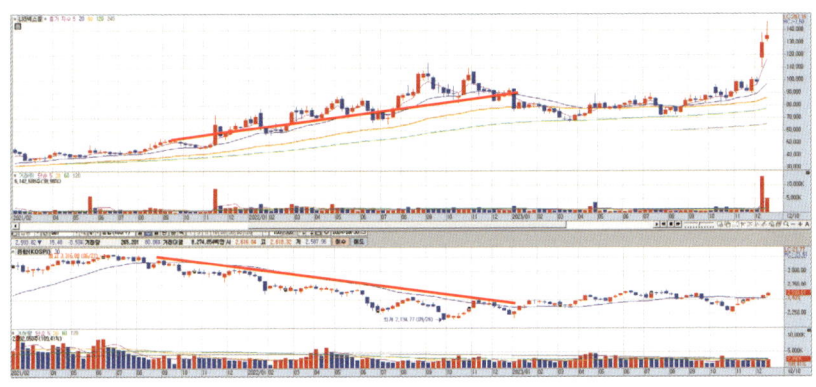

▌ 이후 LIG넥스원 차트 ▌

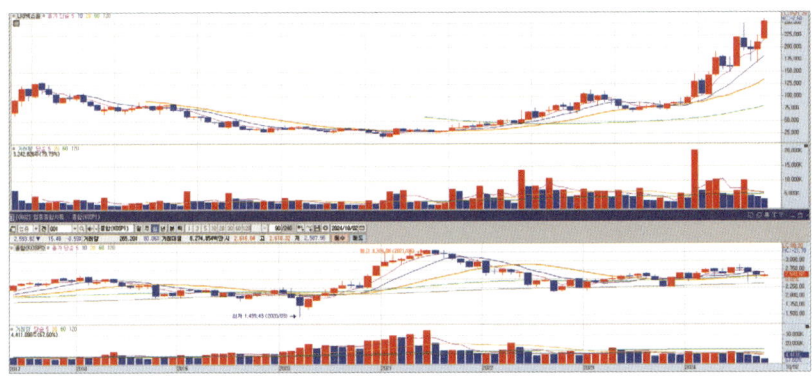

4장 거인의 어깨 위에서 수익 내는 법 215

상향하며 코스피 지수보다 훨씬 강한 모습을 보여줬다. 이후 주가 움직임을 살펴보자.

LIG넥스원의 주가는 2024년 10월 17일 종가기준 253,000원이다. 이런 경우는 코스피 종목에만 국한되는 것이 아니다.

이번엔 코스닥 종목인 '알테오젠'을 보자. 코스닥 지수는 아래로 조

❙ 횡보하는 코스닥 지수에 비해 강한 모습을 보이는 알테오젠 차트 ❙

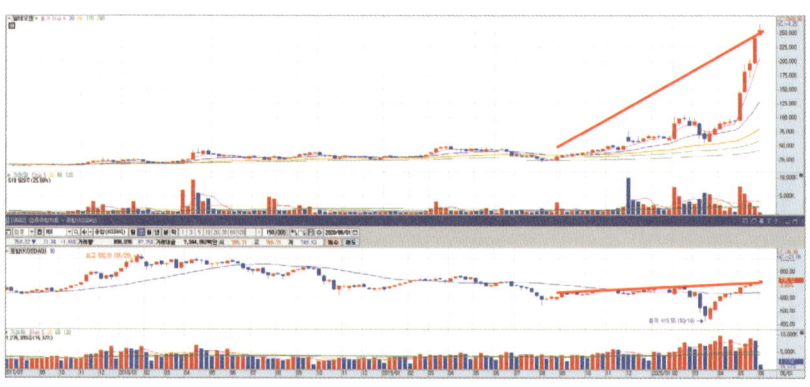

❙ 이후 알테오젠 차트 ❙

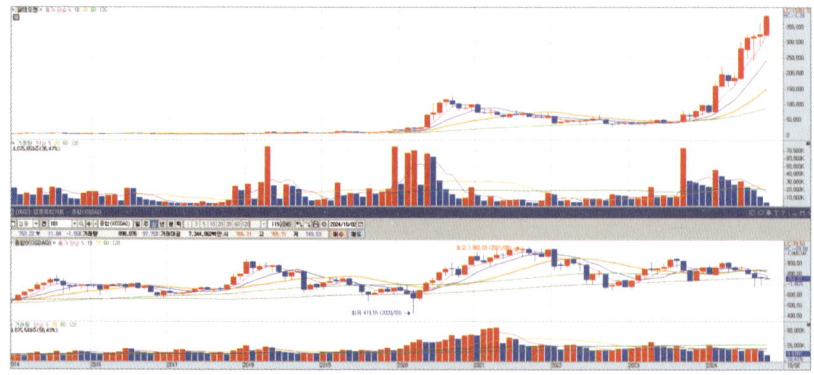

금씩 하락하는 모습을 보여준다. 그런데 같은 기간 알테오젠은 반대로 주가가 오르고 있다. 이후, 주가가 어떻게 변했는지 살펴보자.

주가는 2024년 10월 17일 기준 385,000원이다. 지수에 비해 강한 모습으로 버티던 당시에 비하면 주가가 크게 상승한 것을 알 수 있다.

이번엔 대한민국 시총 2위 'SK하이닉스'다.
코스피 지수가 저점과 고점을 낮춰가며 하락하는 동안, SK하이닉스의 주가는 상대적으로 견조(주가가 내리지 않고 높은 상태를 유지)한 모습을 보였다. 향후 주가는 어떻게 변했는지 살펴보자.

▎코스피 지수보다 강한 모습을 보이는 SK하이닉스 차트 ▎

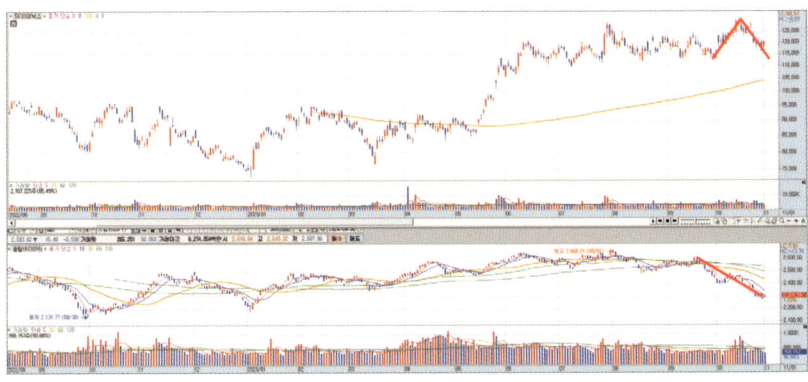

이후 SK하이닉스 차트

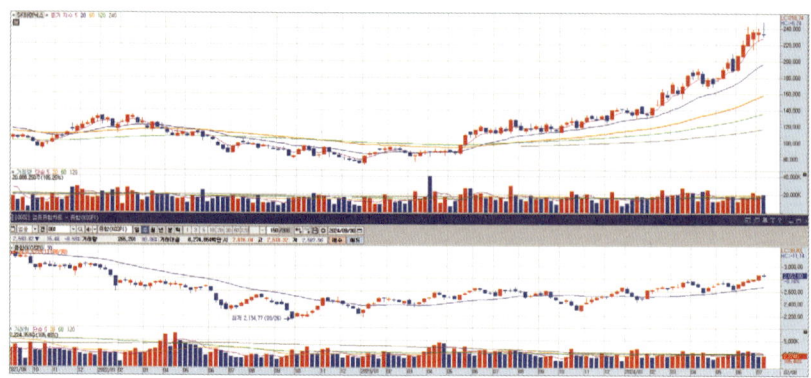

향후 지수가 회복되면서 SK하이닉스의 주가는 코스피 지수보다 더 빠르게 상승하는 모습을 보였다. 또 다른 종목을 보자.

2022년 약세장 당시 코스피 지수가 계속 약세를 보이는 것과는 반대로, 한화에어로스페이스는 상대적으로 강한 주가 움직임을 보인다.

2022년 약세장 당시 한화에어로스페이스 차트

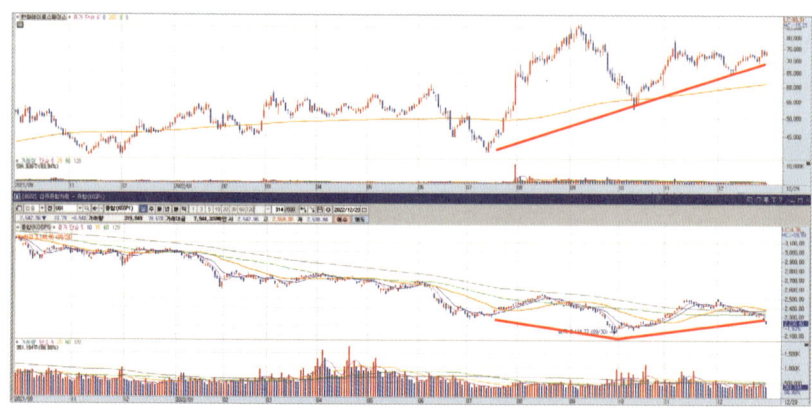

이후 한화에어로스페이스의 주가는 어떻게 되었는지 살펴보자.

| 이후 한화에어로스페이스 차트 |

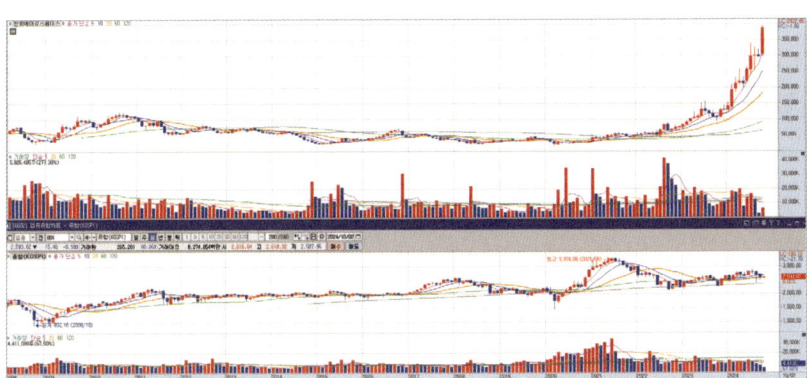

약세장 당시 40,850원에 불과했던 한화에어로스페이스의 주가는 2025년 기준 한 주당 백만원이 넘는 황제주에 등극한다.

이번엔 지수와 비슷하게 움직이거나 오히려 더 하락하는 등 반대의 경우를 살펴보자. 먼저 살펴볼 종목은 '카카오'다. 카카오는 한때 국민주로 많은 사랑을 받다가 각종 분할상장 이슈와 CEO 리스크로 외면받고 있는 상황이다.

카카오 주가를 보면 코스피 지수가 바닥을 잡고 슬슬 횡보 또는 상승하며 올라오는데 반해 여전히 회복을 못하고 있다. 이런 종목은 지수 대비 약한 주가의 움직임이라고 할 수 있다.

코스피 지수보다 약한 모습을 보이는 카카오 차트

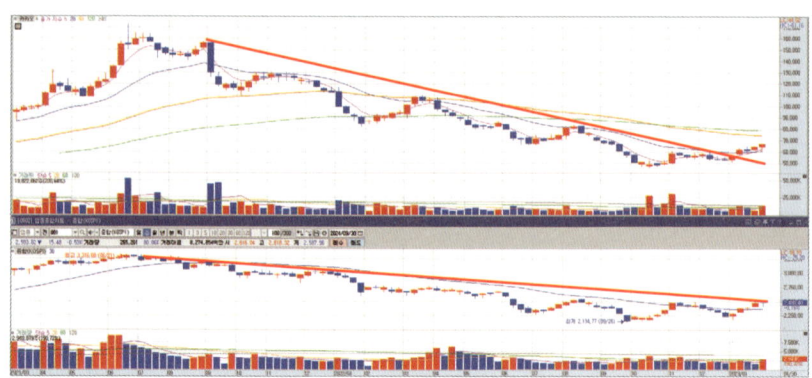

이후 카카오 차트

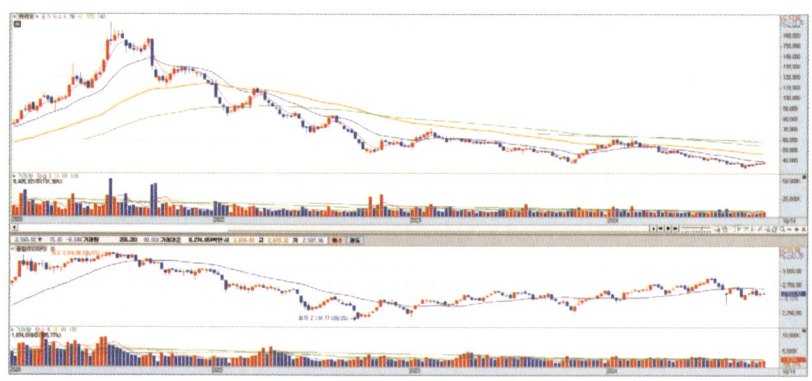

 이후 카카오의 주가를 살펴보면, 지수가 상승하는데도 여전히 회복을 못하고 있는 모습을 볼 수 있다. 이 외에도 지수를 이기지 못하는 종목들이 어떻게 움직이는지 더 살펴보자.

'현대건설'은 지수와 거의 동행하는 듯한 비슷한 움직임을 보이거나, 지수보다 더 하락하는 모습을 보인다. 이후 현대건설의 주가는 어떻게 변했는지 살펴보자.

▮ 코스피 지수보다 약한 모습을 보이는 현대건설 차트 ▮

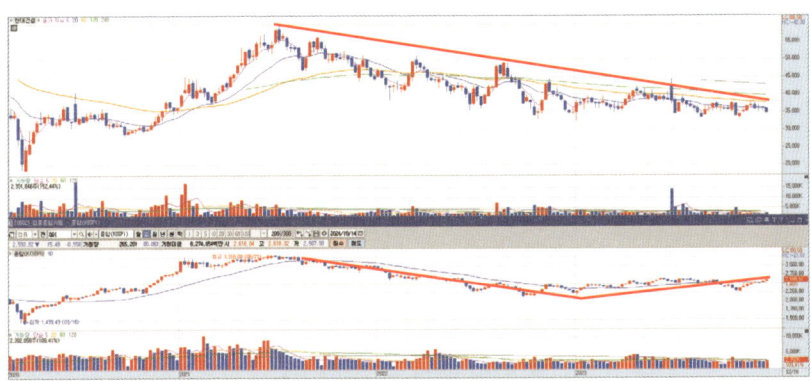

▮ 이후 현대건설 차트 ▮

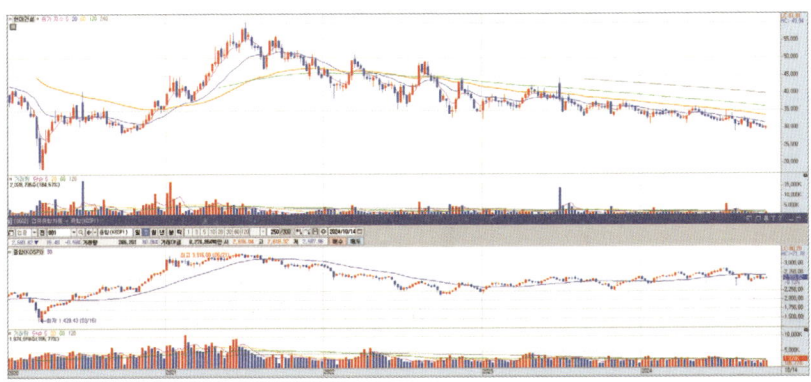

차트를 볼 때 중요한 것은 RS다. 즉, 지수 대비 주가가 얼마나 강한 움직임을 보이는지를 확인해야 한다. 이는 시장지수 대비 강한 모습을 보이는 종목은 그만큼 기관이나 외국인 등 강력한 매수세가 뒷받침되었을 가능성이 높기 때문이다. 이런 기업들은 지수가 회복될 경우, 더욱 강력한 주가 상승세를 보이는 경우가 많다.

이번에는 한 화면에 종목과 지수를 동시에 띄우는 방법을 알아보자.

왼쪽 상단의 빨간 네모박스 부분에 있는 '주'는 '업'으로, '전'은 '추'로 변경한다.

┃ 키움증권 설정화면 ┃

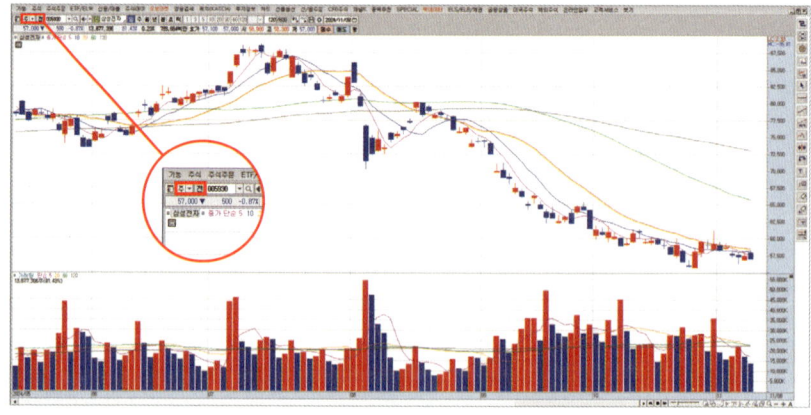

'추' 옆에 있는 빈칸에 KOSPI 또는 KOSDAQ을 입력한다.

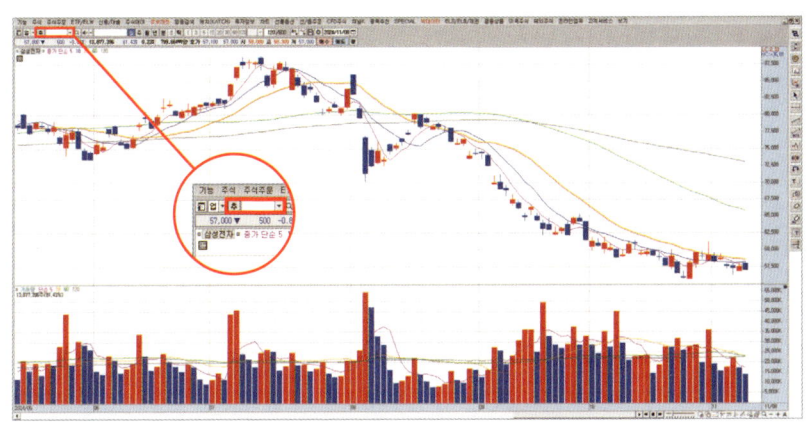

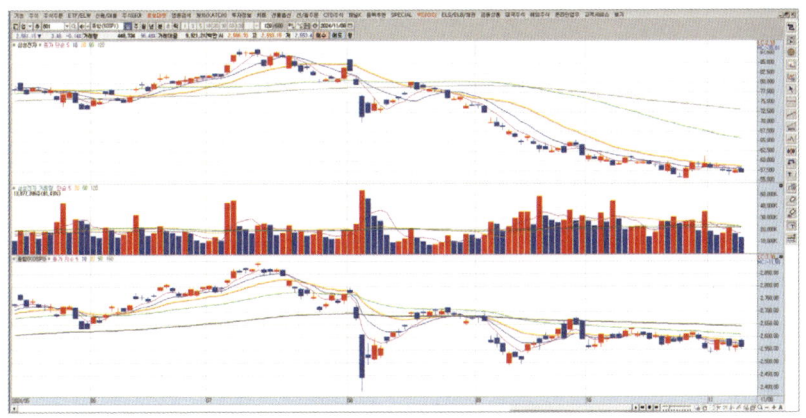

한 화면에 종목(위)과 지수(아래)가 함께 표기된 것을 확인할 수 있다. 투자자는 시장지수보다 강한 종목을 매매해야 한다.

그 이유를 알아보자.

1 시장지수는 한없이 강하지 않다

상승장이 끝나면 다시 약세장이 오게 마련이다. 그런데 만약 지금 매수한 종목이 시장지수가 좋을 때조차 횡보 내지 하락한다면 시장이 약세장에 들어설 때 주가 하락폭은 더욱 커진다.

┃ 2024년 8월 2일 당시 상승종목 대비 하락종목 수 ┃

앞의 사진은 2024년 8월 2일 나스닥의 급락으로 인해 국내 증시 역시 약세를 보였던 날이다. 코스피 종목 상승은 187개, 하락은 854개다. 지수가 상승할 때조차 주가가 오르지 못한 종목은 이날도 여지없이 하락했다.

▌지수가 약세로 돌아서자 주가가 하락하는 에이엔피 차트 ▌

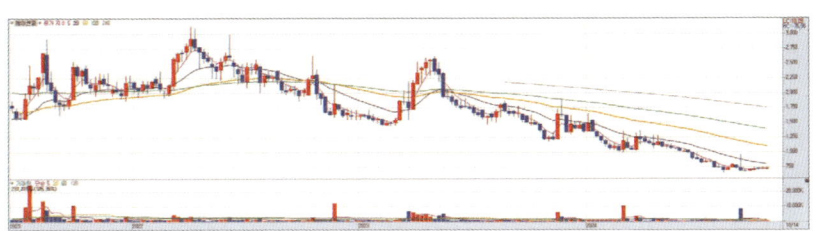

▌지수가 약세로 돌아서자 주가가 하락하는 콘텐트리 중앙 차트 ▌

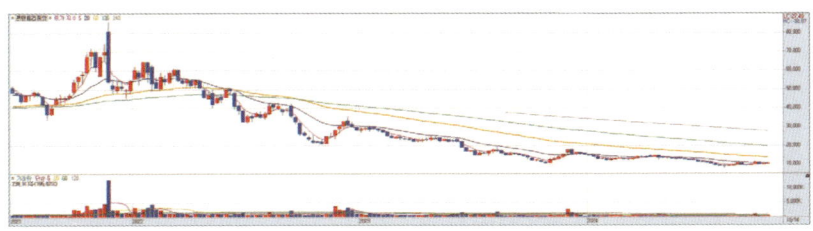

위 종목들은 모두 시장지수의 하락세에 못이겨 더욱 하락하는 모습을 보여준다.

2 시장지수가 떨어질 때 해당 종목 주가가 상승하거나 횡보한다면, 여전히 그 종목에 대한 기대감이 반영되어 기관의 매수세가 유입되고 있다는 의미다

주가는 수요와 공급의 원칙에 따라 결정되기 때문에, 수요가 많으면 주가가 오르고 공급이 많으면 주가가 하락한다. 이런 종목은 시장지수가 하락해도 기관의 매수세로 인해 견고하게 버티다가 시장지수가 상승할 때 큰 폭의 주가 상승을 보이기 쉽다. (참고로 나는 코스피 종목은 코스피 지수와 코스닥 종목은 코스닥 지수와 비교해서 판단을 내리는 편이다.)

08

호가창 보는 법을 익혀라

일반적으로 호가창을 보면 매수 대기 물량과 매도 대기 물량을 볼 수 있다. 그런데 초보 투자자는 호가창을 잘못 읽는 사람이 많다.

지금부터 호가창을 제대로 살펴보자.

다음 그림에서 왼쪽 빨간 박스 안에 있는 숫자 71,056는 매도 대기 물량을 의미하고, 오른쪽 빨간 박스 안에 있는 숫자 9,072는 매수 대기 물량을 뜻한다. 초보 투자자는 이 숫자들을 보며, 매도 대기 물량이 훨씬 많기 때문에 매도세가 강하다고 오해하는 경우가 많다. 따라서 주가가 하락할 것이라 예측하곤 하지만, 이는 큰 착각이다.

예를 들어, 만약 50억 원 상당의 주식 물량을 보유하고 있다면, 현재가인 225,000원으로 계산했을 때 약 22,000주 정도다. 이 물량을 한 번에 시장가로 매도하려 한다면, 현재 호가창에 보이는 매수 대기 물량 9,072주를 모두 체결한 후에도 물량이 남게 된다. 결국 현재 호

가창에서 제일 낮은 가격인 221,500원보다 더 낮은 가격에 팔아야 하는 상황에 처할 수 있다. 만약 굳이 싸게 매도 체결을 하지 않고 제값을 받기를 원하는 투자자라면 특정 가격에 매도 주문을 할 것이다.

만약 많은 물량을 하루빨리 매도하고자 하더라도 다음에 매수 대기 물량이 많을 때 매도하기를 원할 것이다. 매수세가 없는 상황에서 시장가로 팔게 되면 큰 손해를 감수해야 하기 때문이다. 만약, 호가창에서 224,500원 가격에 22,000주의 물량이 매수 대기를 하고 있다면 한 번에 매도 체결이 되겠지만, 사진에서 호가창은 호가창의 제일 낮은 가격인 221,500원에 팔아도 모든 물량을 매도하지 못하는 상태다.

따라서 매수 대기 물량이 적을 때, 매도자는 대개 시장가로 매도하기보다는 원하는 가격에 맞춰 매도 주문을 걸어둔다. 이는 시장가 매도로 인해 주가가 하락할 가능성이 상대적으로 낮다는 의미로 해석된다. 주가가 상승하려면 시장가 매수가 활발하고, 시장가 매도가 적어야 한다.

반대로, 매수자가 매도 대기 물량이 많은 호가창을 본다면, 굳이 가격을 올려 비싸게 매수할 필요 없이 한 호가에서 많은 물량을 안정적으로 매수할 수 있기 때문에 적극적으로 매수에 동참하게 된다. 예를 들어, 투자자가 약 50억원에 해당하는 22,000주를 한 번에 매수하려 해도, 매도 대기 물량이 충분하다면 대량의 주식을 매수하는 부담이 줄어든다.

또한, 일반적으로 기업에 호재가 발생하면, 투자자들은 주가가 더 오르기 전에 매수하기 위해 매수 대기를 걸어두기보다 시장가로 빠르게 체결하려는 경향이 있다. 이런 이유로 매수 대기 물량이 상대적으로 적어지는 경우도 많다.

이번엔 반대의 경우를 살펴보자.

매수 대기 물량이 913주이고, 매도 대기 물량이 9,269주인 상황이다.

만약 투자자가 이 기업의 주식을 한 번에 50억원어치, 약 44,000주를 매수하려 한다면, 현재의 매도 대기 물량으로는 부족하다. 이런 상황에서 시장가로 매수 체결을 한다면 매도 물량이 적어 투자자는 점점 더 높은 가격에서 매수를 진행해야 하고, 결국 평균 매입 단가가 크게 높아진다.

반대로, 매도자는 매수 대기 물량이 충분히 많기 때문에 시장가로 매도를 하더라도 부담이 크지 않으며, 매도 물량이 매수 물량을 앞지르는 상황이 형성된다.

따라서, 투자자가 매수하려는 주식의 호가창 움직임을 주의깊게 보

는 것도 중요하다. 원하는 타이밍에 매수를 했을 때 매도 대기 물량과 매수 대기 물량이 비슷하다면, 강한 상승세를 기대하기 어렵다. 반면, 주가가 특정 지점을 돌파하려는 순간에 호가창에서 매도 대기 물량이 압도적으로 많다면, 그 돌파는 성공적일 가능성이 높다.

심리적 방법 편

많은 투자자가 손실에 대한 심리적 부담을 이기지 못하거나, 내일 주가가 어떻게 변할지 두려워하며 잠을 이루지 못하기도 한다. 하지만 주식투자에서 손실은 흔히 일어나는 일이므로 자연스러운 현상으로 받아들여야 한다. 주가의 오르내림과 변동성은 시장이 결정하는 것이며, 개인이 통제할 수 있는 부분이 아니다.

개인이 할 수 있는 것은 자신만의 매매원칙을 세우고, 시장에서 예비 신호를 찾아 적절한 시점에 진입하고 매도하는 것이다.

이 과정을 기계적으로 반복하며 투자 원칙을 지키는 것이 중요하다.

01

손익비를 지켜라

투자자가 수익을 내기 위해서는 매매 성공률이 높거나 손익비가 좋아야 한다. 만약 매매 성공률이 높다면 심리적 부담이 줄어들겠지만, 성공률보다는 손익비(평균 손실 대비 평균 이익)를 더 신경써야 한다. 내가 사용하는 매매법 역시 매매 성공률이 100%가 아니다. 그렇기 때문에 손익비에 집중할 필요가 있다.

예를 들어, A 펀드 매니저가 있다. 그는 늘 높은 수익을 올려왔다. 이에 호기심이 생긴 B 펀드 매니저가 A 매니저의 매매 내역을 살펴봤고, 놀랍게도 손실을 낸 종목이 수익을 낸 종목보다 많다는 사실을 발견했다. 그럼에도 불구하고 A 매니저가 계속 이익을 낼 수 있었던 이유는 무엇일까?

윌리엄 오닐을 비롯한 여러 성공한 투자자들은 손실을 내고 있는 종목, 즉 '잡초'를 뽑아내라고 조언한다. A 매니저의 매매 내역을 보면, 손실을 낸 종목들은 대개 7~10% 정도의 손실을 기록했지만, 수익을 낸 종목은 100% 이상의 이익을 올렸다. A 매니저의 투자 수익의 비밀은 손익비가 매우 컸다는 점이다.

예를 들어 살펴보자. 현재 100만원을 가지고 있다고 가정한다. 승률이 25%인 상황에서 4종목에 각각 25만원씩 투자한다고 했을 때, 높은 손익비가 왜 중요한지 알 수 있다.

	A 종목	B 종목	C 종목	D 종목	
초기 금액	25만원	25만원	25만원	25만원	총합계 104만원
손실률	7%	10%	8%	–	
수익률	–	–	–	40%	
현재 금액	23만5천원	22만5천원	23만원	35만원	

표에서 볼 수 있듯이, 4개의 종목 중 1개만 익절매를 했고, 나머지 3개는 손절매를 했다. 비록 매매 승률은 낮았지만, D 종목에서 40% 수익이 발생해 결과적으로 전체 4%의 수익을 거둘 수 있었다. 승률이 낮았음에도 불구하고 결국 돈을 번 것이다. 4%의 수익은 단기적으로는 크게 느껴지지 않을 수 있지만, 이 과정을 반복하면 복리의 힘으로 큰 수익을 올릴 수 있다.

또한, 이번 예시는 승률이 25%라는 보수적인 가정에 따른 것이다. 상승장에서는 더 높은 승률과 더 높은 수익률을 기대할 수 있다. 다만, 자신감에 빠지지 말고 항상 시장에 겸손한 자세를 유지하는 것이 중요하다. 수익은 자신의 능력보다 시장이 준 결과라는 생각을 가져야 한다. 주가가 예상과 다르게 움직일 때를 대비해 언제든지 손절매를 할 준비를 갖추는 것이 필수다.

이미 시장에서 여러 번 상처를 입은 투자자들은 주가가 조금만 올라도 하락할까 두려워 서둘러 이익을 실현하려 한다. 반대로 조금만 떨어져도 불안해서 매도하는 경향이 있다. 이런 방식으로 매매를 반복하면 과연 수익을 낼 수 있을까? 오히려 수수료만 계속 나가는 상황이 될 가능성이 높다.

"주식은 엉덩이가 무거운 사람이 돈을 크게 번다."

주식 격언 중에 이런 말이 있다. 그러나 이 말을 오해하여, 시간이 지나면 주가가 반드시 오른다는 생각으로 손실이 나더라도 무작정 버티는 이들이 있다. 실적이 부진하고 차트도 좋지 않은 주식을 매수하여 주가가 떨어지자, 비자발적 장기투자자가 되어 주식을 오랫동안 보유하는 경우가 많다. 그러나 이 말의 진정한 의미는, 좋은 주식을 좋은 타이밍에 매수했다면 서둘러 매도하지 말고 그 수익을 누리라는 뜻이다.

만약 투자 성공률이 높지 않다면, 손절매 라인을 7%로 설정할 경우 익절매 라인은 최소 2배 이상인 14%로 설정해야 장기적인 수익을 기대할 수 있다. 물론, 좋은 주식을 좋은 타이밍에 매수했을 때 가능한 이야기다. 단순히 소문을 듣고 아무 주식이나 매수한 뒤 14% 이상의 수익을 기대하는 것은 지나친 욕심이다.

지인의 경우, 코로나 유행 당시 씨젠을 고점에서 약 8,000만원에 매수했으며 지금까지도 보유하고 있다. 약 5,500만원의 손실을 보고 있음에도 매도하지 않는 이유는, 팔게 되면 손실이 확정되지만 팔지 않으면 아직 손실이 아니라고 생각하기 때문이다. 또한, 언젠가는 주가가 다시 오를 것이라 믿고 있다.

하지만 만약 그 주식을 일찍 손절매하여 2,500만원이라도 건진 후, 성장 가능성이 있는 다른 좋은 기업에 투자했더라면 어땠을까?

| 코로나19 특수 이후 지속적으로 주가가 빠지고 있는 씨젠 차트 |

예를 들어, 에코프로, 알테오젠, 실리콘투, 삼양식품과 같이 성장성이 높은 기업을 좋은 타이밍에 매수했다면, 진작에 원금을 회복하고도 남았을 것이다. 이렇게 기회비용을 고려해보면, 손절매의 중요성이 다시 한 번 강조된다.

월가의 저명한 투자자이자 〈부의 원칙〉을 쓴 래리 하이트는 4가지 베팅을 이야기한다.

"대다수 사람은 베팅에는 좋은 베팅과 나쁜 베팅 두 종류가 있다고 여긴다. 하지만 나의 연구에 따르면 실제로는 4가지 종류의 베팅이 있다. 좋은 베팅, 나쁜 베팅, 이기는 베팅, 그리고 지는 베팅이다. 대다수 사람은 일반적으로 나쁜 베팅을 하면 지고, 좋은 베팅을 하면 이긴다고 가정한다. 하지만 이것은 틀린 말이다. 좋은 베팅과 나쁜 베팅은 승산을 가리킬 뿐이다. 반면에 이기는 베팅과 지는 베팅은 결과를 가리킨다. 하지만 당신은 결과를 완벽하게 통제할 수 없다. 하지만 두 가지는 확실히 통제할 수 있다. 바로 베팅의 승산과 부담할 리스크다.

(중략)

계속 좋은 베팅을 한다면, 시간이 흐름에 따라 평균의 법칙(동전 양면 던지기를 할 때 모집단의 크기에 따라 점점 앞면이나 뒷면이 나올 확률이 50%에 수렴하는 원리)이 당신에게 유리하게 작용할 것이다. 하지만 그래도 때로는 질 수 있다는 사실을 결코 잊어서는 안 된다. 이게 바로 예측이 통하지 않는 불확실한 세계에서의 확률 법칙이다.

주의해야 할 것이 있는데, 일어날 수 있는 최악의 상황은 당신이 나쁜 베팅을 했는데도 운이 좋아서 크게 이기는 경우다. 만약 나쁜 베팅을 계속한다면, 시간이 흐름에 따라 평균의 법칙이 당신에게 불리하게 작용할 것이다."

_ 래리 하이트의 <부의 원칙>(한빛비즈, 2020) 중에서

성공한 투자자들을 보면 포커를 잘 치는 경우가 많다. 포커 게임에서 3명이 참여하면 승리 확률은 1/3, 4명이 참여하면 1/4로 낮은 편이다. 하지만 이들은 패가 좋지 않을 때는 과감히 패를 던지고, 좋은 패가 들어왔을 때는 크게 베팅하여 낮은 승률에도 높은 수익률을 노

린다.

　국내에서는 고스톱으로 비유할 수 있다. 고스톱 역시 3명이 참여하는 게임이므로 매판 승리 확률은 1/3다. 하지만 고스톱을 잘하는 이들은 유리한 상황에서는 '고'를 외쳐 더 큰 수익을 얻고, 불리할 때는 상대에게 점수를 내주지 않도록 방해하며 손실을 최소화한다.

　이처럼 평균 손실 대비 평균 이익을 높이는 전략을 구사하는 방식은 성공적인 투자와 매우 유사하다.

　성공한 투자자들은 모두 손절을 짧게 하는 공통점이 있다. 손실이 더이상 자신을 해치지 않게 방어하는 것이다.

　톰 호가드의 경우 손절은 7~10% 정도로 설정하지만, 익절매는 목표가를 정하지 않고 그 추세가 끝날 때까지 보유한다. 윌리엄 오닐은 손절매 7~10%, 익절매 21~30%로 설정해야 한다고 말한다.

　마크 미너비니는 익절매와 손절매를 구체적으로 2 : 1 이상 유지해야 장기적으로 수익을 낼 수 있다고 강조한다. 특히 투자자의 평균 승률에 따라 손절매와 익절매 금액을 조절해야 한다고 강조한다.

　투자자는 자신의 매매원칙이 수학적 확률에 기반했을 때 우위에 있는 전략인지 살펴봐야 한다. 윌리엄 오닐의 손익비 원칙에 따라도, 승률이 20% 미만이라면 7%의 손절매와 21%의 익절매는 여전히 패배하는 투자를 이어갈 수 있다.

　그렇다면 투자자의 평균 승률과 손절금액, 손익금액을 어떻게 설정해야 할까?

우선, 자신의 승률을 먼저 알아야 한다. 손익금액을 15%, 손절금액을 5%로 설정했다면, 매수 후 반드시 설정한 손익, 손절금액을 지킨다. 이렇게 10번을 반복하게 되면 투자자의 평균 승률을 구할 수 있다.

예를 들어, 현재의 매매전략이 평균 매매승률이 40%이고 익절매는 15%, 손절매는 10%로 설정했다고 가정해보자. 다음과 같이 나타낼 수 있다.

평균 매매승률 40%
평균 이익금액 15%
평균 손실금액 10%

이 매매의 손익비
(평균 이익확률 × 평균 이익금액) : (평균 손실확률 × 평균 손실금액)
= (40% × 15%) : (60% × 10%)
= 1 : 1

즉, 이 매매전략은 손익비가 1:1에 불과하다. 매매를 계속 이어나간다면 결국 손실이 커질 것이다. 그렇다면 2:1로 맞추기 위해 이익금액을 높이거나, 손실금액을 줄여야 한다. 다음과 같이 10%의 손실금액을 5%로 줄여보자.

평균 매매승률 40%

평균 이익금액 15%

평균 손실금액 5%

이 매매의 손익비

(평균 이익확률 ×평균 이익금액) : (평균 손실확률 ×평균 손실금액)

= (40% ×15%) : (60% ×5%)

= 2 : 1

손절매 폭을 좀 더 낮추니 손익비가 2:1로 맞춰진 것을 알 수 있다. 이번엔 매매전략이 평균 매매승률이 50%이고 익절매는 15%, 손절매는 10%로 설정했다고 가정해보자. 다음과 같이 나타낼 수 있다.

평균 매매승률 50%

평균 이익금액 15%

평균 손실금액 10%

이 매매의 손익비

= (평균 이익확률 ×평균 이익금액) : (평균 손실확률 ×평균 손실금액)

= (50% ×20%) : (50% ×10%)

= 1.5 : 1

이 매매전략은 역시 손익비가 1.5:1에 불과하다. 매매를 계속 이어나간다면 결국 손실이 커질 것이다. 그렇다면 2 : 1로 맞추기 위해 이익금액을 높이거나, 손실금액을 줄여야 한다. 다음과 같이 15%의 이익금액을 20%로 높여보자.

평균 매매승률 50%

평균 이익금액 20%

평균 손실금액 10%

이 매매의 손익비
= (평균 이익확률 ×평균 이익금액) : (평균 손실확률 ×평균 손실금액)
= (50%×20%) : (50%×10%)
= 2 : 1

익절매 폭을 좀 더 높이니 손익비가 2 : 1로 맞춰졌다. 손익비가 높은 경우, 단기간에는 손실을 볼 수도 있지만 매매를 반복하면 할수록 평균회귀로의 법칙(모집단이 커질수록 평균값에 수렴하게 됨)에 따라 결국 이익을 볼 수밖에 없는 매매전략이다.

따라서, 투자자는 먼저 자신의 평균 매매승률을 파악하여 그 승률에 맞게 익절매 금액, 손절매 금액을 설정해서 손익비를 2 : 1로 매매전략을 수정해야 한다.

다만 수많은 투자자가 이런 전략을 사용할 때, 손익비의 중요성을 머리로는 이해하지만 실제로 실행하는 경우는 거의 없다. 예를 들어,

주가가 15% 올랐다가 하루만에 4% 하락하게 되면, 혹시나 원금 손실이 올까 두려워 빠르게 매도해 버린다. 이후 투자자는 안도의 한숨을 쉰 후 익절은 항상 옳다며 스스로를 칭찬한다.

그러나 중요한 것은 승률이 아닌 손익비다. 손익비가 높다면 승률이 50%보다 떨어져도 꾸준히 수익을 쌓을 수 있다.

또한, 4%의 주가 조정을 겪은 후 다음 날 다시 급등하는 경우도 많다.

투자자는 자신의 매매 방식을 꾸준히 반복하며 검증해야 한다. 승률이 높거나 손익비가 좋은 자리를 익혀 매매를 실행하는 것이 중요하다. 이런 유리한 자리에서 계속 매매를 하다 보면, 결국 '큰 수의 법칙'이 유리하게 작용한다.

하지만 이런 노력 없이 단기적으로 급등하는 테마주나 세력주만 쫓아다니다 보면, 운 좋게 큰 수익을 얻을 때도 있으나 결국 '큰 수의 법칙'에 의해 대부분의 수익을 반납할 위험이 크다.

02

본성을 역행하라
(일반 투자자와 반대로 매매해라)

우리는 보통 다른 이들과 같은 행동을 할 때 심리적 안정감을 느낀다. 하지만, 만약 조언을 해주는 이들이 흔히 말하는 '90%의 손실을 보는 투자자들'이라면 어떨까? 오히려 그들과 반대로 행동하는 것이 현명할 수 있다.

대부분의 성공한 투자자들은 개인투자자들과 달리 물타기*를 경계한다.

물타기는 절대 하지 마라

"떨어지는 칼날을 잡지 말라"는 격언이 있다. 주가가 한 번 하락하기 시작하면 가파르게 떨어질 수 있다는 경고다. 이렇게 하락하는 주식을 매수해 평균 단가를 낮추려는 시도는 큰 위험을 초래할 수 있다.

 **POINT**

물타기
주가가 내려갈 때 자신의 평단가를 낮추기 위해 하는 추가 매수.

┃ 지지선을 지켜주는 차트 ┃

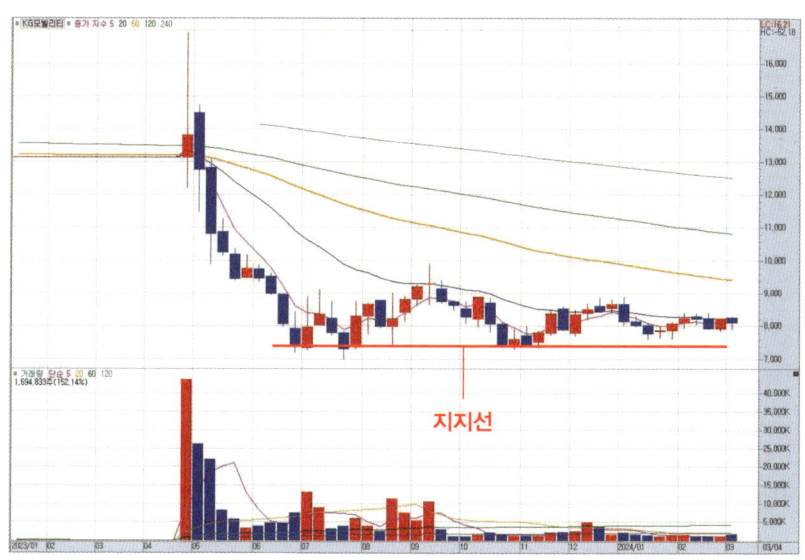

지지선

　예를 들어, 위 차트의 빨간선 부근에서 다중 바닥이 형성되었기 때문에 많은 투자자가 그 가격대를 지지선으로 보고, 주가가 지지선에 닿으면 추가 매수를 통해 평균 단가를 낮추려고 생각할 수 있다.

　이 다중 바닥 부근이 7천원대라고 가정해보자. 만약 1차 매수를 10,000원에 1,000주 매수한 투자자가 7천원 부근에서 평균 단가를 낮추기 위해 2,000주를 추가 매수한다.

　이는 다음 표와 같다.

4장 거인의 어깨 위에서 수익 내는 법　**243**

	수량	매수 가격	총 매수 금액
1차 매수	1000주	10,000원	10,000,000원
2차 매수	2000주	7,000원	24,000,000원

총 주식 보유수 : 3,000주 / 평균 단가 : 8,000원

이제 1차 매수한 1,000주×10,000원과 2차 매수한 2,000주×7,000원의 평단가는 기존 10,000원에서 8,000원으로 대폭 낮아졌다. 그러나, 만약 이후에 주가가 더 하락하게 된다면, 추가 매수를 하기 전보다 손실은 더 크게 늘어난다.

▎지지선을 이탈하는 차트의 모습 ▎

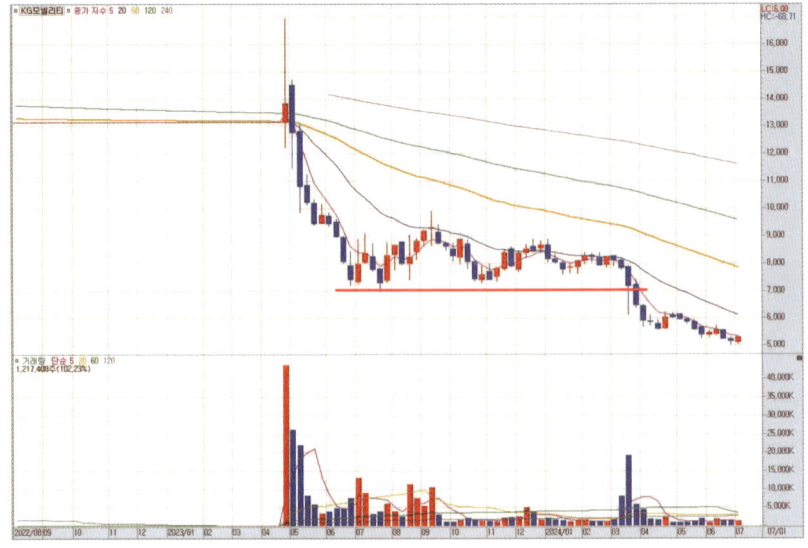

주가는 5,450원으로 떨어졌다. 그러면 추가 매수를 하기 전과 추가 매수를 했을 때의 손실을 다시 표로 정리해보자.

	수량	평균단가	총 매수 금액	손실가격
추가 매수 전	1,000주	10,000원	10,000,000원	(10,000 − 5,450) ×1,000 = 4,550,000원
추가 매수 후	3,000주	8,000원	24,000,000원	(8,000 − 5,450) ×3,000 = 7,650,000원

만약 추가 매수를 하지 않았다면 손실이 455만원에서 그쳤겠지만, 평단가를 낮추기 위해 추가 매수를 한 결과 보유금액이 커지면서 손실이 오히려 765만원으로 늘어났다. 주식 격언에 '엎질러진 우유를 보며 울지 말고 새로운 젖소를 찾으라'는 말이 있다. 추가 매수할 자금을 차라리 지금 시장에서 강한 종목, EPS 성장률이 높은 종목, 또는 강한 상승 후 조정을 보이는 종목에 투자하는 것이 더 나은 선택일 수 있다.

많은 투자자들이 흔히 저지르는 실수가 있다.
주가가 오를 때는 매수를 망설이다가,
주가가 싸지면 바겐세일이라 여기며 매수에 나서는 것이다.

다른 종목을 살펴보자. 다중바닥 지지선을 지지하는가 싶더니 결국 무너지며 다음 차트와 같이 계속 하락한다.

▎지지선을 지켜주는 차트의 모습 ▎

▎지지선을 이탈하는 차트의 모습 ▎

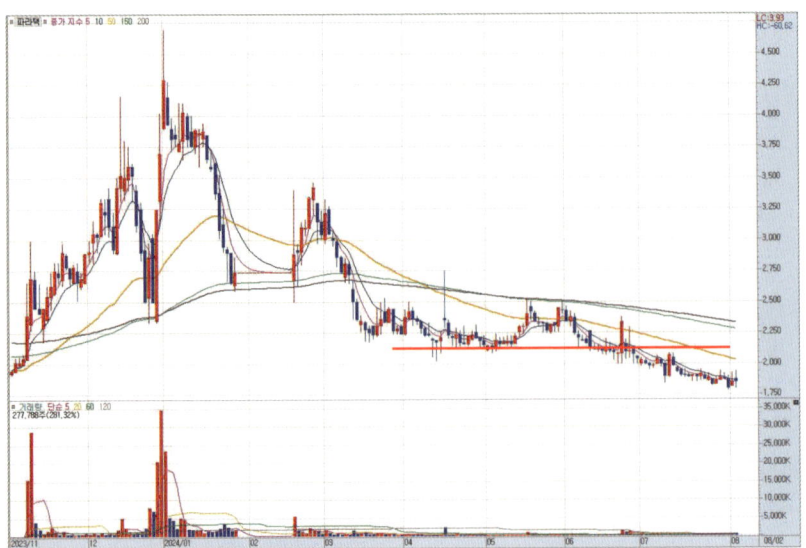

예를 들어, 한때 국민 게임주로 불리던 'NC소프트'를 살펴보자.

한때 주가가 1백만원에 육박하며 황제주라 불렸던 NC소프트는 약세장에 들어서면서 하락하기 시작했다. 이를 기회로 본 많은 개인투자자들은 저가 매수의 기회라 판단하고 매수에 가담했다.

그러나 투자자들은 매수 당시의 저점이 다음 날의 고점이 될 줄 알지 못했다. 2022년 약세장이 끝난 이후 시장지수의 회복과 함께 일부 대형주가 회복세를 보였지만, NC소프트는 여전히 회복하지 못했다. 즉, 대형주가 싸졌다고 해서 무조건 매수하는 것은 매우 위험한 행동이다.

▎엔씨소프트와 코스피 지수 비교 차트 ▎

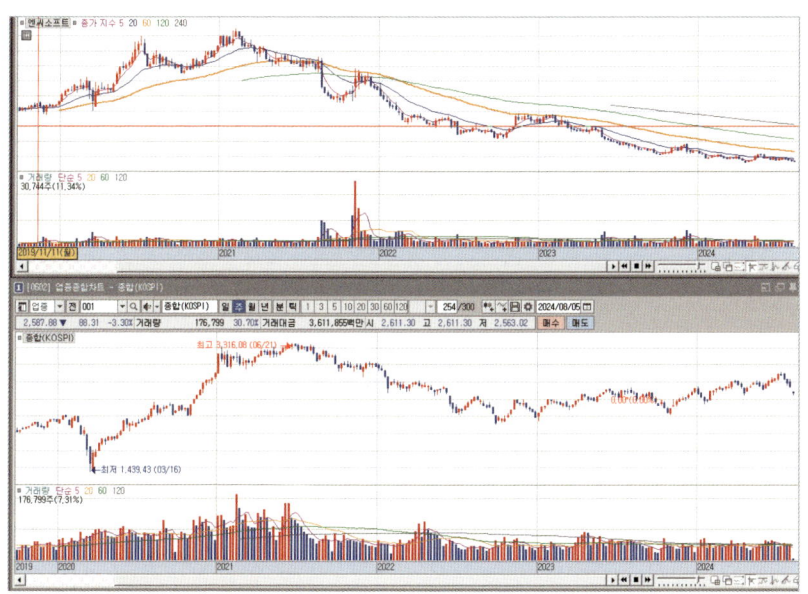

손절은 짧게 끊어내라
(손절은 자산을 더 큰 손실로부터 보호하는 보호막이다)

처음 주식투자를 시작했을 때, 강세장의 한가운데 있었던 덕분에 손실이 나더라도 시간이 지나면 주가가 자연스럽게 회복되어 이익을 얻는 경험을 했다. 아마도 이런 첫 경험이 잘못된 습관을 형성했던 것 같다.

유동성의 축제가 끝나고 FED(연방준비제도)가 양적축소 정책을 펼치며 2022년에 약세장이 찾아왔을 때도, 나는 주가 회복을 기다리며 계속 보유하는 나쁜 습관에 빠져 있었다.

당시에는 하루에 10% 이상씩 하락하는 종목도 많았고, 절망에 빠져 계좌의 손실을 바라볼 수밖에 없었다.

"삼천피 회복한다더니?"… 역대급 하락장에 다 빗나간 증권사 전망

증권사의 '목표 주가'나 '밴드 상단'은 희망사항일까요?
언제부터 증권사가 제시하는 목표 주가가 닿으려야 닿을 수 없는 '희망 지수'가 된 것인지 모르겠습니다.
연말엔 '삼천피'를 회복할 것이라고 봤던 증권사 관측은 보기 좋게 빗나갔습니다. 조금 어긋난 수준이 아닙니다. 삼천피는커녕 6일 기준 2,400선마저 무너졌습니다. 그 수준이 무려 600포인트, 20% 차이나 벌어졌습니다.
(이하 생략)

출처 : 뉴스1, 2022. 12. 7

2022년 약세장은 수많은 투자자를 좌절시켰다. 만약 손절매를 일

찍 했다면 투자 원금을 최소한의 손실로 보전할 수 있었을 텐데, 과거에 주가가 다시 올라왔던 기억에 매달려 손절매를 망설였고, 그 결과 손해는 점점 누적되어 갔다.

기회비용이라는 개념이 있다. 기회비용이란 자신의 선택으로 인해 포기하게 되는 이익을 의미한다. 쉽게 말해, 손실을 내고 있는 종목을 과감히 손절매하고 3% 이자율의 예금에 넣었더라면 그 3%의 이자가 기회비용이 된다. 반대로, 손절매하지 않고 계속 보유한다면 다른 투자나 예금을 통해 얻을 수 있는 이익을 놓치게 된다. 또한, 보유 종목의 손실이 누적되면서 점차 돌이킬 수 없는 상황에 이를 수도 있다.

뒤늦게 깨달은 것은, 투자에서 가장 중요한 것은 손절매라는 사실이었다. 손절매를 잘해야 오히려 수익을 내기가 더 쉬워진다는 점도 알게 되었다.

만약 투자자가 특정한 이유로 종목을 매수했으나, 그 종목이 예상과 다르게 움직여 손실이 난다면, 자신의 의견이 틀렸음을 인정하고 시장에 순응하는 태도를 가지는 것이 중요하다. 투자자의 생각이 옳았다면 주가는 상승했겠지만, 반대로 움직였다면 다른 요인이 있을 수 있기 때문이다.

이 경우, 기업 자체에 문제가 있는 것은 아닌지, 현재의 시장 상황이 비우호적인지, 혹은 투자자의 생각 자체가 잘못된 것인지 여러 가지 이유를 점검해볼 필요가 있다.

국내 대표적인 자동차 기업인 '현대차'의 주가를 살펴보자.

현대차 주가

　2012년 5월, 현대차의 주가는 272,500원을 기록한 후 횡보를 지속하다가 2014년 후반기부터 2020년까지 약 6년간 회복하지 못했다. 만약 현대차의 가능성을 높게 평가해 2012년 5월에 매수했다면, 몇 년 동안 수익은커녕 계속 손실을 봤을 것이다.

　다행히 현대차는 시대의 흐름에 맞춰 전기차로의 빠른 전환, 하이브리드 차량 및 수소차 개발 등 다양한 시도를 통해 세계적인 기업으로 성장해왔다. 이후 현대차는 주주 환원 정책을 강화하고, 2024년 6월에는 역사적 고점을 기록하며 주가 역시 회복세를 보였다.

이후 현대차 주가

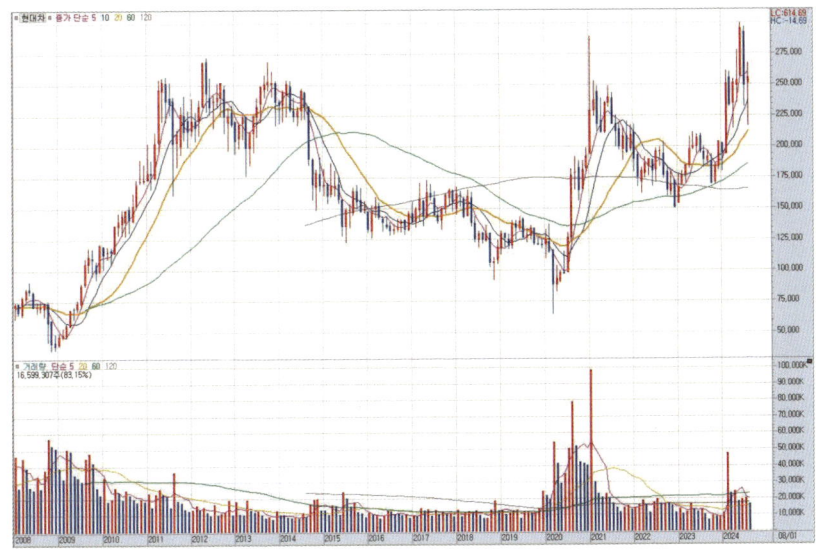

주변에는 현대차의 주가를 보며, 대형 우량주는 하락할 때마다 저점매수해야 한다고 믿는 투자자가 많다. 현대차는 다행히 주가가 회복해 2024년에는 신고가를 갱신했지만, 2014년부터 시작된 6년간의 하락세는 투자자들에게 큰 고통을 안겨줬을 것이다.

특히 안타까운 것은 이런 몇 번의 성공 경험에 의존해 반복적으로 저점매수를 시도하는 투자자들이다. 다행히 현대차의 주가가 회복해 투자자에게 수익을 안겨주었지만, 기업의 미래 주가는 어떻게 될지 아무도 모른다.

> **삼성전자 추월한 현대차… 1분기 영업이익 3조6000억원**
>
> 현대자동차가 올해 1분기 약 3조6000억원 규모의 영업이익을 기록했다. 현대차는 2009년 국제회계기준(IFRS) 도입 이후 처음으로 삼성전자(올해 1분기 6000억원대)를 제치고 상장사 분기 영업이익 1위에 올랐다.
>
> 현대차는 25일 서울 본사에서 경영실적 컨퍼런스콜을 실시하고 올해(2023년) 1분기 실적이 IFRS 연결 기준 ▲판매 102만1712대 ▲매출액 37조7787억원(자동차 30조6464억원, 금융 및 기타 7조1323억원) ▲영업이익 3조5927억원 ▲경상이익 4조5909억원 ▲당기순이익 3조4194억원(비지배지분 포함)으로 집계됐다고 발표했다.
>
> 현대차의 올해 1분기 판매는 글로벌 차량용 반도체 및 기타 부품의 수급 상황이 개선됨에 따라 생산이 늘며 전년 동기 대비 증가했다. 영업이익은 판매 증가, 고부가가치 차종 중심의 믹스 개선, 우호적 환율 효과로 전년 동기 대비 늘었다.
>
> (이하 생략)
>
> 출처 : 이코노미스트 2023. 4. 25

국내 굴지의 시가총액 1위 기업인 삼성전자조차 영업이익이 현대차에 추월 당하는 일이 벌어졌다.

앞서 예로 들었던 나이키와 니콜라의 주가를 다시 살펴보자.

특히 나이키는 스포츠 의류업계 세계 1위 기업이었으나, 2024 회계연도에서 전년 대비 단 1% 성장에 그치며 2010년 이후 가장 저조한 성장성을 기록했다. 이로 인해 하루 만에 시가총액이 39조원 증발하는 등 주가가 하락세를 보였다.

이는 나이키만의 문제가 아니다. 우량 대형주임에도 불구하고 주가가 전저점을 깨고 하락하는 기업들이 많다. 미래는 항상 불확실하며,

주가가 회복하지 못하는 데는 그만한 이유가 있다.

  2021년 이후 하락세를 지속해온 나이키 주식을 보유한 주주들은 하루 만에 20% 급락을 경험했다. 다우지수나 나스닥 지수가 신고가를 경신하며 상승하는 모습과는 대조적으로, 나이키는 약세를 보이며 주주들에게 큰 손실을 안겼다. 만약 나이키의 성장 둔화나 주가 약세를 보고 일찍 손절매하고, 다른 성장성 높은 유망 기업에 투자했더라면 어땠을까? 추가 매수를 통해 보유 수량을 늘리거나 평단가를 낮추는 것보다 기회비용 측면에서 훨씬 나은 선택이었을 것이다.

  또한, 2000년대 초반 인터넷 기업계를 주름잡던 야후YAHOO 역시 마찬가지다. 만약 야후가 구글 인수를 철회하지 않았다면, 현재 구글의 위상은 야후의 것이 되었을지도 모른다.

  한편, 당시 세계적인 인터넷 기업이었던 야후에 장기 투자한 이들은 어떻게 되었을까? 2000년 1월 주당 250달러였던 야후의 주가는 닷컴 버블 붕괴와 함께 2001년 9월 8달러까지 급락했다.

  성공한 투자자들이 한목소리로 강조하는 것이 있다. 바로 '손절매'다. 초기 손절매를 하지 않았을 때 발생할 수 있는 상황을 표로 정리했다.

  주가가 예상대로 움직이지 않고 하락하여 원금 대비 8%에서 손절매를 하게 되면 복구에 필요한 수익률은 고작 8.7%다. 하지만 손실을 50% 입게 되면 그 손실을 회복하기 위해 100% 수익을 내야만 본전이 회복된다.

초기 자본금	손실액	잔액	손실률(%)	본전 회복에 필요한 수익률(%)
1000	80	920	8	8.7
1000	100	900	10	11.1
1000	200	800	20	25
1000	300	700	30	42.8
1000	400	600	40	66.6
1000	500	500	50	100

"이익은 늘 자신을 돌보지만, 손실은 절대 자신을 돌보지 않는다."
_제시 리버모어

"주식투자에 대한 방법론이나 접근법과 무관하게 큰 손실로부터 포트폴리오를 보호하는 유일한 방법이 있다면, 적은 손실이 났을 때 큰 손실로 불어나기 전에 매도하는 것이다. 나는 30년 동안 주식투자를 하면서 이보다 나은 방법을 찾지 못했다."
_마크 미너비니

대부분의 성공한 투자자들은 손절매는 짧게, 익절매는 길게 가져가는 전략을 선택했다. 또한, 자신만의 방법으로 시장의 약세를 감지하면 과감히 물러서는 전략을 취하기도 했다. 손절매는 항상 짧게 설정해야 하며 최대 10%를 넘기면 안 된다. 그래야 다음 투자 기회를 위한 자금을 보존할 수 있기 때문이다.

감정에 치우치지 마라

사람은 감정의 동물이다. 갑자기 급락하는 주가나 악재 앞에서 냉정을 유지할 수 있는 사람은 거의 없을 것이다. 하지만 성공적인 투자자가 되기 위해서는 감정을 내려놓고 시장을 냉철하게 분석할 줄 알아야 한다.

올라가는 주가에 기쁨을 만끽하고, 내려가는 주가에 좌절하며 일상 업무에까지 영향을 받고 있다면 정신적 에너지가 크게 소모될 뿐 아니라 잘못된 투자 방식을 익힐 위험이 크다.

특히 좌절을 피하고 싶거나 승부욕이 강한 사람일수록 손실을 보자마자 조급한 마음에 서둘러 매매를 반복하는 경향이 있다. 문제는 이런 감정, 특히 분노가 극에 달할수록 평소라면 생각지도 않았을 테마주나 급등주에 충동적으로 뛰어들게 된다는 점이다.

급등하는 주식을 매수한 순간부터 주가는 갑자기 하락하고, 이전에 매도했거나 관심에서 멀어진 주식은 오르는 일이 발생하기 쉽다. 이로 인해 손절매와 새로운 매수를 반복하다 보면 순식간에 계좌가 엉망이 된다.

특히 목표 수익률을 높게 설정한 사람일수록 이런 경향이 두드러진다. 지난 20년간 세계 주요 주식 시장의 연평균 수익률은 8~12%였다. 그렇다면 우리의 목표 수익률을 이보다 약간만 더 높게 잡아보는 것은 어떨지 생각해볼 필요가 있다.

많은 개인투자자들이 빨리 부자가 되고 싶은 조급한 마음에 좋은 기업의 주식을 좋은 타이밍에 매수하고도, 잠시 조정 구간에 접어들면 참지 못하고 주가가 급등하는 다른 종목에 뛰어드는 경우를 자주 본다. 그렇게 뛰어든 급등주는 금세 하락하고, 이미 매도한 종목은 올라서 좌절을 경험하는 경우가 많다.

주식을 사업이라 생각한다면, 자본이 있어야 다음 사업을 이어갈 수 있다. 파산하지 않도록 자본을 철저히 관리하는 것이 중요하다. 자본을 잃으면 다음 기회는 더이상 생각할 수 없기 때문이다.

'도박사의 오류'라는 심리 법칙이 있다. 사람들은 연속으로 손실을 보게 되면 이제 곧 수익을 낼 차례라고 믿으며, 오히려 더 크게 베팅하는 경향이 있다. 예를 들어, 동전 던지기를 10번 했을 때 9번이 앞면이 나왔다고 가정해보자.

횟수	1	2	3	4	5	6	7	8	9	10
면	앞면	앞면	앞면	앞면	앞면	앞면	앞면	앞면	앞면	?

위 표에서 10번째 동전 던지기에서는 과연 어떤 면이 나올까?
앞면이 여러 번 나왔으니 이제 뒷면이 나올 차례라고 생각하는가?

그렇다면 도박사의 오류에 빠진 것이다. 동전이 앞면이나 뒷면이 나올 확률은 여전히 1/2이다. 동전 던지기와 같이 순전히 확률에 의존하는 게임에서는 수많은 시행 횟수가 쌓여야 비로소 앞면과 뒷면이 대략 반반씩 나오는 경향을 보인다. 겨우 10번 던진 결과로 전체 경향을 예측하는 것은 잘못된 생각이다.

오히려 9번 연속으로 앞면이 나왔을 때, 동전의 균형 문제나 앞뒤 무게 차이 등의 요인으로 앞면이 자주 나올 수도 있다는 것을 생각해 보는 것이 더 논리적이다.

투자자들은 종종 주식 매매를 도박처럼 여기며, 큰 손실 후에 '이제는 수익이 날 때가 됐다'는 생각에 빠지곤 한다. 그동안의 손실을 빠르게 만회하려는 욕구 때문에 높은 레버리지로 과감히 베팅하기도 한다. 하지만 이는 파산의 지름길이다. 주식투자에서는 오히려 반대로 해야 한다. **매매가 원하는 방향으로 잘 진행될 때 거래 금액을 늘리고, 손실이 발생할 때는 거래 금액을 줄여야 한다. 그래야 자본을 지키고 파산을 피할 수 있다.**

거래가 잘 풀리지 않는데 금액을 늘리는 것은 오히려 더 큰 손실로 이어질 수 있다. 거래가 안 된다는 것은 현재 시장 상황이 좋지 않거나, 자신의 매매 방식이 승률이 낮거나 손익비가 좋지 않다는 신호일 수 있다. 이때 금액을 늘리면 손실 위험이 더욱 커진다. 아무리 철저하게 검증된 매매전략이라도 항상 성공할 수는 없다.

반대로, 매매전략이 잘 통한다면 거래 금액을 늘려도 좋다. 시장 상황이 우호적이고, 전략이 검증되었음을 의미하기 때문이다.

이런 자금 관리는 파산을 방지하고 성공적인 투자를 위한 기반을 마련해준다.

여기에 훌륭한 매매전략까지 더해진다면, 성공적인 투자자의 길에

한 걸음 더 다가선 것이다.

감정에 휘둘리지 않으려면 마치 기계처럼 매매할 필요가 있다. 이런 매매가 습관이 되려면 관심 종목의 진입 타이밍이 오면 매수하고, 원칙에 따라 매도하는 방식을 계속 반복해서 연습하면 된다. 그러다 보면 감정에 치우치지 않고 매매하는 습관이 자연스럽게 자리잡히게 될 것이다.

명심하길 바란다. 감정에 휘둘리는 순간, 당신은 패배의 길로 들어서게 된다.

주식에서 가장 중요한 것은 시장의 추세

놀라운 수익을 가져다줄 매매법을 찾는 것은 마치 파랑새를 찾는 것과 같다.

주식투자로 수익을 내려면 잘 다듬어진 섬세한 매매법보다 우선 시장의 추세를 따라야 한다는 기본원칙에 충실해야 한다. 상승장은 4개 종목 중 3개 종목이 오르지만, 하락장은 4개 종목 중 3개 종목이 하락한다.

과연 어떻게 투자하는 것이 더 좋을지 잘 생각해보자.

전미투자대회 챔피언인 마크 미너비니를 비롯해 널리 알려진 수많은 성공한 투자자들의 승률이 50%도 안 된다. 다만 이들은 일반인과 다르게 시장의 추세를 보는 능력이 탁월하다. 그래서 상승장에서는 최대한 투자수익을 거두고, 하락장에서는 모든 주식을 현금화하거나 최소한의 일부만 남겨둔다.

또한, 수익을 내는 포지션은 크게 키우고, 손실을 내는 포지션은 짧게 끊어낸다는 공통점이 있다.

5장

VMS 투자 원칙 14가지를 지켜라!
(올투의 투자법)

천재 투자자는 타고나는 것일까?
교육에 의해 재능이 길러지는 것일까?

터틀 트레이딩으로 유명한 리처드 데니스와 그의 파트너 윌리엄 에크하르트는 간단한 실험을 한다. 다양한 배경을 가진 사람들을 무작위로 모집해 선발한 후, 14일간 매매 방식을 교육했다. 이들을 '터틀'이라 불렀다. 많은 이들이 큰 성공을 거두었지만 일부는 기대만큼의 수익을 내지 못했다. 같은 교육을 받았음에도 터틀들의 수익률이 일관되지 않았던 이유는 손실에 대한 두려움, 규칙을 준수하지 않음, 리스크 감수 성향 등 다양한 요인이 있었다.

결국, 투자에 성공하려면 규칙을 철저히 지킬 수 있는 심리적 강인함과 주식 시장 및 투자전략에 대한 깊은 이해가 필수적이라는 것을 보여준다.

나는 강세장과 약세장을 모두 경험한 투자자다.
파산의 위기를 겪고 나서야 왜 많은 유명 투자자들이 파산을 통해 진정한 투자자로 거듭난다고 했는지 이해하게 되었다. 시장에 대해 겸손해지면서 철저한 원칙 준수, 자기 관리, 그리고 간절함이 생기기 때문이었다. 간절함이 극에 달했을 때, 나는 오히려 모든 감정이 차분해지는 것을 경험했다. 마치 기계가 된 것처럼 손절매를 하거나 익절매를 해도 아무런 감정이 없었고, 그저 원칙에 따라 움직이는 로봇처럼 행동했다. 그때부터 충동적인 매매에서 벗어나기 시작했고, 계좌의 수익도 점차 불어나기 시작했다.

이제 나의 매매원칙을 알려주고자 한다.
이 원칙들은 내가 개발한 것이 아니라 성공한 수많은 투자자들의 방식을 통해 익힌 것이다. 그들 역시 이런 추세 추종 전략이 많은 사람들의 학습곡선을 단축하는데 도움이 되기를 바랐고, 나 또한 같은 마음이다. 이제부터 설명하는 매매원칙은 앞에서 등장했던 투자방법의 축소판이라고 할 수 있다. 주식 경력이 있거나 공부를 한 투자자라면 '뭐가 이렇게 간단해?' 또는 '이건 누구나 다 아는 내용 아니야?'라고 반문할 수도 있다.

하지만, 리처드 데니스가 그의 제자 터틀들에게 동일하게 14일간 교육했지만 결과가 달랐던 것처럼, 간단한 원칙이라도 얼마나 철저히 지키느냐에 따라 계좌잔고는 크게 달라질 것이다. (참고로, 터틀이 사용한 매매 방식도 추세 추종 전략 중 일부다.)

발명기법에 '더하기 기법'이 있다. 각 물건의 장점을 합쳐 새로운 물건을 발명해내는 방식이다. 에디슨의 전구는 약 80년 전의 전구를 기반으로 발명될 수 있었다.

　내 매매원칙도 이와 같은 원리다. 추세 추종 전략을 기반으로, 많은 부를 쌓은 여러 유명 투자자들의 매매법을 바탕으로 한다. 월가의 영웅으로 유명한 피터 린치의 PEG를 바탕으로 기본적 분석을 하며, 마크 미너비니, 윌리엄 오닐 등의 추세 추종 매매전략을 통해 기술적 분석을 한다. 나는 이 매매법을 VMS^{Value Momentum System}라 이름붙였다.

　성공한 투자자들이 모두 한 목소리로 동일한 투자 원칙을 강조하는 데는 이유가 있으며, 이는 국내 증시에서도 마찬가지다. 이제 이 원칙을 지켜 수익을 내는 것은 오로지 이 글을 읽는 여러분의 역량에 달려 있다.

　'추세 추종 매매전략'이 생소한 투자자라면 이 매매법을 실행하는 과정에서 상당한 고통을 느낄 수 있다. 왜냐하면, 이 전략은 우리의 본성을 거스르기 때문이다. 특히 손절매와 불타기(주가가 평균 단가보다 오른 종목을 추가 매수하는 것)가 그렇다.

　만약 여러분이 이 매매원칙을 따라 하다 보면, 본능적으로 규칙을 어기고 싶은 충동이 자주 들 수 있다. 그러나 수많은 연습을 통해 본성을 극복하고 오로지 원칙에 집중한 매매를 할 수 있게 된다면, 성공적인 투자자로 한 걸음 더 나아가게 될 것이다. 이것은 실패하는 90%의 매매 방식에서 벗어나는 길이기도 하다.

　즉, 본능에 따라 매매하며 실패하는 90%에 속할 것인지, 본성을 역행하여 성공하는 10%의 투자자가 될 것인지는 여러분의 선택에 달려 있다.

추세 추종 매매전략을 따르는 것은 결코 쉽지 않다. 대부분의 성공한 투자자들조차 한 종목당 매매 성공률이 40~50%에 그쳤다. 하지만 이들은 시장의 추세를 면밀히 관찰하고, 기회가 왔을 때 이익은 길게 가져가며 손해는 빠르게 끊어내는 방식으로 큰 부를 이뤘다.

권위 있는 투자대회인 전미투자대회에서도 대부분의 우승자가 이 전략을 사용할 정도로 주식투자에서 매우 효과적인 방식으로 평가받고 있다. 따라서, 투자로 수익을 내기 위해 이 전략을 꾸준히 반복하고 손실을 받아들이는 훈련이 필요하다. 이를 통해, 본능을 억누르고 규칙에 충실한 매매를 할 수 있기 때문이다.

추세 추종 매매전략의 기본 뼈대는 다음과 같다.

- 추세를 따르라.
- 손절은 짧게 하라.
- 익절은 길게 하라.

간단해 보이지만 쉽지 않은 원칙이다. 하지만 수많은 투자자가 이런 전략으로 부를 거머쥐었다는 사실을 잊지 말아야 한다.

지금부터 '추세 추종 매매전략'을 따르며 반드시 지켜야 할 VMS_{Value Momentum System} 투자 원칙의 핵심 14가지를 알아보자.

VMS 원칙 1단계

시장지수의 추세가 우상향일 것

- ☑ 30주 이동평균선 위에 시장지수가 위치해 있을 것
- ☑ 30주 이동평균선이 상승하고 있을 것
- ☑ 상승 추세선을 이탈하지 말 것
- ☑ 시장지수가 전저점을 깨지 말 것

찰스 다우는 주식 시장이 일정한 패턴과 흐름을 따르며 상승 추세, 하락 추세, 횡보(보합) 추세로 나뉜다고 보았다. 여기서 상승 추세는 주가의 고점과 저점이 지속적으로 높아지는 것을 말하며, 반대로 하락 추세는 주가의 고점과 저점이 낮아지는 것을 말한다. 다음 그림을 통해 살펴보자.

상승 추세에 놓인 주가는 저점이 지속적으로 높아지므로 저점과 저점을 연결해 상승 추세선을 그릴 수 있으며, 반대로 하락 추세에 있는 주가는 고점이 지속적으로 하향하므로 고점과 고점을 이어 하락 추세

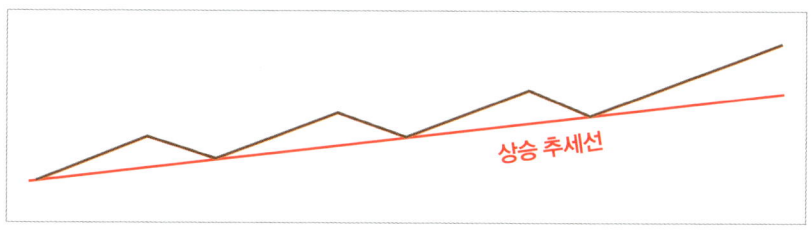

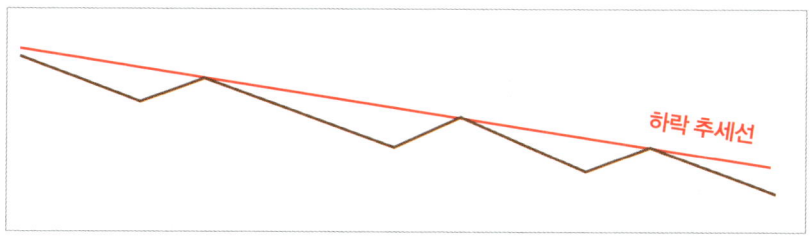

선을 그릴 수 있다.

만약 시장지수가 하락 추세, 즉 약세장에 있을 때는 대부분의 매매 전략이 통하지 않는다. 오늘 최저가에 매수한 주식이 내일 최고가가 되는 아이러니한 상황이 발생하기도 한다. 따라서 이럴 때는 시장의 추세에 역행하기보다 매매를 쉬고 참고 기다리는 것이 자산을 지키는 길이다.

나의 투자 원칙은 시장에서 가장 인기 있고, 주가 상승률이 우수하며 성장 가능성이 높은 기업에 투자하는 것이다. 그러나 이런 기업조차 약세장에서는 힘을 발휘하지 못하고 주가가 지속적으로 하락하는 경우가 많다.

따라서 시장지수의 추세를 면밀히 살피며, 추세가 긍정적인 신호를 보낼 때에만 적극적으로 주식을 매수하는 것이 중요하다.

┃ 코스피 주봉 차트 ┃

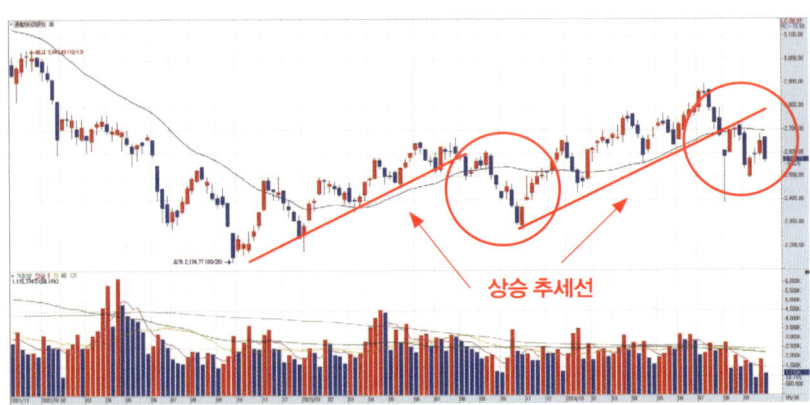

위 코스피 주봉 차트에서 동그라미로 표시된 부분을 보면, 상승 추세선과 30주 이동평균선을 이탈한 것을 확인할 수 있다. 이런 상황에서는 시장에 대한 경계심을 높이고, 가능한 한 보수적인 매매를 하거나 모든 주식을 현금화하는 것이 좋다. 시장 추세가 하락으로 전환되었다는 판단이 들면 항상 경계를 유지하며 주가의 움직임을 주의깊게 살펴본다.

이는 1997년, 2000년, 2008년, 2020년에 모두 유사하게 나타났던 현상이다. 이 시기에 시장이 약세장으로 전환되자 많은 사람들은 저가 매수의 기회로 여기며 주식을 매수했다. 그러나 시장은 끝을 알 수 없을 만큼 하락을 이어갔고, 이로 인해 수많은 투자자들이 큰 손실을 보았다.

따라서 시장지수가 약세장으로 접어들었다고 판단될 때는 언제까지 하락이 지속될지 예측하기 어려우므로 경계를 유지해야 한다. 지수가 전고점을 회복하며 30주 이동평균선 위로 안정적으로 올라설 때, 다시 주식 비중을 점진적으로 늘려나가는 것이 바람직하다.

이와 관련하여, 2008년 금융위기 이후 코스피 차트를 예로 들어보겠다.

▎ 2008년 금융위기 당시 코스피 주봉 차트 ▎

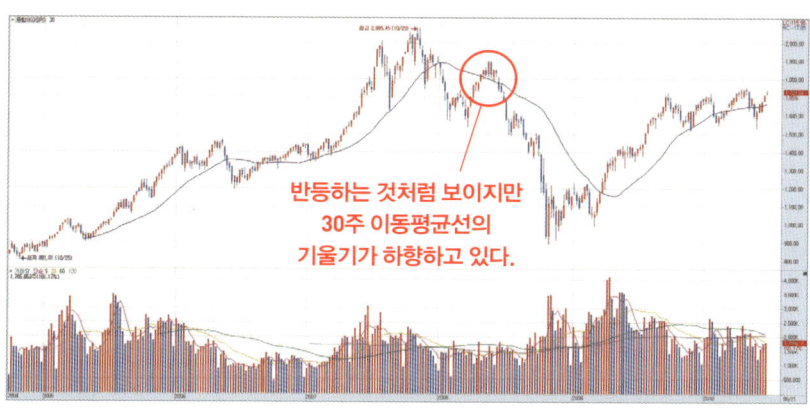

2007년 코스피 지수는 2,085포인트에서 시작해 금융위기를 맞으며 892포인트까지 급락했다. 지수가 50% 이상 하락했으니, 대부분의 기업 주가는 그보다 더 큰 폭으로 떨어진다.

당시 코스피 차트를 보면, 2007년 말에 지수가 30주 이동평균선을 이탈하며 1차 경고 신호를 보냈다. 이후 지수가 반등을 시도했으나 30주 이동평균선의 기울기가 이미 하락세로 돌아섰기 때문에 코스피는 30주 이동평균선 부근에서 강한 저항을 받고 다시 하락했다. 그 후 코스피는 여지없이 급락하여 결국 반토막 이상으로 떨어졌다.

마찬가지로 2024년 8월 5일 블랙먼데이 당시 코스피는 상승 추세선을 깨고 내려왔다.

많은 투자자들은 이를 일시적인 조정이라 여기고 하락한 주식을 매수했지만, 이후 계속된 급락으로 인해 심각한 재정적 어려움을 겪는다.

▮ 2024년 8월 2일 코스피 추세 이탈 이후 지수의 움직임 ▮

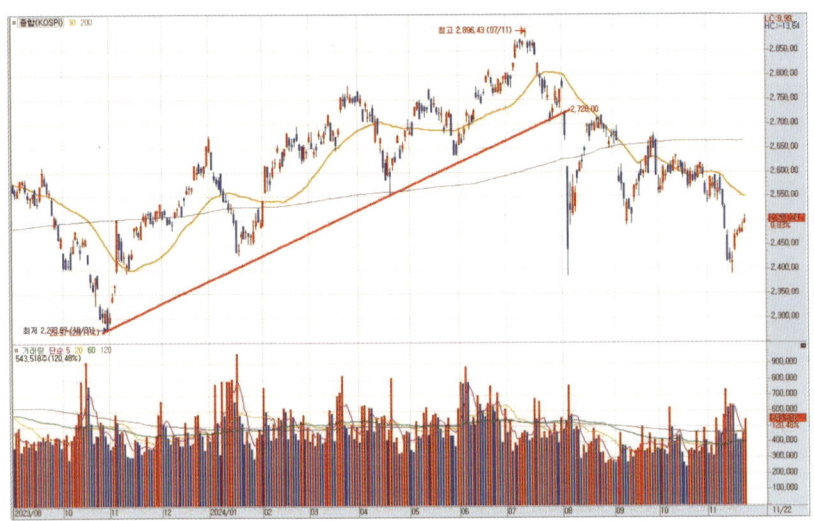

VMS 원칙 2단계

향후 미래의 예상 주당순이익 성장률이 높을 것

- ✅ 컨센서스에서 미래의 영업이익, 매출액, 당기순이익, 주당순이익 예상 성장률이 높을 것

나는 주식을 매매할 때, 특별한 경우를 제외하고는 컨센서스상 실적이 꾸준히 성장하는 기업의 주식을 매수한다. 그동안 급등했던 테마주를 제외하고, 주가가 5배에서 10배 이상 상승한 주식들의 공통점은 EPS(주당순이익)가 놀라울 정도로 성장했다는 점이다.

예를 들어, 주가가 크게 오른 삼양식품의 컨센서스를 살펴보자.

삼양식품의 컨센서스를 보면, 2023년 대비 2024년에 놀라운 매출 성장률을 기록하고 있다. 또한, 2026년까지 단 한 번의 이익 감소도 없이 꾸준한 성장이 예상되는 기업이다.

▌삼양식품 컨센서스 ▌

재무연월	매출액 (억원)	YoY (%)	영업이익 (억원)	당기순이익 (억원)	EPS (원)	BPS (원)	PER (배)	PBR (배)	ROE (%)	EV/EBITDA (배)	주재 무제 표
2020.12(A)	6,485.1	19.30	953.4	672.1	8,922	45,472	11.32	2.22	21.46	6.62	IFRS연결
2021.12(A)	6,420.3	-1.00	653.6	563.5	7,480	51,826	12.67	1.83	15.38	9.38	IFRS연결
2022.12(A)	9,090.4	41.59	903.8	797.9	10,593	60,733	11.99	2.09	18.92	9.58	IFRS연결
2023.12(A)	11,929.1	31.23	1,475.1	1,262.6	16,761	75,732	12.89	2.85	24.81	9.62	IFRS연결
2024.12(E)	16,521.6	38.50	3,297.1	2,618.1	34,755	109,168	14.44	4.60	37.97	10.23	IFRS연결
2025.12(E)	19,629.6	18.81	3,936.2	3,103.0	41,192	148,695	12.19	3.38	32.27	8.16	IFRS연결
2026.12(E)	23,433.0	19.38	4,715.2	3,730.1	49,517	196,643	10.14	2.55	28.96	6.37	IFRS연결

* (A)는 실적, (E)는 컨센서스

▌삼양식품 차트 ▌

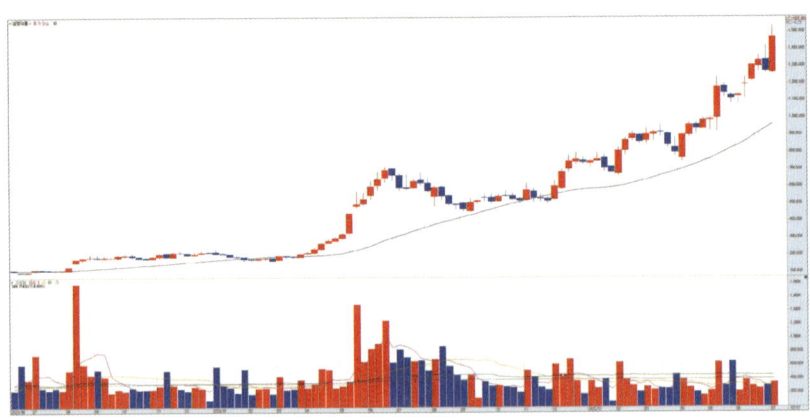

다음으로 효성중공업의 컨센서스를 살펴보자.

효성중공업 역시 컨센서스를 보면, 2023년부터 2026년까지 EPS가 큰 폭의 성장을 지속할 것으로 예상된다. 이런 성장성을 바탕으로 2023년 당시 10만원대에 불과했던 효성중공업의 주가는 크게 올라 2년 만에 100만원을 넘기며 황제주에 등극했다.

효성중공업 컨센서스

재무연월	매출액(억원)	YoY(%)	영업이익(억원)	당기순이익(억원)	EPS(원)	BPS(원)	PER(배)	PBR(배)	ROE(%)	EV/EBITDA(배)	주재무제표
2020.12(A)	29,839.7	-21.09	440.7	-222.1	-2,382	94,889	N/A	0.66	-2.48	14.32	IFRS연결
2021.12(A)	30,947.0	3.71	1,200.7	576.1	6,178	100,113	9.44	0.58	6.34	8.97	IFRS연결
2022.12(A)	35,101.4	13.42	1,432.5	102.2	1,096	104,660	71.20	0.75	1.07	9.45	IFRS연결
2023.12(A)	43,005.7	22.52	2,578.4	1,159.8	12,438	116,050	13.02	1.40	11.29	7.42	IFRS연결
2024.12(E)	48,250.8	12.20	3,350.9	1,745.9	18,723	131,232	18.67	2.66	15.17	10.27	IFRS연결
2025.12(E)	53,354.9	10.58	4,617.2	2,604.1	27,928	156,504	12.51	2.23	19.44	7.45	IFRS연결
2026.12(E)	59,128.8	10.82	5,632.0	3,333.9	35,754	189,191	9.78	1.85	20.71	5.81	IFRS연결

*(A)는 실적, (E)는 컨센서스

효성중공업 차트

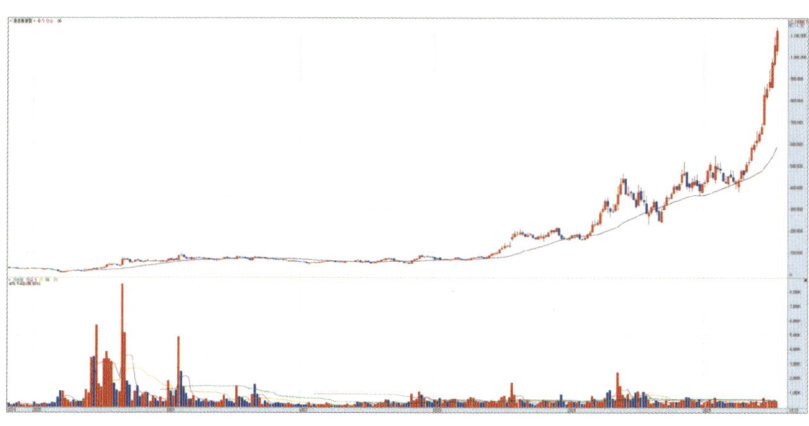

그러나 이런 미래 성장성이 담보된 컨센서스 없이 단순 테마로 오를 경우, 기관이나 외국인의 꾸준한 매수세가 붙을 수 없다. 이런 테마주는 대개 주가가 지속적으로 오르는 힘이 약하며 테마가 소멸되는 순간 주가는 급락하는 경우가 많다.

2024년 한강 작가의 노벨문학상 수상이 알려지며 관련 테마주들이 갑자기 급등하기 시작했다. 밀리의 서재 등 출판 관련업 주가들이 고공행진을 했다. 하지만 이 기업들의 컨센서스를 살펴보면, 하나같이 정체되어 있는 상황이었다. 해당 주식들은 시장에서 소외되어 있었으며, 기업의 당기순이익에 비해 시가총액은 매우 낮아 저PER주에 속해 있었다. 그러다가 한강 작가의 노벨문학상 소식에 주가가 급등하기 시작한다. 그러나 이렇게 성장성이 뒷받침되지 않고 일회성 테마로 주가가 오른 기업의 주가는 오래가지 못하며, 결국 원상태로 돌아온다. 당시 밀리의 서재 차트를 함께 살펴보자.

┃ 단기성 테마로 주가가 올랐던 밀리의 서재 차트 ┃

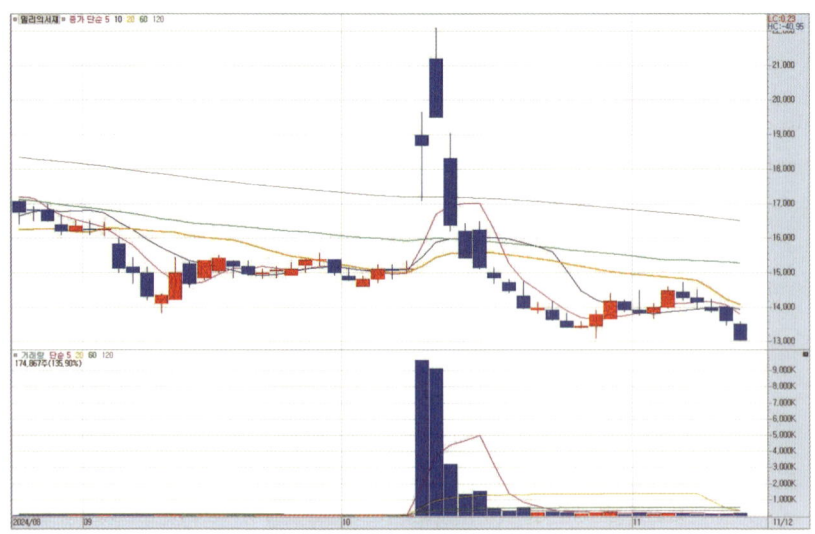

밀리의 서재 PER을 살펴보면, 2024년 11월 14일 기준 6.6배에 해

당한다. 즉 6.6년 후에 밀리의 서재의 시가총액만큼 당기순이익을 거두는 기업이다.

▮ 밀리의 서재 PER, PBR ▮

밀리의서재 418470	12월 결산		PER	12M PER	업종 PER	PBR	배당수익률
KOSDAQ 코스닥 기타서비스	FICS 미디어		6.60	8.03	-	1.98	-

밀리의 서재 기업의 PER이 낮은 이유는 성장성이 뒷받침되는 기업이 아니라서, 주가가 오르지 않기 때문이다. 컨센서스를 살펴보자.

▮ 밀리의 서재 컨센서스 ▮

재무연월	매출액(억원)	YoY(%)	영업이익(억원)	당기순이익(억원)	EPS(원)	BPS(원)	PER(배)	PBR(배)	ROE(%)	EV/EBITDA(배)	주재무제표
2020.12(A)	192.3	75.32	-49.1	-48.2	-800	1,305			-46.92		GAAP개별
2021.12(A)	288.6		-145.1	-348.4	-5,658	-12,638			92.75		IFRS별도
2022.12(A)	458.3	58.82	41.7	133.5	2,033	1,148			-35.39		IFRS별도
2023.12(A)	565.7	23.44	104.1	145.4	2,059	6,881	8.38	2.51	44.55	8.24	IFRS별도
2024.12(E)	725.0	28.15	125.5	138.0	1,629	8,471	8.35	1.61	21.28	3.62	IFRS별도
2025.12(E)	835.5	15.24	148.5	144.5	1,700	10,171	8.00	1.34	18.24	2.33	IFRS별도
2026.12(E)	931.5	11.49	172.5	166.0	1,953	12,130	6.96	1.12	17.52	1.21	IFRS별도

*(A)는 실적, (E)는 컨센서스

컨센서스를 살펴보면 2024년, 2025년, 2026년이 되도록 당기순이익이나 EPS가 약간씩 성장은 하지만 폭발적인 성장성을 기대할 수 없다. ROE는 꾸준히 15% 이상을 유지하고 있으나, 차트를 보면 밀리의 서재 기업의 주가는 이에 화답하지 못하고 있다. 왜냐하면 미래 성장성이 낮아 시장에서 소외된 기업이기 때문이다.

> **VMS 원칙 3단계**

조정을 거치며 일정한 패턴을 만들고, 돌파 시 강한 거래량

✅ 급등하던 주가가 어느 순간 조정을 거치며 손잡이 달린 찻잔, 또는 변동성 축소 패턴을 만들고 돌파 시 강한 거래량(최근 50일 내 가장 큰 거래량)을 동반할 것

대부분의 급등하는 주식은 (작전주나 테마주를 제외하고) 쉬지 않고 급격하게 오르기만 하지 않는다. 예를 들어, 앞서 제시한 효성중공업 차트를 보더라도 주가가 상승하다가 오랜 시간 횡보하는 구간이 나타나는 것을 볼 수 있다. 주가가 급격하게 상승할 때 매수하는 것이 위험한 이유다.

왜냐하면 매수한 시점부터 손잡이 달린 찻잔 패턴이나 변동성 축소 패턴과 같은 횡보 구간이 시작될 수 있기 때문이다. 관련해서 삼양식품의 차트로 살펴보자.

▎삼양식품 차트 ▎

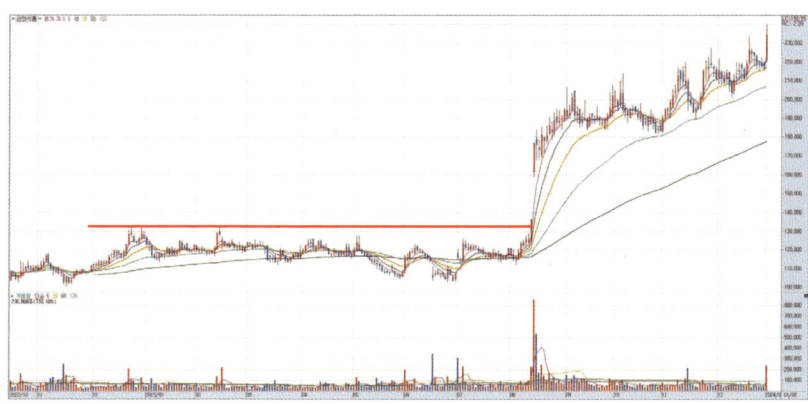

삼양식품은 긴 횡보를 마치고 주가가 상승하기 시작했다. 이처럼 긴 횡보를 벗어날 때(저항선 돌파 시점) 매수하지 못했다면, 잠시 지켜보는 것이 좋다. 왜냐하면, 차트에서 보듯이 손잡이 달린 찻잔 패턴의 둥근 바닥처럼, 건전한 베이스(심약한 개인투자자를 떨쳐내는 구간)를

▎삼양식품 매수 이후 차트 ▎

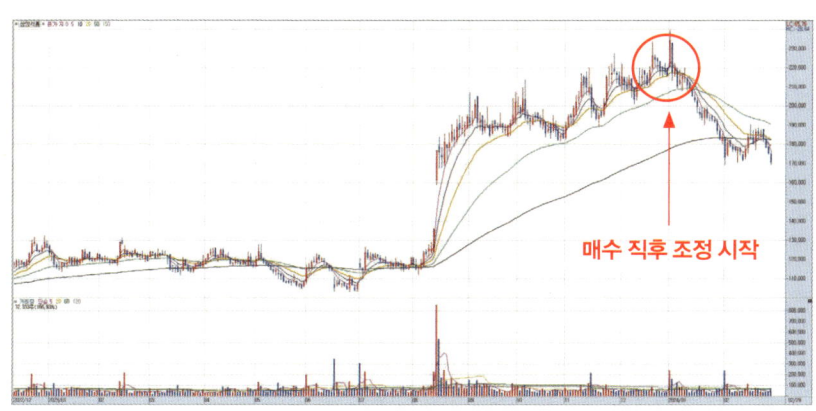

5장 VMS 투자 원칙 14가지를 지켜라!(올투의 투자법) **277**

형성하지 않고 상승하는 주가는 언제 조정이 올지 예측하기 어렵기 때문이다. 만약, 주가가 오르는 것을 참고 기다리지 못하고 이런 구간에서 매수했다면 어떤 결과가 생기는지 살펴보자.

삼양식품의 차트를 보면, 매수 직후 갑작스러운 큰 조정이 시작되는 모습이다. 그러나 급격히 상승하던 종목이 조정을 거치며 베이스 구간을 형성한다. 일반적으로 고점 대비 40% 정도의 하락까지는 건전한 조정으로 간주한다. 삼양식품 역시 주가 급등 이후 약 30% 정도 하락하며 건강한 베이스 구간을 만들었다. 이렇게 건강한 베이스를 형성한 주식은 이후 심약한 투자자들을 떨쳐내며 손잡이 달린 찻잔 패턴을 만들어가는 경향이 있다.

▮ 건전한 베이스 구간 형성하는 모습 ▮

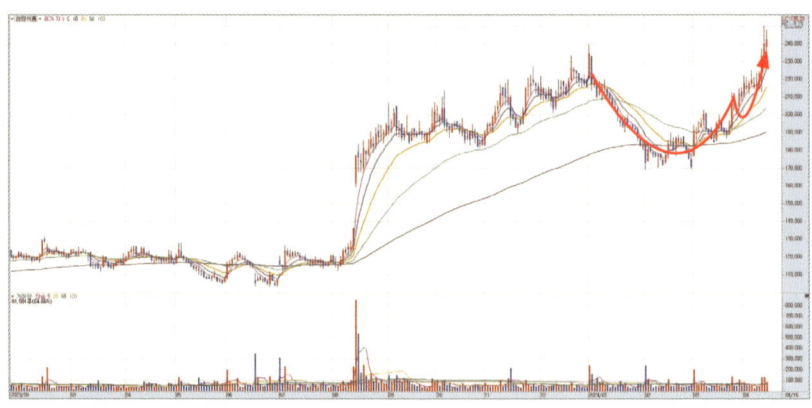

위처럼 건전한 베이스를 형성한 이후 돌파가 나타날 때 매수하는 것이 더 안전하다. 이후 주가의 추이를 차트로 확인해보자.

❙ 건전한 베이스 형성 이후 돌파를 한 삼양식품 주가 ❙

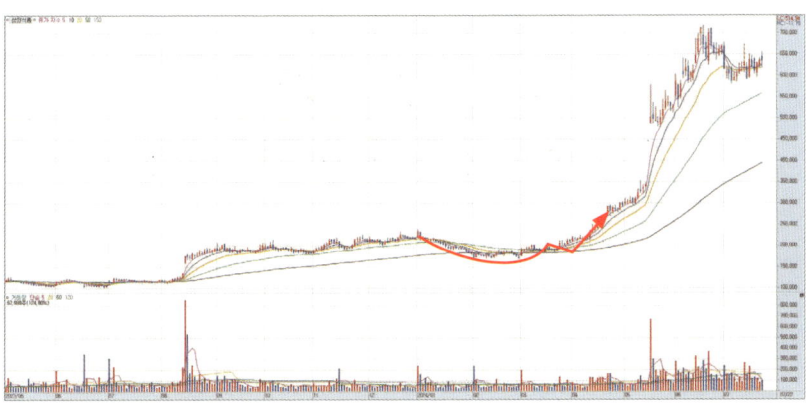

또한, 거래량이 뒷받침되지 않은 돌파는 이후 상승분을 반납하며 주가가 다시 하락할 가능성이 있다. 거래량은 해당 종목에 대한 시장의 관심과 인기를 나타내는 지표이기 때문이다. 예를 들어, 사과 한 개의 가격을 10명이 합의해서 정하는 것과 1,000명이 합의해서 정하는 것은 신뢰도 면에서 차이가 난다. 마찬가지로, 거래량이 뒷받침된 돌파라면 더 많은 사람들이 그 가격을 지지한다고 볼 수 있다.

주가는 상승할 때 거래량이 많고, 하락할 때 거래량이 적은 것이 이상적이다. 만약 주가가 하락할 때 거래량이 크게 증가한다면, 그 주식은 피하는 것이 좋다.

> **VMS 원칙 4단계**

돌파 순간 주가는
역사적 신고가 구간일 것

- ✅ 52주 신고가, 또는 역사적 신고가 구간에 근접할 것
- ✅ 앞에 매물이나 저항이 없을 것

주가가 손잡이 달린 찻잔 패턴이나 변동성 축소 패턴처럼 건전한 베이스를 형성한 후 저항선을 돌파할 때, 해당 구간이 역사적 신고가이거나 이에 근접한 위치에 있어야 강한 상승을 기대할 수 있다.

기업의 실적도 중요하지만, 결국 주가를 결정짓는 것은 매수와 매도의 힘이다. 매수세가 더 강하면 주가는 상승하고, 매도세가 더 강하면 주가는 하락한다.

일반적인 개인투자자의 매매심리를 예로 들면, 주가가 1만원인 주식을 보유한 상태에서 주가가 하락하기 시작하면 매도 타이밍을 놓쳐 결국 장기 보유하는 경우가 많다. 이후 주가가 다시 8천원에서 9천원 사이로 회복되면 본전이나 약간의 이익을 기대하며 보유를 지속한다(컵의 둥근 베이스를 만들며 전고점 부근으로 주가가 회복). 그러나 다시

주가의 조정이 시작(손잡이 형성 부근)되면 손해가 더 커지는 것이 두려워 손해를 감수하고 매도한다. 이런 잠재적 매도자들이 모두 매도를 마친 이후에는 조금만 강한 매수세가 들어와도 주가가 강하게 오를 수 있다. 이런 원리에 따라 손잡이 달린 찻잔이나 변동성 축소 패턴이 형성되기도 한다.

이런 예시를 차트로 살펴보자.

┃ 효성중공업 주가 ┃

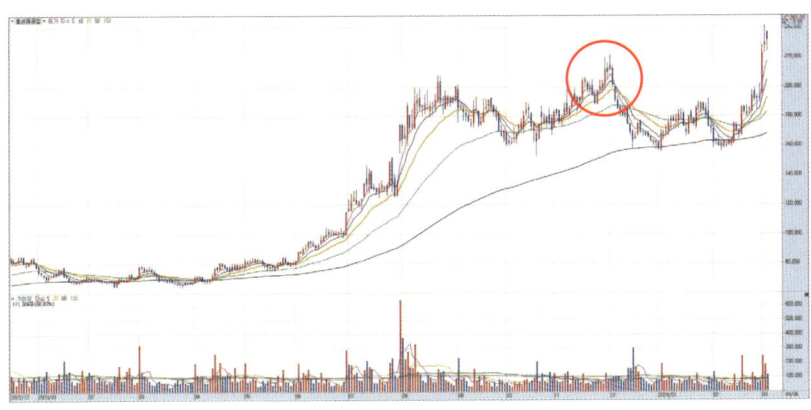

위 차트에서 동그라미 부분에서 매수한 투자자라면 이후, 하락하는 주가를 보며 일찍 매도하지 않은 것을 후회하게 될 것이다. 또한 본전이나 약간의 이익이 생기면 반드시 팔겠다고 다짐한다. 이는 주가가 오를 때마다 이런 매도 물량이 언제든지 나올 수 있는 상태임을 의미다.

| 이후 효성중공업 주가 |

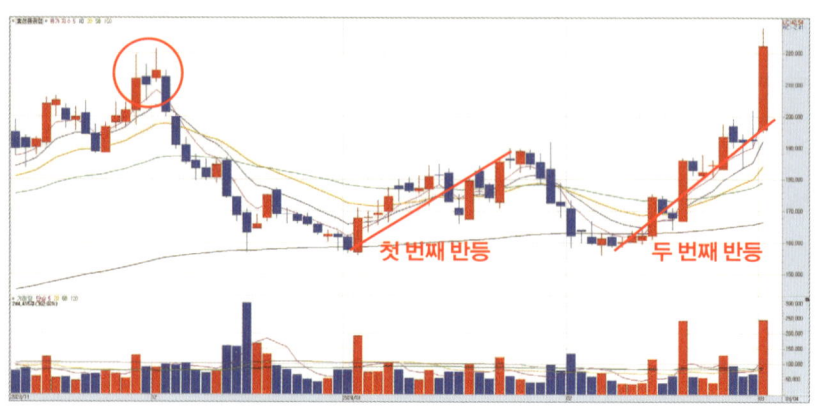

　차트를 좀 더 확대해서 살펴보면, 빨간 동그라미 부근에서 매수한 이후 주가는 곧 하락하기 시작한다. 이후 첫 번째 반등을 시도하며 상승하는 듯 보이지만, 다시 하락한다. 이를 본 투자자는 "반등했을 때 매도할걸!" 하고 후회하게 된다. 이후 두 번째 반등이 나타나자, 오랜 기간 주가 하락에 스트레스를 받아온 일부 투자자들은 주가가 다시 하락할까 두려워 약간의 손해를 감수하고 매도한다.

　이런 매도 물량이 어느 정도 소진되면, 소량의 매수세만으로도 가파른 주가 상승이 가능해진다. 이후 강한 거래량과 함께 주가는 역사적 신고가를 기록하게 된다. 이전에 매수했던 투자자들의 잠재적 매도 물량이 대부분 사라진 상황에서, 현재 주식을 보유한 사람 중 손실을 보고 있는 사람은 거의 없다.
　매도하려는 사람이 없는 주식은 어떻게 될까?

주가가 오르는 가운데 심약한 일부 투자자만 중간중간 매도할 뿐, 전체적으로는 매수세가 매도세를 압도한다. 이런 매물대가 없는 역사적 신고가 구간은 주가가 가파르게 상승할 수 있는 유리한 조건을 갖춘다. (기억하자! 효성중공업은 최소 저항선 돌파 이후 주가가 단기간에 5배 이상 오르며 황제주에 등극했다.)

따라서 건전한 베이스를 완성하고 역사적 신고가를 돌파하는 주식이라면 매수를 고려해 볼 만하다. 앞서 예로 들었던 미국의 엔비디아를 비롯해 단기간에 저점 대비 10배 이상 상승한 주식들은 대부분 건전한 베이스를 형성한 후 역사적 신고가에 도달한 이후 급등하는 경우가 많았다.

VMS 원칙 5단계

돌파하는 것을 확인 후 매수할 것

- ☑ 만약 종목을 늦게 발견해 당일 주가가 돌파 이후 5% 이상 올랐을 때는 매수를 자제할 것
- ☑ 돌파 순간 매수와 돌파 후 5% 이상 가격에서 매수하면 벌써 평균단가가 약 5% 차이가 난다. 이런 경우, 단기조정이 나올 때 정신적인 측면에서도 부담이고 7% 손절매가 자주 나온다.

나는 보통 20%에서 보유 물량의 일부를 익절매하고, 7%에서 손절매를 한다. 그러나 돌파 시점에 매수하지 못하고 주가가 상당히 오른 뒤에 매수하게 되면, 다음 날 조정이 올 경우 손절매 기준인 7%를 터치하는 경우가 많다.

'LS Electric'의 차트를 보면 변동성이 점차 줄어들다가 결국 그 변동성을 돌파하며 역사적 신고가를 달성하는 모습이다. 저항선을 돌파하는 가격대에 매수했다면, 다음 날 일시적인 조정이 와도 손절매 기준인 7%를 유지할 수 있을 것이다. 그러나 뒤늦게 발견해 당일 고점

▌LS Electric 차트 ▌

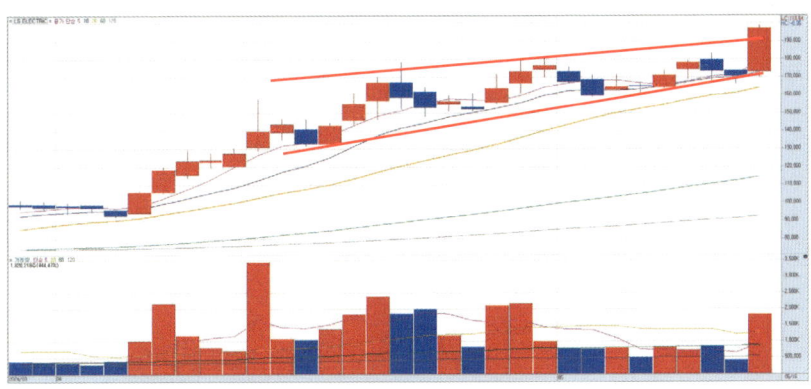

에서 매수했다면, 다음 날 장 초반 이어진 조정으로 인해 7% 손절매에 도달할 가능성이 높다.

만약 해당 종목이 성장성이 좋고 건전한 베이스를 형성한 상태에서 강하게 돌파했다면, 늦게 매수한 경우 손절매 기준을 다소 높이는 것도 고려할 수 있다. 예를 들어, 위 사례에서는 손절매 기준을 −10%까지 높이는 방법이다. 다만 손절매 기준을 높이는 것은 리스크를 감수해야 하므로, 투자자의 상황 판단이 중요하다.

이런 기업은 미리 관심 종목에 편입해 두고, 돌파 시점의 가격대에 자동 매수 주문을 걸어두는 것이 좋다. 이런 종목을 발굴하는 요령으로는 앞서 언급한 역사적 신고가 종목 검색 방법을 참고하여, 역사적 신고가를 달성했거나 달성하려는 종목 중 건전한 베이스를 형성한 종목을 선별하는 것이다. 관심 종목을 매일 정리하고, 돌파 시점에 진입하기 위해 준비하는 것이 필요하다.

> **VMS 원칙 6단계**

시장지수 대비
지수상대강도(RS)가 높을 것

✅ 시장지수가 하락하는데 주가는 횡보하거나 상승하는 종목을 찾을 것

지수상대강도RS는 차트를 볼 때 제가 가장 중요하게 여기는 부분이다. 대부분의 대박주들은 시장이 약세장에 접어들었을 때도 횡보하거나 오히려 주가가 상승하는 등 높은 RS 점수를 보여왔다.

일반적으로 지수가 3% 하락하면 개별 종목은 10% 정도 하락한다. 그러나 지수가 하락하는 동안에도 특정 종목의 주가가 오르거나 횡보를 유지한다면, 그 종목은 높은 RS 점수를 가진 셈이다.

지수상대강도RS가 중요한 이유는 종목의 주가가 매수세와 매도세의 힘겨루기 속에서 결정되기 때문이다. 강한 지수 하락에도 불구하고 주가가 버텨준다면, 특정 메이저 세력의 강한 수급이 있음을 짐작할 수 있다. 이런 강한 수급이 있는 종목은 상승장이 시작될 때 다른 종목보다 더 강하게 주가가 오르는 경향이 있다.

따라서 차트를 볼 때는 항상 지수와 비교하여 개별 종목의 상대적

움직임이 어떤지 살펴보는 것이 중요하다.

개별 종목 차트와 지수 차트를 동시에 볼 수 있도록 설정하는 방법은 앞서 소개한 바 있다.

▌코스닥 지수보다 강한 상승 움직임을 보여주고 있는 차트 ▌

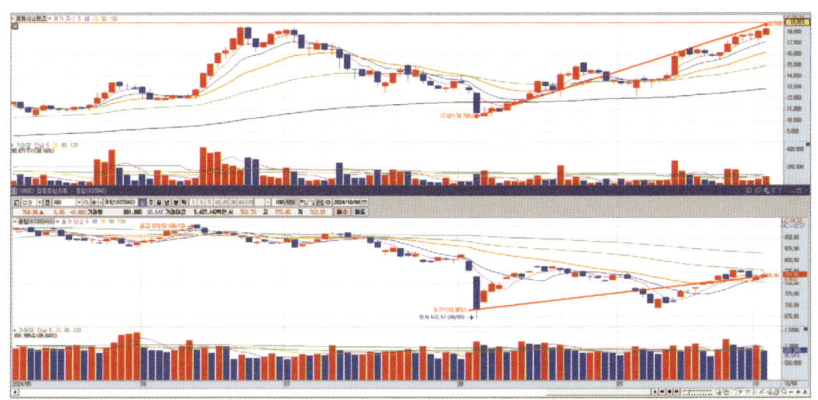

VMS 원칙 7단계

익절은 길게, 손절은 짧게

☑ 예상대로 움직이지 않으면 겸허히 내 판단이 잘못되었음을 인정하고 손절매한다.

워런 버핏은 장기 투자자로 잘 알려져 있지만, 그의 성공 역시 주식투자의 기본 원칙인 '익절은 길게, 손절은 짧게'를 지켜냈기 때문이다.

코카콜라처럼 수익성 높은 기업은 장기 보유하여 수익을 최대화했고, 델타항공이나 IBM과 같이 손실을 보게 된 종목은 과감히 손절했다. 또한, 2024년 새롭게 편입했던 화장품 기업인 울타 뷰티의 경우 보유기간이 채 3개월도 되지 않았다.

나는 수익이 20%에 도달하면 보유 주식의 절반을 매도하고, 나머지는 어디까지 오를지 지켜보는 편이다. 대신 손절매는 7% 이내로 끊거나, 최대 10%를 넘기지 않는다. 만약 돌파한 이후 거래량이 실린 음봉이 나타나며 돌파했던 양봉의 상승분을 모두 잡아먹는 경우에는 돌파 실패로 간주하고, 손절매를 한다. 손익비를 유지해야 지속적인 투자 수익을 누릴 수 있기 때문이다. 일반적으로 투자자들은 손익비보다 평균 승률에 집중하는 경향이 있다. 그래서 승률을 높이기 위해 작은 수익에도 익절을 하고, 손실이 나는 종목은 반등을 기대하며 그대로 두는 경우가 많다. 하지만 중요한 것은 평균 승률이 아니라 손익비다. 손실은 짧게 끊어내고, 수익은 크게 키운다면 장기적으로 안정적인 투자를 할 수 있다.

주식투자로 성공한 마크 미너비니, 윌리엄 오닐 등 유명한 투자자들도 매매 성공률은 40~50% 정도에 불과하다. 그러나 이들 모두 한결같이 '익절은 길게, 손절은 짧게'라는 원칙을 지켰다는 공통점이 있다.

투자에서 수익을 내기 위해 손익비를 높이는 것이 중요하다. '평균 손절 금액' 대비 '평균 익절 금액'이 커야 하며 이를 지속적으로 반복해야만 안정적인 투자 수익을 거둘 수 있다. 또한 주식매수 이후 주가가 하락하는 경우, 반등을 기대하며 보유하다가 추가적인 하락으로 이어지는 경우가 많다. 이는 투자자가 알지 못하는 회사 내부 사정이나 향후 실적 부진 가능성이 원인일 수 있다.

무엇보다 중요한 것은 수익을 내는 것보다 자산을 지키는 일이다. 투자 자산을 지켜야 다시 재투자를 통해 자산을 복리로 불려갈 수 있기 때문이다.

그러나 많은 투자자들은 특정 종목과 사랑에 빠져, 오직 기업의 장

❚ '익절은 길게, 손절은 짧게' 투자 원칙을 지킨 예 ❚

| 매매일 | 순손익금액 | 매수단가 | 매매일 | 순손익금액 | 매수단가 |
종목명	수익률	매도단가	종목명	수익률	매도단가
2021-02-05	7,744,618 49.45%	261 391	2022-10-05	3,466,928 37.43%	188 260
2021-02-15	6,033,888 29.68%	16,550 21,514	2022-10-05	-1,022,389 -5.56%	28,150 26,650
2021-01-25	4,970,359 23.15%	992 1,225	2022-10-06	-226,579 -1.27%	87,400 86,500
2023-04-13	16,687,318 35.23%	10,180 13,795	2023-04-20	11,363,278 36.17%	44,116 60,200
2023-04-13	-208,418 -1.63%	5,954 5,870	2023-04-20	7,603,307 25.04%	326,474 409,075
2023-04-13	-1,276,140 -5.51%	16,599 15,719	2023-04-20	415,554 4.94%	6,580 6,920
2024-01-03	10,145,876 40.10%	91,650 128,650	2024-04-05	5,112,144 23.10%	38,272 47,204
2024-01-03	-1,442,387 -3.66%	375,857 362,800	2024-04-05	2,234,626 7.98%	19,409 21,000
2024-01-03	-396,040 -1.24%	158,500 156,833	2024-04-05	-852,846 -4.10%	16,767 16,110

밋빛 전망만 바라보며 악재를 무시하는 경향이 있다. 또한, 손실이 계속되는 종목을 아무런 대처 없이 지켜보기만 한다면, 결국 손실을 복리로 키우는 셈이다. 만약 주가가 예상과 다르게 하락한다면, 과감히 손절매하고 주식의 향후 움직임을 면밀히 관찰해야 한다.

흔히 투자자들이 범하는 실수 중 하나가 손실 중인 종목에 더 많은 자금을 투입하는 물타기다. 이는 인간의 본성에 따른 행동으로, 대부분의 투자자가 따르기 쉽다.

하지만 본성에 따라 매매하면 결국 90%의 실패하는 투자자에 속하게 된다. 성공한 투자자들은 물타기를 하지 않고 오히려 불타기를 선택한다. 일반 투자자들과 반대로 행동하는 것이 성공투자의 핵심 전략이다.

나 역시 원칙적으로 손실 중인 종목은 손절가에 도달하면 과감히 손절매하고 추가 자금을 투입하지 않는다. 반대로, 주가가 상승하는 종목이 이후에 새로운 베이스를 형성하고 돌파하는 패턴(손잡이 달린 컵 또는 변동성 축소)이 나타난다면 추가 매수를 고려한다.

VMS 원칙 8단계

제일 중요한 것은 파산 리스크 관리

☑ 종목 수는 4개에서 6개 종목으로 하되, 투자금을 한 번에 넣지 말 것

주식투자 시 가장 궁금한 점 중 하나는 '몇 개의 종목을 보유해야 하는가'다.

많은 투자자들이 지나치게 많은 종목에 분산투자하는 것을 경계하지만, 그렇다고 한 종목에 집중투자하는 것도 크게 위험한 일이다. 한 종목에 자산을 몰아 넣었다가 큰 손실을 보는 투자자들이 많기 때문이다. 주식투자에서 우리가 특히 명심해야 할 것은 수익을 내는 것보다, 어떻게 하면 손실을 줄이고 자산을 지킬 수 있을지를 고민하는 것이다.

개인투자자라면 시장을 주도하는 최고의 종목을 골라 4~6개 종목에 분산투자하는 것이 적당하다. 예를 들어, 4개의 종목에 각각 자산의 25%씩 투자한다면, 한 종목의 주가가 하락해도 전체 자산에 대한 손실은 제한적이다. 주가가 오를 것이라는 기대가 있더라도, 언제나

하락 가능성을 고려한다. 완벽한 매매법은 없으며, 예기치 않은 위기가 언제든지 자산에 타격을 줄 수 있다. 그래서 수많은 성공한 투자자들이 자산 관리의 중요성을 강조하는 것이다.

또한, 시장을 주도하며 실적이 폭발적으로 성장하는 최고의 주식에 투자해야 지수가 하락해도 손실을 덜 입게 되며, 이익은 더 극대화할 수 있다. 종목수를 50개 이상 나눠서 분산투자하게 된다면 지수를 추종하는 ETF보다 더 나은 성과를 거두기는 어렵다.

한 종목에 집중투자하는 것보다 4개 종목에 나누어 투자하는 것이 상대적으로 안정적이긴 하지만, 모든 종목에서 손절이 발생할 가능성도 염두에 둔다.

예를 들어, 100만원을 4개 종목에 25만원씩 투자한 상황에서, 4개 종목 모두 10% 손절이 발생했다고 가정해보자. 한 종목당 최대 손실은 전체 자산의 2.5%로 제한된다. 많은 투자자들이 손실 노출을 줄이는 것을 권장하는데, 예를 들어 마크 미너비니는 최대 위험 노출을 1.25~2.5%로 제한할 것을 추천한다. 특히 경험이 적은 투자자일수록 손실 위험 노출을 줄이는 것이 중요하다.

손실 위험 노출을 줄이는 방법은 두 가지다.

첫째, 손절 규모를 줄이는 것이다. 예를 들어, 손절 기준을 10%에서 5%로 줄인다면, 한 종목당 손실 위험 노출은 1.25%로 낮아진다. 가령, 100만원을 4개의 종목으로 나눠 25만원씩 투자했을 경우, 손실 위험 노출은 25만원의 5%인 1만 2,500원에 해당한다.

둘째, 초기 투자 금액을 한번에 투자하지 말고 점진적으로 투입하는 방법이다. 이 방법은 특히 주식 초보자에게 안정적인 접근 방식이다. 예를 들어, 각 종목에 25%씩 투자하기로 결정했다면 처음에는 각각 12.5%만 투자하고 나머지 자금은 현금으로 보유하는 것이다. 이렇게 하면 10% 하락을 손절매 기준으로 잡았을 때 한 종목당 손실 위험 노출은 1.25%에 불과해 상대적으로 안정적이다.

반대로 주가가 상승하는 상황을 가정해보자.

4개 종목 중 2개는 손절이 발생해 매도했지만, 나머지 2개 종목은 주가가 상승해 각각 25%와 30%의 수익률에 도달했다. 이 경우, 총 원금 100만원 대비 약 5.1%에 해당하는 51,250원의 이익이 발생한다. 이는 초기 자산 보호에 대한 안전마진이 생긴 셈이며, 향후 비중을 높여 투자하더라도 원금 손실 위험이 줄어든다는 의미다. 다음 표를 통해 예시를 확인해보자.

❙ 1차 매매 ❙

종목	투자금	최종 금액	수익률
A종목	125,000원	116,250원	−7%
B종목	125,000원	116,250원	−7%
C종목	125,000원	156,250원	25%
D종목	125,000원	162,500원	30%
총 금액	500,000원	551,250원 + 남은 현금 50만원	5.1%

1차 매매로 51,250원이라는 안전마진이 생겼으니 이제 보유하고 있던 현금 50만원 중 10만원을 추가로 매매에 투입한다. A와 B종목은 손절이 나왔으므로, E종목과 F종목으로 교체한다. 다음 표를 보면 4개의 종목에서 모두 7% 손절이 발생하더라도 여전히 0.56% 수익을 기록하게 되며, 초기 자산인 100만원에서 손실 없이 자산을 지켰다.

▎2차 매매 ▎

종목	투자금	최종 금액	수익률
E종목	116,250원	108,113원	−7%
F종목	116,250원	108,113원	−7%
C종목	156,250원 + 50,000원	191,813원	−7%
D종목	162,500원 + 50,000원	197,625원	−7%
총 금액	551,250원 + 새로운 투자금 10만원	605,664원 + 남은 현금 40만원	0.56%

주식 매매에서 수익이 나기 시작하면 추가 매수를 고려한다. 그러나 매수 타이밍은 언제나 신중해야 한다. 추가 매수의 기준은 주가가 52주 신고가 구간이거나, 이에 근접한 위치에서 손잡이 달린 찻잔 패턴이나 변동성 축소 패턴이 형성된 후 돌파할 때다.

예를 들어, 다음의 카카오 차트를 보면 주가가 상승하던 도중 손잡이 달린 찻잔 패턴이나 변동성 축소 패턴을 형성한 후 돌파하는 진입 시점이 여러 번 나타났다.

┃ 카카오 매수 자리 ┃

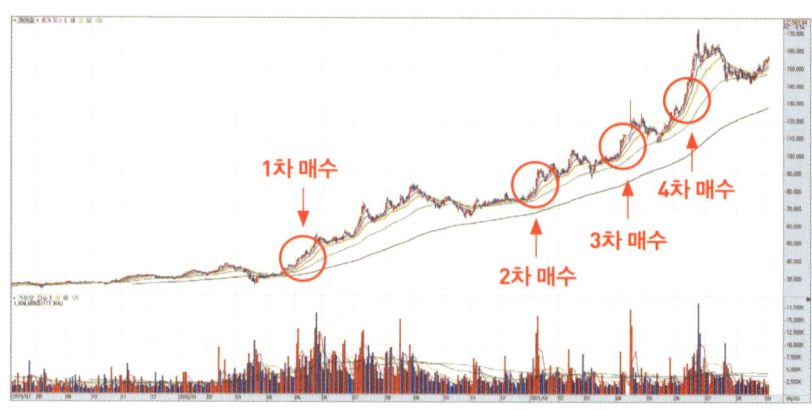

　윌리엄 오닐은 보수적인 투자자에게는 수익이 나는 상황에서 주가가 다시 베이스를 형성한 후 돌파할 때 불타기 매수를 권했고, 덜 보수적인 투자자에게는 매수한 직후(손잡이를 돌파하는 순간) 주가가 2~3% 오르면 자신의 판단이 옳았음을 믿고 추가로 매수할 것을 권했다.

　다만 평균 매수가가 너무 빨리 높아지지 않도록 두 번째 매수 때는 투자 금액을 줄여야 한다.

　가령 1차에 100주를 매수했다면 2차엔 65주를 사는 것이다. 이후 주가가 1~2% 더 상승한다면 더 적은 자금을 투자해서 추가로 35주를 더 산다. 단 첫 매수가 대비 5% 이상 주가가 오르면 이때는 불타기를 하면 안 된다. 평균단가가 높아져 정상적인 조정에 발목이 잡힐 위험이 커지기 때문이다.

하지만 우리의 목표는 자산을 최대한 지키는 것이므로, 특히 주식 초보자라면 초기 자본을 적게 투자하고 우선 수익을 내어 안전마진을 확보하는 것이 중요하다. 수익이 나기 시작하면 그때부터 추가 매수를 고려하는 것이 좋다. 이렇게 하면, 앞의 표에서 보듯이 모든 종목에서 7% 손절이 발생하더라도 이전 거래에서 얻은 수익금이 소중한 자산을 지켜줄 수 있기 때문이다.

> **VMS 원칙 9단계**

PEG 〈 1배일 것
(PEG = PER / 향후 3~5년간 평균 성장률)

✅ 피터 린치가 개발한 PEG는 성장주의 가치를 측정하는데 아주 중요한 지표다. 검증 결과 국내 증시의 경우 PEG가 1배보다 크면 대부분의 주가는 더이상 상승하는데 많은 부침을 겪었다.
(시장이 명확한 강세장일 때는 PEG 〈 1.5배까지 허용한다.)

추세 추종 매매전략을 사용하는 대부분의 해외 유명 투자자들은 PER을 거의 고려하지 않으며, PEG를 신경 쓰지 않는 경우도 많다. 다만, 주가가 너무 급격히 올라 PER이 단기간에 과도하게 높아지면 그때부터는 경계하는 편이다.

그러나 주식투자를 위해 기업을 분석할 때, 주가가 견고한 성장성을 갖고 있는지는 매우 중요한 요소 중 하나다. 주가가 미래 성장성을 바탕으로 상승하기 때문이다.

2020년과 같이 유동성이 풍부한 시장이라면 PER이나 PEG를 크게 신경 쓸 필요가 없다. 많은 주식들이 기업의 실제 성장성보다 주가가 더 급등하는 경우가 많아서, 지나치게 PER이나 PEG에 집착하면 주가 상승에 따른 수익을 온전히 누릴 수 없기 때문이다. 하지만 이런 유동성이 풍부한 시장은 자주 찾아오는 것이 아니다. 거의 10년에 한 번꼴로 출현한다.

따라서 우리는 기업의 성장성에 더 주목해야 한다. 특히, 기업의 성장성 대비 현재의 PER이 합당한지에 대해 적정한 가치를 산출해본다. 기업의 성장성이 좋아도 주가가 오를지 확신할 수 없는데, 성장성마저 낮은 기업이라면 투자 가치가 없기 때문이다.

특히 미국은 유동성이 풍부하고 빅테크 기업들이 자리잡고 있어 PEG가 1.5배를 넘거나 PER이 높은 기업들이 많다. 그러나 국내 증시의 경우 PEG가 1배를 넘는 기업들은 주가 상승률이 크게 떨어지는 경향이 있다.

따라서 투자할 기업을 선택할 때, 주가가 견실한 베이스를 형성하고 돌파하는 종목의 PEG가 어떤지를 고려해보는 것이 좋다. 실제로 대부분의 급등주들은 처음 역사적 신고가를 달성할 당시 PEG가 0.5배 이하였던 경우가 많다. 이런 종목들은 약간의 조정을 거치며 지속적으로 우상향했고, 주가가 10배까지 상승한 사례도 많았다.

PEG를 계산하는 방법은 앞서 설명했지만, 다시 살펴보자.

PEG = PER / 향후 3~5년간 평균 성장률

예를 들어, 향후 3~5년간 성장률이 100%인 종목의 현재 PER이 50배라면, PEG = 50 / 100으로 0.5에 해당하며 매수 대상이 된다. 성장률에 비해 PER이 현저하게 낮기 때문이다.

피터 린치는 PER이 50이라면 향후 연평균 50% 성장해야 한다고 말했다. 이런 PEG는 기업의 PER이 성장률에 비해 적절한지 판단하는 유용한 지표다. 향후 성장률은 에프앤가이드 상장기업분석(https://comp.fnguide.com)에서 기업명을 검색해 컨센서스를 확인하면 쉽게 구할 수 있다.

앞서 컨센서스 확인 방법에 대해 설명했다. 보유한 기업의 PEG가 1배를 넘는지 확인하길 바란다.

> **VMS 원칙 10단계**

매도는 원칙에 따라
칼같이 할 것

- ☑ 주가가 5일 이동평균선 밑으로 하락할 때 1/2 매도, 10일 이동평균선 밑으로 하락할 때 나머지 모두 매도할 것
- ☑ 목표 수익률인 20% 달성 시 보유 물량의 50% 매도 후, 나머지는 주가가 어디까지 오르는지 살펴볼 것

매도는 흔히 '예술'이라고 표현될 만큼 어려운 기술이다.

50% 수익률을 자랑하던 주식이 매도 타이밍을 놓치면 며칠 만에 잔고가 마이너스로 돌아설 수도 있기 때문이다.

매도 결정은 크게 세 가지 경우로 나눌 수 있다.

첫 번째 | 목표 수익률에 도달할 경우

나는 20~25% 수익을 목표로 삼지만, 시장 상황에 따라 유연하게 조정한다. 시장이 좋지 않다고 판단되면 더 낮은 목표 수익률로 설정

하고, 반대로 강세장에서 주식이 빠르게 상승한다면 더 오랫동안 보유하는 것도 고려할 수 있다. 하지만 수익 목표를 달성한 후에는 과도한 욕심을 부리지 않는 것이 중요하다.

두 번째 수익이 나는 주식이 강하게 상승할 때 분할 매도

주가가 가파르게 오를 때 일부를 매도해 수익을 실현하고, 남은 지분은 추가 상승을 기대하며 보유하는 방식이다. 이 방법은 심리적 안정감을 주기 때문에 내가 선호하는 매도 전략이다. 물론, 주가가 계속 오를 때 매도하지 않으면 더 큰 수익을 얻을 수 있지만, 반대로 주가가 하락하게 되면 후회로 심리적 타격을 받을 수 있다.

따라서 주가가 급등할 때 일부 수익을 실현하고 남은 주식으로 수익을 극대화하면, 주가가 하락할 경우에도 손실을 제한할 수 있는 안전장치가 된다.

세 번째 매도 신호가 나올 때 보유 주식을 모두 매도

거래량이 실린 음봉 등 주가가 하락할 가능성이 높은 신호가 나타날 때 모든 주식을 매도한다. 주가의 상승 추세가 꺾이거나 거래량이 급증하면서 주가가 하락하는 경우 특히 주의한다. 다음과 같은 신호가 보이면 부분 매도 또는 전량 매도를 고려한다.

▌거래량 실린 음봉 출현 ▌

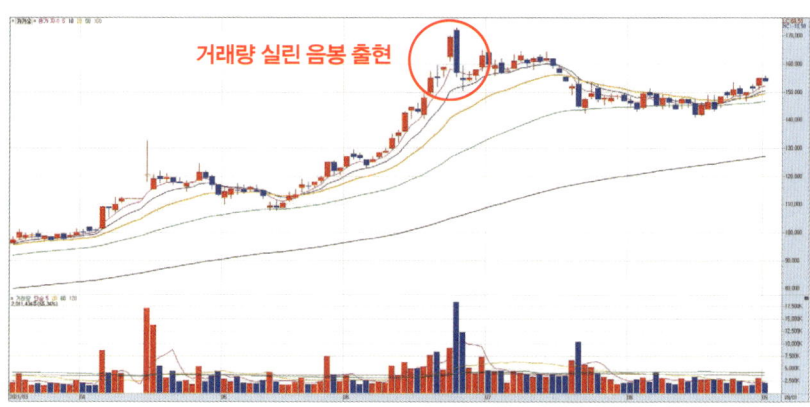

▌거래량 실린 음봉 출현 이후 차트 ▌

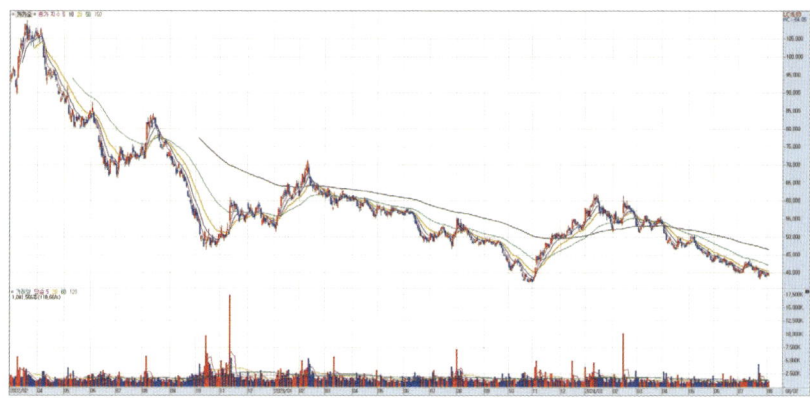

- **5일 이동평균선 이탈** : 주가가 5일 이동평균선을 하향 돌파할 경우 상승 모멘텀이 약해졌다고 판단해 보유 주식의 절반을 매도한다.

- **10일 이동평균선 이탈** : 주가가 10일 이동평균선을 하향 돌파하면 나머지 보

유 주식도 매도하는 편이다. 강한 상승세를 보이는 주식은 일반적으로 10일 이동평균선 위에서 조정을 받는 경향이 있다. (여기서 말하는 10일 이동평균선 이탈은 이틀 연속 10일 이동평균선을 회복하지 못하는 것을 의미한다. 단지 하루 이탈했다고 해서 매도하는 것이 아닌 다음 날 주가 움직임을 유심히 살펴야 한다.)

- **거래량 증가와 함께 하락** : 거래량이 급증하면서 주가가 하락할 경우 매도 신호로 간주한다. 특히 고점에서 발생하는 이 신호는 위험도가 높아, 이때는 보유 주식을 모두 매도한다.

이와 같은 매도 원칙을 지키면 수익을 극대화하는 동시에 손실을 제한하는 데 도움이 된다.

VMS 원칙 11단계

조정 후 돌파가 4번째 이뤄지는 돌파일 때는 신중히 접근할 것

┃ 4번째 돌파가 이뤄지는 예시 ┃

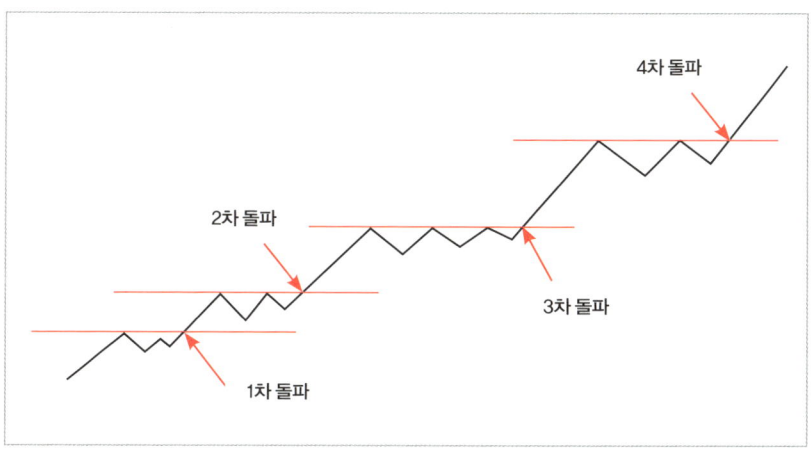

주가는 항상 위로만 오르지 않고 중간중간 조정 구간을 거치며 상승하는 특성이 있다. 그런데 이런 조정 후 돌파가 네 번째로 발생하는 경우, 주가가 이미 10배 가까이 오른 경우가 많아 투자자들의 매매 차익 실현 욕구가 상대적으로 크다. 예를 들어, 2020년 엄청난 EPS 성장을 기록하며 주가가 급등했던 '효성티앤씨'를 살펴보자.

세계 제1위 스판덱스 제조 기업인 효성티앤씨는 2020년 당시 엄청난 성장성을 자랑하면서 주가도 4번이나 베이스를 형성한 후 돌파하며 큰 폭으로 상승했다. 주가가 어떻게 변했는지 살펴보자.

┃ 효성티앤씨 차트 ┃

┃ 효성티앤씨가 4차 돌파 후 고점을 찍고 흘러내리는 차트 ┃

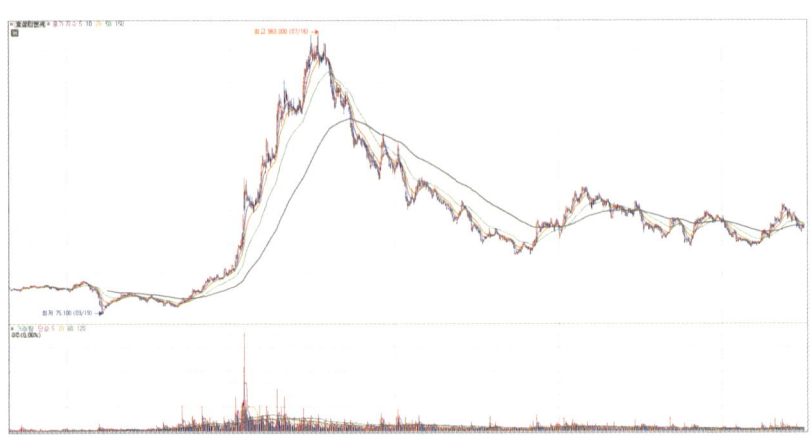

4차 돌파 이후 효성티앤씨는 963,000원의 고점을 찍고 나서 시장 흐름과 함께 하락세로 돌아섰다. 이후 재무제표에서 EPS(주당순이익)를 확인해보니, 2021년 이후 성장성이 크게 둔화되며 주가 상승세를 이어가지 못하는 모습을 보였다.

재무연월	매출액(억원)	YoY(%)	영업이익(억원)	당기순이익(억원)	EPS(원)	BPS(원)	PER(배)	PBR(배)	ROE(%)	EV/EBITDA(배)	주재무제표
2020.12(A)	51,616.2	-13.73	2,665.6	1,368.0	31,610	139,253	6.68	1.52	25.10	4.49	IFRS연결
2021.12(A)	85,960.3	66.54	14,236.5	7,703.6	178,008	329,152	2.93	1.58	76.22	2.05	IFRS연결
2022.12(A)	88,827.3	3.34	1,235.9	115.9	2,678	283,313	130.67	1.24	0.88	8.32	IFRS연결
2023.12(A)	75,269.2	-15.26	2,133.9	932.0	21,535	295,349	16.95	1.24	7.46	5.98	IFRS연결
2024.12(E)	77,842.9	3.42	3,297.0	1,776.6	41,051	327,661	8.31	1.04	13.22	4.23	IFRS연결
2025.12(E)	81,006.0	4.06	4,045.7	2,321.0	53,631	371,273	6.36	0.92	15.39	3.50	IFRS연결
2026.12(E)	84,823.8	4.71	4,690.0	2,815.0	65,046	428,047	5.24	0.80	16.32	2.93	IFRS연결

* (A)는 실적, (E)는 컨센서스

재무를 살펴보니 EPS(주당순이익)는 2020년 대비 2021년에 5배 이상의 성장률을 기록했지만, 2022년 이후로는 2021년 수준의 이익을 달성하지 못하고 있다.

> **VMS 원칙 12단계**

최소한 50일, 150일, 200일 이동평균선이 정배열이며, 200일선의 방향은 최소 2달 이상 위로 향할 것

- ✅ 50일 이동평균선 〉 150일 이동평균선 〉 200일 이동평균선
- ✅ 이동평균선이 정배열이고, 200일 이동평균선이 위를 향하고 있다는 것은 그동안 이 기업의 주가가 지속적으로 우상향해 왔다는 것을 의미하며, 동시에 앞에 매물대가 거의 없다는 뜻이다.
- ✅ 반면, 이동평균선이 역배열일 경우, 주가가 지속적으로 하락해 왔다는 의미이므로 갑작스러운 호재로 급등이 발생하더라도 앞에 쌓인 매물대가 많아 주가가 상승하기 어려울 수 있다.

다음 차트를 보면 현재 이동평균선이 역배열인 상황이다. 150일 이동평균선이 단 한 번도 200일 이동평균선 위로 올라서지 못하고 있으며, 200일 이동평균선의 방향도 하락을 가리키고 있다.

이는 주가가 지속적으로 하락해왔음을 보여주며, 이런 상태에서는

이동평균선이 역배열인 차트

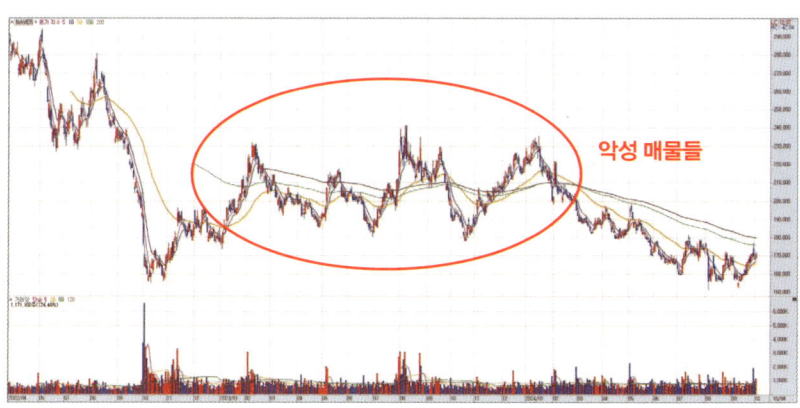

상승하기 위한 강한 모멘텀이 부족할 수 있다.

 대체로 이동평균선이 역배열인 차트는 보다시피 앞에 많은 악성 매물들이 쌓여 있다. 위 차트에서 주가가 상승하려면 이런 매물대를 모두 뚫고 올라설 수 있는 강한 매수세가 필요하다. 이는 주가가 결국 매수와 매도의 힘겨루기에 의해 결정되기 때문이다.

> **VMS 원칙 13단계**

베이스 구간을 돌파한 다음 날 조정이 나와도 손절 가격을 터치하지 않는 이상 인내심을 갖고 기다릴 것

- ✅ 베이스 구간을 돌파한다는 것은 상승 추세로의 전환을 알리는 신호다. 따라서 다음 날 이어지는 어느 정도의 조정은 감내한다.
- ✅ 그러나 만약 돌파 다음 날 더 큰 거래량이 실린 음봉이 연달아 나오며 상승폭을 모두 반납하고 20일선 아래로 하락하는 경우, 미련 없이 매도하는 것이 좋다. 주가가 강하게 오르는 종목은 대체로 이런 현상 없이 상승하는 경향이 크기 때문이다.

주가가 상승하다가 견고한 베이스(손잡이 달린 찻잔이나 변동성 축소 패턴)를 형성한 후 다시 돌파가 이루어졌다. 이에 따라 투자자는 원칙대로 매수한다. 그런데 다음 날 갑자기 강한 조정이 나올 수 있다. 이는 시장 상황이 나쁘거나 다른 요인이 있을 수 있지만, 이때 주의할 점은 매수가 대비 7% 손절 기준을 터치하지 않는 한 매도하지 말고 지켜보라는 것이다.

여러 투자자들과 이야기해보면, 리스크 관리가 중요하다는 말을 듣고 매수가 대비 3%만 하락하거나 본전에 도달하면 곧바로 손절하는 경우도 있다. 하지만 그동안 주가가 강하게 상승한 후 견고한 베이스를 형성하고 다시 역사적 신고가를 돌파한 종목은, 상승 추세를 다시 시작하는 종목이기에 대체로 상승할 가능성이 하락할 가능성보다 높다.

만약 돌파 후 1주일 내에 음봉이 3개 이상 발생하여 돌파한 양봉의 시가를 하회하는 큰 조정이 나온다면, 돌파 실패로 간주하고 해당 종목에서 일단 물러나는 것이 좋다. (202쪽 '돌파 실패로 간주해도 되는 3가지 원칙' 참고)

특히, 마지막날에 거래량이 실린 음봉이 나오며 지지선을 이탈한다면 실패할 확률이 더 높다. (지지선을 이탈하면 저항선으로 바뀜.) 그러나 이런 상황이 아닌 거래량이 적으며 음봉의 하락폭이 크지 않은 단기

| 돌파 이후 조정이 나온 차트 |

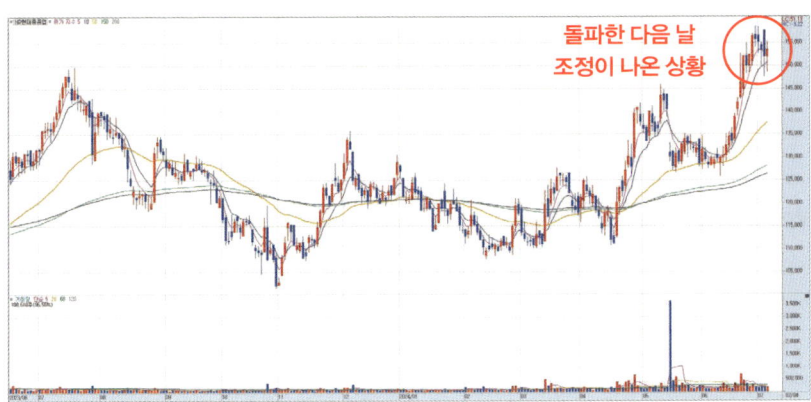

적 조정이라면, 투자자가 미리 설정한 손절금액을 터치할 때까지 기다려보는 것이 좋다. 왜냐하면, 돌파에 성공하면 저항선은 지지선으로 바뀐다. 이런 지지선은 거래량을 동반하며 강하게 이탈하지 않는 한, 돌파 직후 나오는 일시적인 조정으로 이후 주가가 다시 강하게 상승하는 경우를 많이 보았기 때문이다. (앞의 차트 참고)

앞의 차트에서 본전이나 3% 손절매 원칙으로 접근했다면, 바로 매도가 이뤄졌을 것이다. 그러나 조정 당시 거래량을 살펴보면, 강한 매도세가 나타난 것은 아니다. 이는 일시적인 조정으로 볼 수 있으며, 이런 경우 7% 손절 기준을 유지하면서 지켜보는 것이 더 유리하다.

이제 잠깐의 조정을 거친 주가의 향후 움직임을 살펴보자.

┃ 약간의 조정 이후 주가가 급등하는 차트 ┃

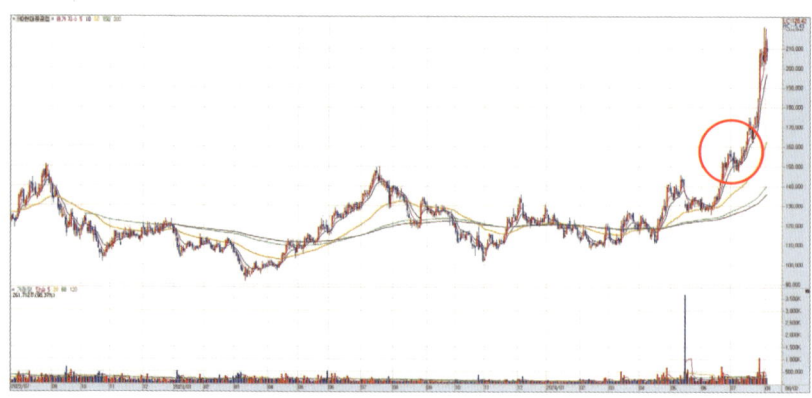

> **VMS 원칙 14단계**

마지막으로,
매일 점검해야 할 것들

✅ 보유 주식이 무럭무럭 자라나는가?

현재 보유하고 있는 주식이 별다른 이상 징후 없이 무럭무럭 잘 자라고 있는지 살펴야 한다. 장중에 점검을 못하더라도 장 마감 이후 반드시 살펴보며, 이상 징후가 있으면 그에 맞는 대응을 해야 한다.

투자자에게 놓여진 버튼은 그저 매수와 매도다. 그러나 이런 단순한 게임에서도 승자는 계속 승리하며 패자는 계속 패배한다. 그 이유는 대응의 유무다. 승자는 원리원칙에 입각하여 주가가 자신의 생각대로 움직이거나 반대라면 대응을 한다.

그러나 패자는 원리원칙이 없으며, 주식이 급락해도 반등에 대한 기도만 할 뿐이다. 그러다 시간이 지나면 호미로 막을 것을 가래로 막는 사태에 빠진다.

스탠 와인스타인이 말한 주식의 사이클이 있다. 기초 – 상승 – 최정상 - 쇠퇴인데 이중 주가의 막바지인 4단계에 주가가 돌입하면 이후 주가는 더욱 가파르게 하락한다.

따라서 주가의 움직임에 이상 징후가 느껴진다면 재빨리 매도로 대응해야 한다. 특히 자신의 투자금 원금을 훼손하고 있다면 이는 위험 신호로 더 빠르게 잘라낸다. 만약 초기에 잘라내지 못하고 손실이 커지게 되면, 그 손실은 더이상 통제불가능에 빠지게 된다. 만약 손실이 나고 있다면 최대 10% 이상 키우지 말기를 바란다.

더이상 손실이 커지게 되면 투자자가 거의 자포자기, 즉 제어할 수 없는 상태로 빠진다. 예를 들어, 1억에서 9천이 되면 상대적으로 자르기 더 수월하지만 손실이 5천까지 커지게 되면 그 손실이 아까워 더이상 매도를 할 수 없는 상태가 된다. 그러나 자칫 잘못하면 그 5천마저 지킬 수 없게 될지도 모른다.

52주 신고가 검색

주식투자자는 매일 52주 신고가를 검색해야 한다. 그 이유는 크게 3가지가 있다.

첫째, 신고가 앞에는 매물대가 없기 때문이다.

52주 신고가는 크게 2종류가 있다. 앞의 매물대와 1년 이상 멀어졌거나, 역사적 신고가에 해당하는 경우다. 신고가 앞에는 매물대가 없거나, 매물대와 거의 1년 이상 멀어져 있기 때문에 매물대의 힘이 약해 주가가 오르기 쉽다. 주가를 결정하는 것은 기업의 실적도 한 몫 하지만 결국 그 기업의 주식을 사는 강한 매수세가 있어야 오른다. 따라서 52주 신고가 또는 곧 52주 신고가에 도달할 종목을 매일 검색해서 체크하며 매수 타이밍을 본다. 매수 타이밍은 주가가 오르는 타이밍이 아닌 고점을 찍고 긴 조정을 그리며 패턴을 완성한 이후, 저항선을 돌파하는 순간이다.

둘째, 현재 시장에서 가장 핫한 트렌드가 무엇인지를 알 수 있다.

예를 들어, 52주 신고가에 방산 섹터가 많이 포진되어 있다면 현재 시장의 관심은 방산 섹터에 많이 몰려있음을 알 수 있다. 2023년에 에코프로를 필두로 이차전지 돌풍이 시작될 때 이차전지 종목들은 대부분 52주 신고가 또는 역사적 신고가를 달성했다. 즉, 시장의 관심은 현재 이차전지라는 것을 암시했고, 이를 눈치챈 투자자는 큰 수익을 거둘 수 있었다. 또한, 한미반도체가 역사적 신고가를 달성하며 주가가 오르기 시작할 때도 마찬가지다. 인공지능 반도체에 관한 수요로 인해 해당 종목 및 섹터가 실적이 좋을 것이라는 기대 및 시장의 트렌드를 확인할 수 있었다.

2024년 초 52주 신고가를 달성하며 급등을 했던 변압기도 마찬가지다. 급격한 구리 가격의 상승 및 해당 섹터의 실적이 워낙 잘 나왔기 때문에, 시장의 관심은 변압기 관련주에 몰렸으며 대부분의 전선 및 변압기 관련 주식은 주가가 크게 올랐다.

셋째, 현재의 시장 추세를 점검할 수 있다.

지수가 하락함에도 불구하고 52주 신고가가 52주 신저가보다 더 비율이 높은 경우가 있다. 이런 경우, 삼성전자 등 시가총액이 큰 몇 개 종목들의 하락이 지수 하락을 이끌었지만 그 외에 다른 수많은 종목들은 상승하고 있다는 의미다.

이렇게 52주 신고가 비율이 높다면 여전히 시장의 추세는 좋다라고 판단하며, 이런 신고가 비율이 60% 이하로 떨어지게 되면 그때부터 시장에 대해 경계하기 시작한다.

$$52주\ 신고가\ 비율 = \frac{52주\ 신고가\ 종목}{52주\ 신고가\ 종목 + 52주\ 신저가\ 종목}$$

지금껏 추세 추종 매매전략에 기반한 나의 매매원칙을 공개했다.

이중 하나라도 원칙을 어기면 매매가 어긋나고 수익을 반납하는 일이 많았다.

나는 이 원칙들을 지키며 자연스럽게 습득될 수 있도록 꾸준히 매매 연습을 했고, 이제는 매수나 매도를 하려는 순간 원칙 중 하나라도 어긋나 있으면 나도 모르게 손이 주춤거리게 된다.

여러분도 성장하는 좋은 기업을 선별하는 안목을 키우고, 주가가 많이 올랐던 차트를 눈에 익히길 바란다. 또한 이 원칙들이 몸에 익을 때까지 소액으로 반복 연습하길 권한다. 소액으로 연습해야 하는 이유는 명확하다. 주식투자에서 자금 관리, 즉 리스크 관리가 무엇보다 핵심이기 때문이다. 반드시 명심하길 바란다.

무엇보다 중요한 것은 잃지 않는 것이다. 특히 초보자라면 더욱 신중하게 매매를 진행하길 바란다.

6장

투자 슬럼프에 빠졌을 때 잘 빠져나오는 법

01

기회는 다시 온다.
우선 쉬어라

2022년, 나스닥이 급락하며 국내 증시 역시 큰 충격을 받았다.

당시 차트 분석과 급등주(세력주) 매매에 대한 자신감으로 가득 찼던 나는 이 어려운 시기에도 수익을 낼 수 있으리라 믿고 시장에 뛰어들었다. 하지만 나에게 익숙했던 차트 분석 방법들(골든크로스, 눌림목 매매, 20일선 매매)과 기업 분석 지표들(저PER, 저PBR, 고ROE)은 예상과 달리 통하지 않는 경우가 많았고, 손실은 눈덩이처럼 불어났다.

급등주 매매에서도 일시적인 수익을 얻었다가 큰 손실로 되돌아가기를 반복하면서 마음은 점점 조급해졌다. 이론적으로는 약세장에 대한 지식이 있었지만, 실제로 처음 맞닥뜨린 약세장 앞에서 괜한 오기가 발동했던 것 같다.

결국, 모든 것을 잃고 정신적으로도 크게 소진된 상태로 2023년을 맞이했다.

새해가 되면서 시장은 조금씩 회복세를 보였고, 특히 코스닥 시장은 이차전지를 중심으로 큰 상승을 기록했다. 마침 마크 미너비니의 〈초수익 성장주 투자〉 번역판이 출간되었고, 나는 그 책을 통해 희망의 한 줄기를 발견했다.

이후 니콜라스 다바스, 제시 리버모어, 윌리엄 오닐과 그의 제자인 길 모랄레스, 크리스 케쳐의 책들을 다시 읽으며 '추세 추종 매매전략'의 우수성을 깨닫게 되었다. 추세와 친구가 되기만 해도 좀 더 쉽게 수익을 낼 수 있었다.

이차전지 양극재 및 장비주, 그리고 변압기 관련주들이 상승세를 타기 시작했고, 재무나 차트를 바탕으로 세운 'VMS 원칙'에 따라 종목을 선정해 매매하니 이전에 보지 못했던 놀라운 수익률을 얻을 수 있었다. 동시에 단기적 급등주 매매에서 느꼈던 불안감에서 벗어날 수 있었다. 이를 통해 국내 주식 시장에서도 성장성 있는 기업에 대한 투자로 수익을 올릴 수 있다는 확신을 갖게 되었다.

당시 상승한 종목들을 검토해보니 대부분 시장지수를 크게 앞지르며 EPS(주당순이익)가 큰 폭으로 증가했고, 손잡이 달린 찻잔 패턴이나 변동성 축소 패턴을 형성하며 상승세를 이어가고 있었다. 그러다 2023년 7월, 코스닥 지수의 상승을 견인하던 이차전지 대장주 에코프로가 무너지며 관련 주식들이 하락하였고, 나는 코스닥 대장주가 약세로 전환된 것을 보며 시장에서 잠시 물러나기로 결심했다.

만약 2021년 코스피 지수가 추세선을 이탈하며 30주 이동평균선 아래로 내려갔을 때 시장에서 나가겠다는 원칙을 지켰다면 어떻게 되었을까?

  난 내가 세운 원칙을 어긴 대가로 엄청난 스트레스와 불안, 우울증까지 겪으며 소중한 자산을 잃어 버렸다. 이를 통해 시장의 추세에 순응하지 않는다면 그 대가는 혹독하다는 것을 절감할 수 있었다.

02
가장 자신 있는 매매기법 1가지를 사용하라

대부분의 투자자들은 마치 정답이 있는 수학 공식을 찾으려는 듯, 차트와 재무를 분석해 시장에서 답을 찾고자 한다. 손실이 발생하면 보조 지표나 검색 조건식을 지속적으로 변경하며 애꿎은 이유에서 손실의 원인을 찾는다. 시장에 존재하지 않는 절대 공식을 찾고자 더 복잡한 보조 지표나 새로운 매매방식을 찾아 나서기도 한다.

하지만 이렇게 복잡한 여러 가지 방법을 쫓다 보면 손실이 누적될 뿐 매매 실력은 좀처럼 늘지 않는다. 따라서 자신이 처한 상황과 성향 등에 맞는 단 하나의 매매기법만 사용하길 바란다. 여기서 말하는 매매기법은 철저한 검증을 거쳐 손익비가 뛰어난 기법이어야 한다.

주식에는 정답이 없기 때문에 투자자마다 각자의 매매 방식이 있다. 만 명의 투자자에게는 각기 다른 만 가지 투자기법이 있다고 할 정도다. 그러나 기업 분석을 통해 수익을 내던 투자자가 갑자기 수익이 안 난다고 급등주를 따라잡거나 데이 트레이딩을 시도한다면 과연 좋은 결과가 나올까?

데이 트레이딩은 완전히 다른 영역이다. 기업 분석과는 무관하며 당일 거래량이 커지며 변동성이 확대되는 종목에 뛰어들어야 한다. 단순히 유튜브나 책 몇 권을 읽고 당장 데이 트레이딩에 뛰어드는 것은 무모하며, 대부분 손실로 이어질 가능성이 크다. 머리로는 이해할 수 있지만 몸이 따라주지 않는 경우가 많기 때문이다. 이것은 마치 야구에서 타자가 공을 잘 치더라도 투수처럼 다양한 변화구를 던지지 못하는 것과 같다.

나 역시 데이 트레이딩 관련 책이나 기술적 분석, 기본적 분석에 관한 책을 읽고 유튜브를 통해 많은 지식을 익혔다. 그러나 실제 연습이 부족했던 탓인지 일시적인 이득이 가끔 생길지언정 손실은 누적되었다.

지금의 나는 내가 자신 있는 매매기법 외에 다른 방법으로 수익을 내려고 하지 않는다. 사실 한 가지 매매기법을 꾸준히 단련하고 익힌다는 것도 쉬운 일은 아니다.

'성공한 사람들의 공통점은 하나의 길을 계속 걸어가는 것이다.'
_존 맥스웰

자신이 신뢰하는 단 하나의 매매기법을 계속 연구하고 연습하며 검증하길 바란다. 이런 매매기법이 실전에서 안정적으로 통하기 시작할 때, 성공적인 투자자로 한 걸음 더 나아갈 수 있을 것이다.

03

자신 있는 매매기법으로
성공의 기쁨을 맛보라

슬럼프를 이겨내기 위해서는 자신 있는 매매기법으로 꾸준히 수익을 내는 것이 중요하다. 자신 있는 매매로도 수익을 내지 못하는 상황에서 새로운 방식을 시도한다고 성공 가능성이 높아지지 않는다.

예를 들어, 강속구에 강점이 있는 투수가 슬럼프에 빠졌다고 변화구만 던진다면, 과연 슬럼프를 극복할 수 있을까? 자신의 특기인 강속구로 타자를 삼진으로 잡아내며 다시 자신감을 되찾을 때 비로소 슬럼프에서 벗어날 수 있을 것이다.

나 역시 2022년 약세장에서 어려움을 겪었다. 시장에 맞선 혹독한 대가로 큰 손실을 보아야 했다. 이후, 러시아 전쟁으로 인한 테마주와 신고가 매매, 데이 트레이딩 등 여러 방법을 시도하며 수익을 내고자 했지만 시장의 극심한 변동성에 휘말려 손실만 쌓여갔다.

그러다 2023년 상반기, 이차전지 종목들이 코스닥 시장의 상승을 주도하며 시장이 살아났고, 나는 다시 매매원칙에 따라 수익을 내기 시작했다. 당시 코스닥은 이차전지 섹터의 견인으로 지수 자체는 오르고 있었지만, 상승 종목보다 하락 종목이 더 많은 비정상적인 흐름을 보였다. 이차전지가 시가총액 대부분을 차지하며 거래가 쏠렸기 때문에 지수는 상승했던 가운데 대부분의 다른 섹터 종목들은 주가가 하락하는 기이한 현상이 벌어졌다.

> **이차전지, 코스닥 상승 48.9% 기여···"쏠림 심화 주의해야"**
> 에코프로비엠, 에코프로, 엘엔에프 등 이차전지 테마의 강세로 시장 내 대형주 비중이 급증했고, 특히 코스닥 시장에서는 시장의 움직임이 일부 소수 종목으로 결정되는 쏠림 현상이 심화하는 것으로 나타났다. 이는 지난 2015년 바이오 쏠림과 비슷한 국면으로 투자자들의 주의가 당부된다.
> 25일 증권업계에 따르면 전날 코스피는 120개 종목만 상승하고 800여개 종목이 하락했다. 그럼에도 지수는 0.72% 오른 채 마감했다. 코스닥은 200개 상승, 1360여개 하락했지만 지수는 불과 0.50% 하락하는데 그쳤다. 이차전지 관련주에 투자자들이 몰려 지수 하락이 제한된 것이다.
> (이하 생략)

출처 : 서울파이낸스 2023. 7. 25

그러나 나는 지수를 이끄는 업종 선도주를 매매하겠다는 원칙을 고수했고, 이차전지 주도주 매매 덕분에 수익의 기쁨을 경험하며 다시금 투자에 대한 자신감을 회복할 수 있었다.

04 절대 조급해 하지 말고 원칙을 지켜라

투자를 하면서 손실이 누적되고 슬럼프에 빠질 때가 있다.

이럴수록 조급함을 버리고 마음을 차분히 가라앉히는 것이 중요하다. 조급해 하거나 무리하게 매매하면 이성적인 판단이 흐려지고 원칙을 어기게 된다. 그 결과가 어떻게 될지는 결국 계좌가 증명한다.

오히려 낮은 목표 의식을 갖고 편안한 마음으로 매매할수록 수익률이 높아지는 것을 경험할 수 있다. 손실이 났다고 해서 급하게 매매하지 말고, 차분히 수익을 쌓아가면 복리의 마법을 경험할 수 있을 것이다. 급할수록 돌아가라는 말처럼, 큰 한 방으로 손실을 만회하려는 도박사의 오류를 피하고 순리에 따르길 바란다.

만약 매매가 잘 풀리지 않는다면 자신만의 루틴을 만들어보는 것도 좋다. 손실이 발생했다면, 매매 프로그램을 잠시 닫고 차를 마시거나 명상, 음악 감상 등을 통해 평정심을 되찾자. 손실을 만회하겠다는 마음에 조급해져서 무리한 매매를 하다 보면, 평균적인 투자자와 마찬가지로 손실을 볼 확률이 높아진다.

우리가 할 수 있는 유일한 것은 스스로 마음을 다스리는 것이다. 주가는 예측할 수 없지만, 평정심을 가지고 매매하는 것과 조급한 상태에서 매매하는 것의 결과는 하늘과 땅 차이다.

나 역시 한때 급등주 매매에 몰두하며 하루에 20% 급등한 주식을 보고 대부분의 자산을 투입했지만, 곧 주가가 급락해 총자산의 40%가 손실 난 경험이 있다. 공포에 질려 어떻게 해야 할지 몰라 멍해진 채로 주가를 지켜보았고, 재무제표를 검토한 후 손절을 선택했다.

결국 그 주식은 며칠 후 거래정지에 들어갔다. 이후 큰 손실에 이성을 잃고 테마주나 상한가 따라잡기 등 위험한 거래를 시도하며 더 크게 추가적인 손실을 겪어야 했다.

당시 나의 문제는 위험을 간과한 채 한 방에 원금을 회복하려는 조급한 마음이었다. 한 종목에 대부분의 자산을 몰아넣고 위험이 큰 방법으로 매매한 것이었기에 지금 돌아봐도 아찔한 기억이다.

손실이 났다고 해서 마음이 흔들리거나 검증된 원칙을 저버리면 안 된다. 검증된 손익비 높은 매매 방식을 유지하며 꾸준히 매매를 반복하다 보면, 큰 수의 법칙이 당신을 돕게 될 것이다.

05

긍정적인 마음이
성공을 부른다

 던 라딘이라는 유명한 과학자는 무작위로 숫자를 선택하는 컴퓨터조차 사람들의 생각에 영향을 받을 수 있다고 주장한다. 방 안의 사람들이 모두 0이나 1 중 하나의 숫자에 집중할 때, 컴퓨터가 그 숫자를 선택할 확률이 높아진다는 것이다.

 눈에는 보이지 않지만 라디오 주파수나 와이파이처럼, 우리의 생각 역시 주변에 퍼져 영향을 미칠 수 있다는 것을 보여주는 흥미로운 사례다.

 이처럼, 긍정적인 생각과 마인드를 유지하는 것이 중요하다. 슬럼프에 빠졌거나 손실을 겪었다 해도, 이미 지나간 과거에 연연하기보다 앞으로 어떻게 더 나은 길로 나아갈지에 집중해야 한다. 자기계발 분야의 베스트셀러 〈시크릿〉에서도 간절한 바람이 우주의 기운을 모아 목표 달성을 도와준다고 이야기한다.

 투자에서도 마찬가지다. 슬럼프에 빠져 어려움을 겪을 때가 있겠지만, 그럴수록 긍정적인 생각과 성공에 대한 간절한 마음을 잃지 않는 것이 중요하다. 나 또한 투자 슬럼프를 겪을 때 성공을 간절히 원했고, 이로 인해 다시 일어설 힘을 얻었다. 그 경험은 지금의 나에게 귀중한 자산이 되었고, 확고한 투자 원칙과 그 원칙을 지켜나갈 정신력을 길러주었다.

여러분도 긍정적인 생각과 간절한 마음으로 앞으로의 길을 걸어가길 바란다. 긍정적인 에너지가 성공을 이끄는 원동력이 될 것이다.

| 마치며 |

한 지인이 자신은 20년 경력의 주식투자자라고 자랑했습니다.

하지만 알고 보니 그분은 그저 POSCO홀딩스를 사서 20년 넘게 그대로 보유하고 있을 뿐이었습니다. 저는 짧은 경력이지만 다양한 매매 방식을 검증하고 연구하며 수익을 내기 위해 노력해 왔기에, 그분의 경력이 크게 와닿지는 않았습니다. 실제로 대화를 나눠보니 주식에 대한 전반적인 이해가 부족한 것을 알 수 있었습니다.

성공적인 투자는 꾸준한 학습과 실천에서 나옵니다. 투자자는 늘 새로운 정보를 탐구하며 자신의 투자 철학을 확립하려는 노력을 게을리하지 말아야 합니다. 또한, 시장의 변동성을 견뎌낼 수 있는 심리적 준비가 필요합니다. 이는 단순한 이론이 아닌, 수많은 성공한 투자자들이 검증한 진리입니다.

책에 소개된 매매법은 성공한 선배 투자자들의 방법을 국내 시장에 맞게 검증하고, 필요에 따라 변형을 거쳐 만든 '올투의 원칙'입니다.

여러분도 자신의 매매 방식을 연습하고 검증하면서 부족한 점을 개선하고, 자신의 원칙을 만들어 가길 바랍니다. 수익을 낸다면 시장에 감사하고, 손실이 생기면 시장의 목소리에 귀를 기울여야 합니다.

우리가 문제를 해결할 때, 출제자의 의도를 파악하면 답을 찾기 쉬워집니다. 그런데도 많은 투자자들이 시장의 본질을 이해하지 않고 단순히 공부만 열심히 하면 수익을 낼 수 있다고 착각합니다. 물론 주식 매매에 정답은 없습니다. 그러나 주식의 기본적인 특성을 이해하지 못한 채 보조 지표나 재무제표만 지나치게 집착하는 것은 큰 의미가 없습니다.

마크 미너비니는 중학교를 중퇴하고 정규 교육을 받지 않았지만, 주식의 본질과 시장 원리, 성공하는 투자 원칙을 터득하여 큰 성공을 거두었습니다.

또한, 투자자가 알아야 할 것은 그저 공부의 양만 늘린다고 해서 수익을 낼 수 없다는 것입니다. 처음부터 제대로 된 공부로 시작해야 합니다.

투자자는 시장에 겸손해야 하며, 시장의 추세에 따라야 합니다.

추세가 투자자의 편일 때 더 쉽게 수익을 낼 수 있습니다.

그러나 오늘의 친구였던 추세가 반대 방향으로 돌아서는 순간, 그 누구보다 가장 큰 적이 됩니다. 추세가 반대 방향으로 돌아섰음을 느끼게 된다면, 우선 시장에서 빠져나가기를 추천합니다.

공매도나 대주거래 등의 매매 방법도 있지만, 자신 있는 매매방법이 아니면 시도하지 말길 바랍니다. 시장은 고집스러운 투자자에게는 혹독한 대가를 치르게 하고, 겸손한 투자자에게 더 많은 기회를 열어줍니다.

맑았던 하늘이 갑자기 어두워지며 많은 비가 내릴 때도 있습니다.

투자자는 우산을 쓰고 비를 맞든지, 집 안에 들어가 잠시 비를 피할 수 있는 선택권이 있습니다.

저는 공매도 거래에 자신이 없으므로 집 안에 들어가 잠시 비를 피하는 것을 선택합니다. 위대한 추세 추종 매매 투자자들은 대부분 추세가 역행할 때 잠시 시장에서 물러나 있다가 추세가 친구가 되는 순간 집중적으로 투자를 해 많은 수익을 올렸습니다.

주식 시장은 잔혹할 때가 많습니다. 투자자에게 기쁨을 주기도 하지만 때로는 좌절과 슬픔을 안겨줍니다. 그래서 자존심으로 똘똘 뭉친 똑똑한 사람일수록 주식에서 수익을 내기 어렵습니다. 그들은 자신이 옳다는 것을 증명하기 위해 온갖 수학적 공식으로 무장한 100% 성공할 마법의 지표를 찾으려 하지만, 결과는 보조 지표로 가득한 차트와 손실로 가득한 계좌뿐입니다. 주식의 특성을 이해하고 시장에 순응하되 자만하지 않는 것이 중요합니다. 자만에 빠지는 순간, 시장은 냉혹한 현실로 응답합니다.

투자에 앞서 항상 파산 가능성을 염두에 둬야 합니다. 주식이 막대한 부를 벌어줄 것이라는 막연한 기대감으로 모든 것을 걸지 말아야 합니다. 당장 내일의 일도 예측하기 힘든 게 현실입니다.

투자를 하다 보면 자신도 모르게 조급해지고 빨리 돈을 모아 부자가 되려는 마음이 생깁니다. 이럴 때 단기 매매나 상한가 따라잡기, 테마주 매매와 같은 위험한 방식에 매력을 느낄 수 있습니다. 하지만 투자로 큰 손해를 본 사람들이 대부분 이런 방식에 의존했음을 기억해야 합니다.

이 책은 많은 검증과 노력, 그리고 시장에서 겪은 수많은 시행착오를 바탕으로 완성되었습니다. 이를 통해 왜 손실이 나는지 깨닫고, 좀 더 성공적인 투자에 다가설 수 있기를 바랍니다. 또한, 이 책이 필요할 때마다 여러분의 마음에 양분과 영감을 주는, 변치 않는 친구 같은 존재가 되길 바랍니다.

마지막으로, 항상 곁에서 묵묵히 응원하고 힘이 되어준 가족들에게 깊은 감사를 전합니다.
"이상, 올바른 투자를 지향하는 올투였습니다.
여러분의 올바른 투자를 기원합니다. 올투~!"

거인의 어깨 위에서 올바른 투자를 지향하는
'올투' 드림

거인의 어깨 위에서
올바르게 투자하라

1판 1쇄 인쇄 2025년 11월 4일
1판 1쇄 발행 2025년 11월 17일

지은이 올투
발행인 김태웅
기획편집 이미순, 박지혜, 이슬기
표지 디자인 유어텍스트 **본문 디자인** 호우인
마케팅 총괄 김철영 **마케팅** 서재욱, 오승수
온라인 마케팅 박예빈 **인터넷 관리** 김상규
제작 현대순 **총무** 윤선미, 안서현
관리 김훈희, 이국희, 김승훈, 최국호

발행처 ㈜동양북스
등록 제2014-000055호
주소 서울시 마포구 동교로22길 14(04030)
구입 문의 (02)337-1737 **팩스** (02)334-6624
내용 문의 (02)337-1763 **이메일** dymg98@naver.com

ISBN 979-11-7210-138-1 03320

ⓒ 2025, 올투 All rights reserved.

- 이 책은 저작권법에 의해 보호받는 저작물이므로 무단 전재와 무단 복제를 금합니다.
- 잘못된 책은 구입처에서 교환해드립니다.